U0852828

根据白双法专著《双法字理》改编

汉字大家族 1

神秘的天文家族

白双法 著

江苏凤凰文艺出版社
JIANGSU PHOENIX LITERATURE AND ART PUBLISHING, LTD

图书在版编目（CIP）数据

汉字大家族 . 1, 神秘的天文家族 / 白双法著 . --
南京 : 江苏凤凰文艺出版社 , 2020.2
ISBN 978-7-5594-4575-9

Ⅰ . ①汉… Ⅱ . ①白… Ⅲ . ①汉字 – 通俗读物 Ⅳ .
① H12-49

中国版本图书馆 CIP 数据核字 (2020) 第 014334 号

汉字大家族 1
神秘的天文家族

白双法　著

出 版 人	张在健
责任编辑	刘洲原
特约编辑	陈忠坤
装帧设计	丁　瑶　孟　迪
责任印制	刘　巍
出版发行	江苏凤凰文艺出版社
	南京市中央路 165 号，邮编：210009
网　　址	http://www.jswenyi.com
印　　刷	厦门市竞成印刷有限公司
开　　本	787 毫米 ×1092 毫米 1/16
印　　张	51.5
字　　数	332 千字
版　　次	2020 年 2 月第 1 版　2020 年 2 月第 1 次印刷
书　　号	ISBN 978-7-5594-4575-9
定　　价	220.00 元（全七册）

江苏凤凰文艺版图书凡印刷、装订错误可随时向承印厂调换

“汉字大家族”的由来

汉字能形成一个“大家族”吗？

如果能，这个家族又是什么样的呢？

汉字的数量

东汉永元十二年（100 年），许慎编著的《说文解字》收字 9353 个，另有重文 1163 个，总共 10516 个。

清代康熙五十五年（1716 年），历时六年编撰完成的《康熙字典》，收字 47035 个。

如今，在网络高度发达的今天，可统计的汉字约有 110000 字。

可见，汉字的数量在不断增加。

数量如此庞大的汉字，如果是一个有体系的“家族”，那可真是一个庞大的家族啊！

汉字的发展

汉字是世界上最古老的文字之一，有数千年的历史。

目前，已发现的最早汉字是上古时代的石刻字符；在商代的龟甲、兽骨上，出现了可辨识的成熟汉字，称为甲骨文；到了商周时期，铸造在青铜器上的铭文在今天被称为金文；西周晚期，人们普遍采用的字体被称为大篆；秦始皇统一中国后，推行“书同文”的政策，创制了统一文字的汉字书写形式，将大篆进行简化，成为小篆；到了西汉末年，小篆被字体优美的隶书所取代。

至此，汉字在形体上由图形变为笔画，字形也基本确定；之后又经楷书、草书、行书的衍化，汉字的使用延续至今。

毫无疑问，汉字是迄今为止连续使用时间最长的文字。

识字的方法

我们每个人都要学习汉字，只有认识字、会写字了，才能在生活中处理各种问题。可是，面对这一古老而又庞大的汉字世界，有没有一种方法能比较轻松地学习汉字、掌握汉字呢？

从古至今，前人已提出了不少识字法。如古代的“六书说”，近代的“三书说”，还有“集中识字法”“分散识字法”“部首识字法”“闪卡识字法”等。不论哪种识字法，都是教我们识字的。但仅仅识字就够了吗？

汉字被称为是我国的第五大发明，使用至今，每一个字都蕴藏着丰富的历史和文化。我们学习汉字，不仅仅是要认识字，还要认识字背后所蕴含的意义，以及每个字之间的联系。归根结底，我们是要认识汉字的本质。

汉字大家族

表面上看，汉字是一个一个的，但其实每个字之间都有紧密的联系。这种联系的表现有很多种，有的是形同，有的是音似，还有的叫异体。我们这里介绍的“汉字家族”概念，兼顾了汉字的形、音、义三个方面，以这三个方面把汉字按家族来划分。

“汉字大家族”有七个最古老的家族代表，它们是“日、山、木、龙、人、工、一”。

为什么是这七个字呢？

（一）人

首先，汉字最主要的使用者是人，是人发明、创造并持续使用汉字，所以，人是核心，是中心。“人”，就成了我们要学的第一个字。

（二）日

作为人，你得看得见。那就需要有光。这光从哪儿来呢？太阳！所以，第二个字就是代表太阳的“日”字。

太阳在哪儿呢？太阳在天上。那就在“人”的上面记这个“日”字。

（三）山

有了天，自然得有地，人不能顶天而不立地。所以，这就引来了我们学的第三个字——山。

“人”的下面，用一座大山来代表大地。上面是日，中间是人，下面是山——这就是中国传统文化里的“天”“地”“人”三才。

（四）木

天地之间有万物，万物有多少种呢？

中国文化的分类很简单，只有两种，一种动的，一种静的。

天地之间的生命物体就是一动一静。动的就是动物，静的就是植物。动物有天上飞的，有地上跑的，有水中游的；植物不管是草也好，树也好，瓜果也好，栽在那它不动了，它是静的。所以天地之间的万物就是两种：一动一静。

中国人就为这两类各自选了一个代表，动的选一个，静的选一个：

静止的是植物，最常见的一定是大树，所以就用这个“木”字来代表，这是第四个字。

（五）龙

动物中有能上天飞、能到水里游、能在陆地上爬行的，哪个动物具备这个本领呢？在中国古老的文化中，只有龙可以。龙能上天入地，还能下海，它是多种动物的综合，所以就用这个“龙”字来代表，这是第五个字。

（六）工

中间是“人”，上面有“日”，下面有“山”，左边有“木”，右边有“龙”，这就剩下前、后了。

中国人认为“人”面对的是前方，那就要往前走，人类的文明就这样一毫一毫地前进积累，引导着我们前进并创造文明的是“工具”。所以“人”前面就是一个工具的“工”字。

（七）一

我们身体背后的东西，是看不见摸不到的，虽然可以回头看，但也很别扭。

那么，应该是用什么来做我们背后的支撑呢？是“数字”。其实，后面的东西不是让我们看的，而是让我们记的。

我们能用思想抓住的数字，就用一个“一”来代表。

“人、日、山、木、龙、工、一”，这七个字以“人”为中心，形成一个立体的空间。我们以立体的空间来感知和记忆，但又遵循线性叙述的有序性。

在叙述的顺序上，可以有两种。一种是从中间的人开始讲，然后讲上下、讲左右、讲前后。

但我们也可以换一种方式，按照宇宙发展规律来看，先有的一定是天，然后有地，这就是天地，组成我们最基本的地球环境，于是我们先讲天文与地理。

天地之间随后再产生了生命，生命最早出现的是植物，第三讲植物。植物后头才有了动物，动物后面才有了人类；人类生活才创造了工具和符号这两种东西：一个是实的器物——工具，一个是虚的符号——数字。

所以，这七个字的顺序就变成了“日、山、木、龙、人、工、一”。

因此，我们的“汉字大家族”是以“日、山、木、龙、人、工、一”这简单的七个字繁衍成各自的家族体系，由此形成以它们为代表的七大家族，即天文家族、地理家族、植物家族、动物家族、身体家族、器物家族、符号家族，最终组成一个庞大的家族。

建立汉字的家族概念，一是为了真正把握汉字的本质，二是为了方便教学。用汉字家族的概念教人识字，有利于“穷尽式”概念地识字，最终直接完成5000~7000字，甚至到10000字的识字量。

我们在学习和使用汉字的时候，可以循着“汉字家族”的脉络，逐一学会和掌握，不但识字，还识得字背后息息相关的文化和意义。

汉字大家族

本套书共7册，系统介绍了汉字大家族中的七大家族：天文家族、地理家族、植物家族、动物家族、身体家族、器物家族、符号家族；讲述由“日、山、木、龙、人、工、一”这七个字所代表的各自家族包含的汉字，也可以说是汉字家族的“第一代”，让读者首先对“汉字大家族”有一个整体的认知和了解。

《神秘的天文家族》

本书从“日”字出发，讲述它所代表的天文家族。这个家族包括三个分支，即日月星辰、气和云淡、天象万千。它们是按照天体、天气、天象三个类别归类的。人站在地上，对于天上的一切，自然只能仰望了。因为它们不是触手可及的，不是人们可以了如指掌的，即便在科技发达的今天，它们依然是神秘的。所以，我们称它们是“神秘的天文家族”。

《广阔的地理家族》

本书从“山”字出发，讲述它所代表的地理家族。这个家族也包括三个分支，即山丘崖石、沙土农田、流水河川。它们是按照高山、平地、深水这三个类别归类的。地理家族与天文家族相对，广阔的大地有着多种多样的地形地貌。人类在大地上繁衍生息，正是依赖于这些不同的地形地貌。所以，我们称它们是“广阔的地理家族”。

《灵秀的植物家族》

本书从“木”字出发，讲述它所代表的植物家族。这个家族包括四个分支，即枝繁叶茂、禾麦丰硕、竹草生长、瓜圆蔓长。它们是按照木本、禾本、草本、花果根须这四个类别归类的。植物是自然界中生命的主要形态之一，它们装点了我们生活的环境，也为我们带来生产生活的必需品。它们有自己的生命，充满灵气，所以，我们称它们是“灵秀的植物家族”。

《活泼的动物家族》

本书从“龙”字出发，讲述它所代表的动物家族。这个家族也包括四个分支，即鸟飞雀跃、走兽爬虫、鱼龙出水、羽毛角踪。它们是按照飞鸟、走兽、水族、羽毛角踪四个类别归类的。动物家族与植物家族相对，也是自然界中生命的主要形态之一。它们与我们人类共同生存在这个世界上，能感觉，也能够自主活动。所以，我们称它们是“活泼的动物家族”。

《有趣的身体家族》

本书从“人”字出发，讲述它所代表的身体家族。这个家族包括两个分支，即人的整体、人的肢体，它们是按照我们人的身体的特点进行归类的。汉字是我们人类所创造的文字，为我们人类所使用，其中关于人本身所造的字又不可或缺。当我们从这些文字中重新认识我们自身，不免觉得新奇而有趣。所以，我们称它们是“有趣的身体家族”。

《实用的器物家族》

本书从“工”字出发，讲述它所代表的器物家族。这个家族包括两个分支，即衣食住行、文武杂用。它们是按照衣食住行、用具这两个类别归类的。人类在生产生活中不断制造出可以帮助生产生活的各种器物和工具，并为它们创造了相应的文字。因它们都具有非常实用的使用价值，所以，我们称它们是“实用的器物家族”。

《抽象的符号家族》

本书从“一”字出发，讲述它所代表的符号家族。这个家族包括两个分类，即笔画和部首。笔画是构成每个汉字的一笔一画，部首则是组成汉字的主要配件。因它们都较为抽象，并且带有符号的性质，所以，我们称它们为“抽象的符号家族”。

本套书所讲述的汉字，作为汉字大家族的“第一代”，出现时间最早，字形和字义也较为简单，即使是初学认字的小朋友也能轻松掌握。

在讲述每个汉字的字体演变及其字义之后，我们在每个字后面增加了一则简短的“人文小科普”，撷取与这个字相关的人文知识、科学知识，借此让小朋友更深刻地认识这个字，了解它与我们人类所发生的故事。

认识了这些汉字，了解了它们产生的背景和它们背后的文化内涵，对后面继续认识汉字大家族的“子孙后代”将有极大帮助。

希望这套书能为你带来一趟愉快又充实的汉字学习之旅！

目　录

天文，是指日月星辰等天体在宇宙间的分布、运行等现象。古人把风、云、雨、露、霜、雪等地文现象也列入天文范围。我们这里讲的汉字的天文家族就包括天体、天气、天象这三个方面涉及的汉字。

第一章

日月星辰

“日月星辰”家族有三个字——日、月、夕，它们代表天体中的太阳、月亮和星星。

日

第一节 日

解字小课堂

太阳会发光，也会发热。它为我们带来光明和温暖，也给世界上的万物带来生命。

因为地球与太阳距离的变化，我们有了春夏秋冬四季的不断更替。

太阳自古以来就和人类的生存密不可分。可以说，天体中跟我们人类最有关系、最重要的就是太阳。

那么，古人是怎么表示太阳的呢？

原始人类既没有语言，也没有文字。当他们群居在一起的时候，只能依靠肢体动作的比画，或者咿咿呀呀的叫喊进行沟通。

时间久了，他们的叫声逐渐变得相似，对同一事物的表示也逐渐统一。

太阳是圆的，古人就画了一个圆，他们还在中间加了一个点，表示它是实心的。

古人用刀子在竹片或骨头上刻字，要画个圆和弧线是不容易的。当他们刻的时候，只能用一个力量，这力量是直的，所以刻出来的甲骨文“日”字，有方的、有多角形的。

古人也想刻成圆的，于是就多刻了几次。这个“日”字在古文字当中，包括到了后头的金文，都是尽量接近太阳的形象。

不过，我们看甲骨文时，会发现“日”并不是完全圆的。

甲骨文　金文①　金文②　大篆①　小篆②　隶书

是的，它不是那么圆，甚至到了金文时，还刻有光芒，表示光芒照四方。仔细想一想，一个能放出光芒的圆，那不就是太阳吗？

到了小篆，“日”字的笔画就特别清晰了。小篆写得比较圆长一点，中间简简单单的一横，表示中间是个实的，而且暗喻是唯一的，没有第二个太阳。因此，这一横还表示这是唯一。

每天早上，太阳从东边冉冉升起，划过天空，把光与热洒在人间，到西边慢慢落下。

第二天又从东方升起，这样周而复始。古人就把这一段从日出到日落的时间，叫作“一日”。

所以这个“日”字既表示太阳，也表示时间。

dōng shēng xī luò

东升西落

人文小科普

古人的太阳崇拜

对太阳的崇拜，从人类文明诞生的那一刻就开始了。除了文字以外，古人还用了很多方式来表达对太阳的这种感情。

“太阳神鸟”金箔为商周时期的金器，它是一张圆形的薄片，从整体来看，其内层图案像一个旋转的太阳，外层的鸟很容易让人联想到神话传说中与太阳相关的神鸟。

这张金箔不但构图严谨、线条流畅，还极富美感，专家们为它取名叫“太阳神鸟”。

它象征着古代人民追求光明、团结奋进、和谐包容的精神寓意，是古蜀文明的见证，也体现了中华民族对太阳的崇拜。

如今，它是成都金沙遗址博物馆的镇馆之宝，也成为中国文化遗产标志。

“太阳神鸟”金箔

太阳崇拜在原始宗教意识中占有重要地位。拜日者拜的是自然物的太阳。物我两分，表现的是人性在强大的自然力面前的扭曲，更多的是对自然力的神秘和恐惧。

在对太阳崇拜的历史中，人形成了圆的意识，同时，圆也启示了人类对运动、周转，乃至对事物周而复始、生生不息的运动规律的认知。

月

第二节 月

解字小课堂

白天有太阳，到了晚上，天上最亮的就是月亮了。我们看到的月亮也是圆的。可如果月亮也画成一个圆，那么它到底表示的是太阳还是月亮呢？

白天和晚上，太阳和月亮出现的时间不一样，古人很容易就能区分它们。

可是，如果古人把表示太阳和月亮的文字刻到骨头上、画到墙上，就不好区分了。

我们的古人非常智慧，发现月亮大部分时间不是整圆，月亮是半圆的时候多。因而，为了区别太阳的整圆，古人就画了个半圆，于是就成了“月”字。

甲骨文、金文的“月”字都特别像个半圆。我们可以看到中国古人造字时，把太阳和月亮这两个非常重要的东西，用简单的笔画就把它们区别开了，既形象，又贴近生活。

月亮本身并不发光，而是借太阳的光被人们看见。

古人发现，月亮从半圆到整圆，又到半圆，再到芽形，这样圆缺一次，大约30天，古人就把这一段时间叫作“一个月”。

所以，“月”字也有两个基本的意思，一是表示月亮，二是表示比日长的计时单位。

人文小科普

“嫦娥奔月”的今与昔

中国古代有很多关于月亮的神话和传说，那是月亮带给古人的诗意想象，比如大家熟知的“嫦娥奔月”。

传说嫦娥本是后羿之妻，后羿射下9个太阳后，西王母赐其不老仙药。但后羿不舍得吃，就交给嫦娥保管。

后羿门徒逄蒙觊觎仙药，逼迫嫦娥交出仙药，嫦娥无奈，情急之下吞了仙药，便向天上飞去。

当日正是八月十五日，月亮又大又亮，因不舍后羿，嫦娥就停在了离地球最近的月亮上，从此长居广寒宫。

cháng é bēn yuè

嫦娥奔月

如今，在科学技术不断发展的今天，我们实现了真正的“嫦娥奔月”。2004年，中国正式发展月球探测工程，这个工程被命名为“嫦娥工程”。

嫦娥一号、嫦娥二号、嫦娥三号月球探测器为我们获取了有关月球的各种信息。2018年12月8日，嫦娥四号探测器也成功发射了。有了前面几次的调查和研究，这次，嫦娥四号终于实现了在月球背面的软着陆。

嫦娥四号

2019 年 1 月 3 日，嫦娥四号近距离拍摄了月球背面的影像图，并传回了地面。这是世界上第一张近距离拍摄的月背影像图。相信在未来，“嫦娥工程”还将为我们带来更多有关月亮的信息。

夕

第三节 夕

解字小课堂

天体中，我们最熟悉的，除了太阳和月亮，就是星星了。

自然界中，月亮和星星都是在晚上出来的。或许因为如此，古人在画星星的时候，画得和月亮差不多。

甲骨文　金文　大篆　小篆　隶书

古人用“夕”表示星星，乍一看，它确实和“月”字很像。

很多人把甲骨文的“夕”字跟“月”字混淆了，因为画的是一样的。有人说这个字就是“月”，有人说是“夕”，还有人认为它们是一个字。其实不是，它俩是有区别的。

甲骨文的“夕”加上一刀，实际是表示把这个月亮再切掉一点，那就成了星星。所以，“夕”的甲骨文有时被解释为“残月”。

但事实上，“夕”是依照最亮的那颗星星的形象画的，它指的是金星。

在天亮之前，东方的地平线上会出现一颗特别明亮的“晨星”，人们叫它“启明星”；而在黄昏时分，西方或西南方向也会出现一颗非常明亮的“昏星”，人们叫它“长庚星”。

这两颗星其实是同一颗星，它被我们称为金星。这颗金星才是“夕”字的最初的写照，古人用“夕”来代表金星。

除了“夕”字，古人对星星还有一种画法。

和太阳、月亮相比，星星的数量是非常多的，我们看到的星星又都会发光，所以古人就画了三个小太阳，也就是三个“日”字，三个表示很多。

于是，星星就是很多像小太阳一样的发光天体。这个字变成了现在的“晶”字。

在古文字当中，有时候“晶”就表示星星的“星”。小篆中星星的“星”就有一个写法，上面是三个日，下面一个“生产”的“生”，即“曐”。

后来，我们使用的时候，用“夕”字指代黄昏，如朝夕，夕阳；把画三个日字的那个星星“晶”，读成了“jīng”，用来表示晶体、结晶；而用“星”字专门指星星。

人文小科普

星星与时节变化

北极星是一颗亮度和位置都比较稳定的恒星。它永远位于北方，似乎永远不动，是最亮的一颗星星。在没有指南针的古代，古人在野外或是在海上航行的时候，白天依靠太阳辨识方位，晚上则会看北极星。

北斗七星也围绕着北极星转动，而且斗身最前面的两颗星星永远指向北极星。北斗七星会在不同的季节、夜晚不同的时间，出现于天空不同的方位。

古人不但依靠对太阳不同的温度感受来区分四季，也会依靠北斗七星的斗柄所指的方向来决定季节：斗柄指东，天下皆春；斗柄指南，天下皆夏；斗柄指西，天下皆秋；斗柄指北，天下皆冬。

星空的神奇和美丽实在令人赞叹！

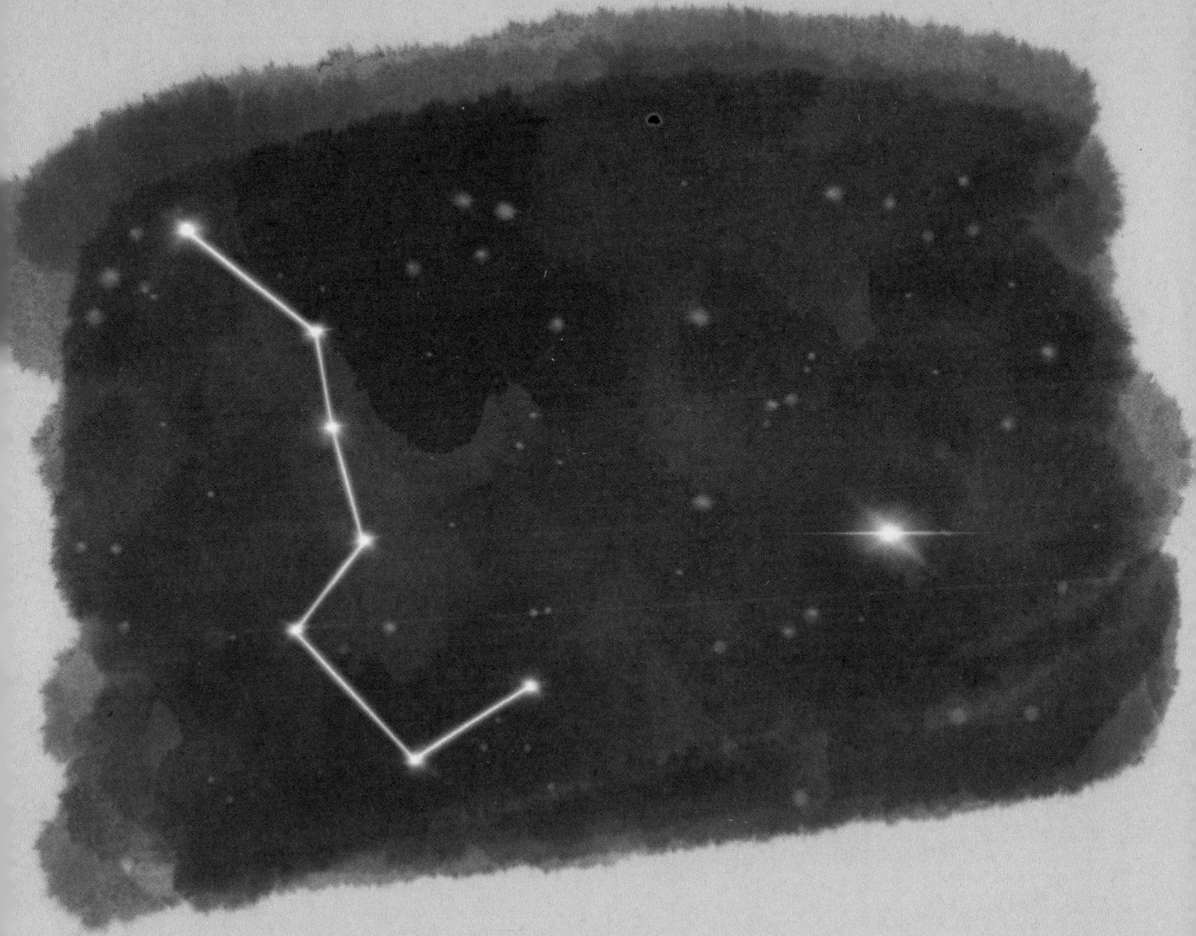

古人没有时钟和手表，他们就利用大自然中的太阳和星星来制定时间、划分季节。因而，我们今天会用“斗转星移”这个词来指代季节的变化、时间的流逝。

第二章

气和云淡

“气和云淡”家族也有三个字——气、云、雨，它们代表天气中的三种事物。

气

第一节 气

解字小课堂

古老的中国文化认为，天地之间没有别的，就是气，万事万物也都是由气变成的。

因此，古人在造字的时候，只画了三道横线来表示“气”。上面一横表示天，下面一横表示地，在天地之间的一横，就表示气。

在甲骨文中，这个“气”字和“三”很相似，因为“三”字也是三道。不同之处是，“三”的三个横是一般长，而“气”中间这一横是很短的。

为了使大家不至于认错，把“气”当成“三”，古人在金文和小篆时，对气的字形做了改变。

金文把上面表示天的部分加长了，说明这个气是往上升的。小篆时，下面表示地的一笔再往下拉，表明是往下的气，接着地。楷化以后，就是现在的楷体字“气”。

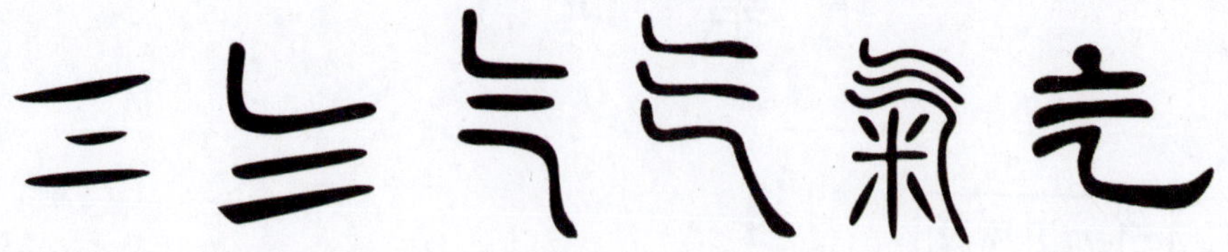

甲骨文　金文　大篆　小篆　小篆　隶书

既然万事万物都是由天地之间的气化成的，那么人的形体和精神也是由气化成的，只不过构成精神的气要更精细些，更含有人体自身气场的内涵，而它与大自然的“气”有本质的区别。

为了区别这两种概念，古人就在“气”下面加一个“米”字，造了另一个“氣”字。

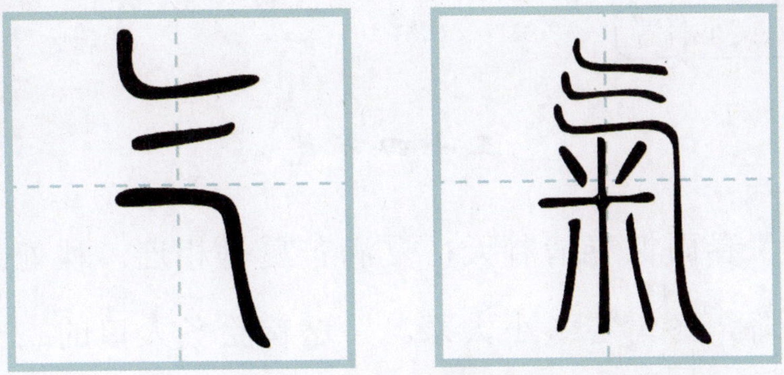

气与氣的小篆字体对比

“氣”字，从字形来看，由“气”和“米”构成。

那么这个“米”指的什么呢？

我们吃了粮食可以产生活力，俗语常说“人活一口气”，就指人活着时的精气、力气。

这样原本三横的“气”就专指天气，加“米”字的“氣”就专指人的精力。这两个字各自使用的地方是不一样的。

后人不知道，误认为“气”是简化字，“氣”是繁体字，实则它俩并不是繁简关系，而是两个字。汉字的简化也让我们只使用“气”，而不再用“氣”了。

人文小科普

二十四节气

“春雨惊春清谷天，夏满芒夏暑相连。秋处露秋寒霜降，冬雪雪冬小大寒。”这首脍炙人口的二十四节气歌经常在人们的口中传唱。

古人根据太阳位置的变化所产生的气候变化，制定了表示季节变迁的二十四个特定节令。从古至今，这二十四个节气指导了农业的生产，也成了日常生活中人们预知冷暖雨雪的指南针。

更重要的是，二十四节气中的清明、冬至等节气，早已成为我们一年中的重要节日。我们不得不佩服古人的智慧。

2016 年 11 月 30 日，二十四节气被正式列入联合国教科文组织人类非物质文化遗产代表作名录。

chūn
春

xià
夏

qiū
秋

dōng
冬

云

第二节 云

解字小课堂

我们抬头看天空的时候，常常能看到云的存在。

它形状多变，有的似动物，有的似花草；有时黑白分明，有时却五彩斑斓，真是奇妙！

古人对云的认识是直截了当的。“气”从地面往上升，就变成了“云”。

“云”和“气”没有区别，在地是气，上了天就变成云了，所以这个“云”字的古文字一开始跟“气”造法一样。

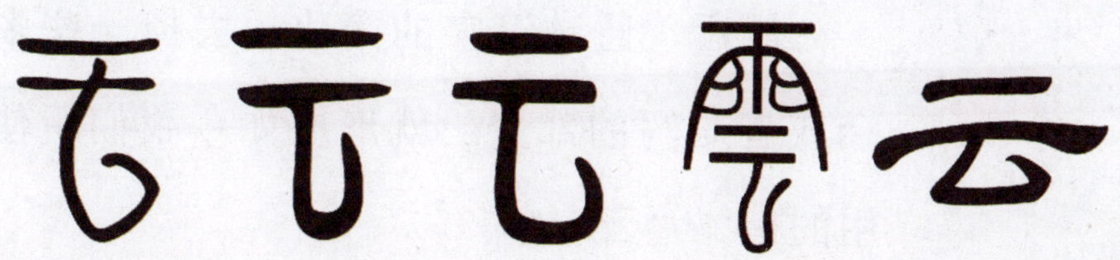

甲骨文 金文 大篆 小篆 隶书

最开始，古人的造字比较朴素。

古人发现云在天空上是翻滚着的，所以在造字的时候，就干脆画了一个云团在天上翻滚的样子。

“云”字在甲骨文和金文当中都非常像，就是先画两道，代表天上和空中的气，然后画一个圈圈，代表云是一朵一朵在翻滚的云。

而到了小篆，保留了这个云的形体，同时又专门加了个“雨”字头，表示有云是容易下雨的。

最后，通过汉字的简化，去掉一些多余或者难写的部分，就形成如今我们所使用的楷体“云”字。

我们发现，实际上，古人两个 “云”字是同时在使用的，只不过使用场合不一

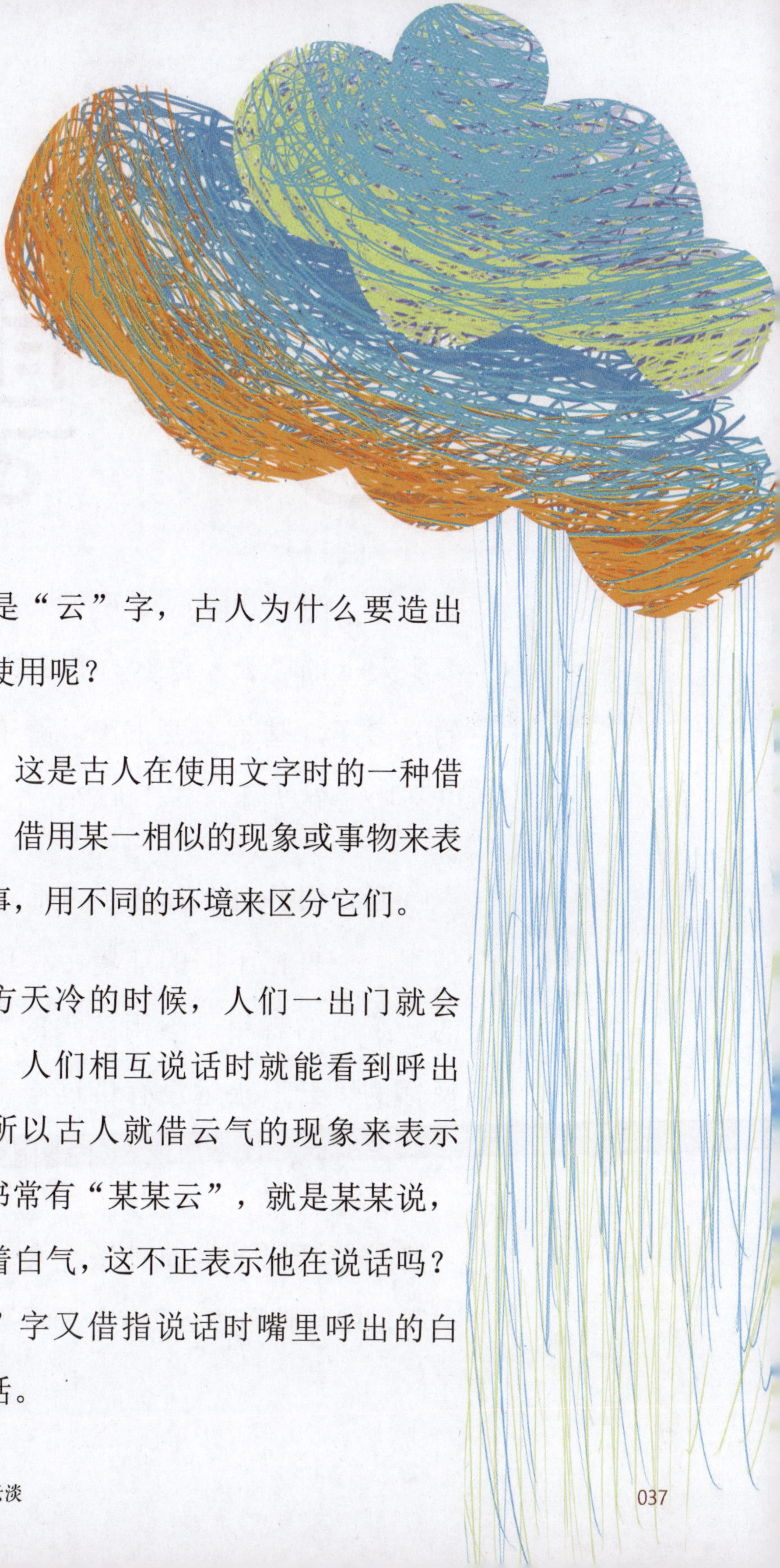

样罢了。

同样是“云”字，古人为什么要造出两个字来使用呢？

原来，这是古人在使用文字时的一种借用的现象，借用某一相似的现象或事物来表达另一件事，用不同的环境来区分它们。

在北方天冷的时候，人们一出门就会“哈气”，人们相互说话时就能看到呼出的白气。所以古人就借云气的现象来表示说话，古书常有“某某云”，就是某某说，他嘴里吐着白气，这不正表示他在说话吗？所以“云”字又借指说话时嘴里呼出的白气，指说话。

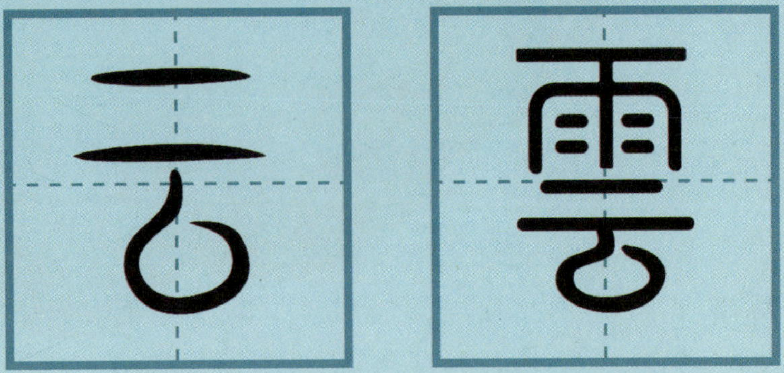

云和雲的小篆字体对比

那天上的“云”怎么办？古人观察到天上的云多了，基本都要下雨，跟下雨有关，所以又加了个“雨”字，新造了“雲”字。

当把它们各自区分开了以后，两个字都在使用，一直在不同的环境中使用。表示天上的、下雨的就用带着雨字头的“雲”；表示说话的“云”永远没有带过雨字头。所以诗云、古人云，这个“云”不带雨字头。

但我们简化汉字的时候，为了方便记忆和书写，就只使用“云”字，而不再用“雲”字了。

人文小科普

中国的“祥云”

出于对云的敬畏，我们的古人利用云的形状，将之变化出各种图案，变成中国特有的“祥云”纹样。

古人把这种“祥云”纹样运用于器物、衣服、建筑等的装饰和形态，并赋予这种云纹样很多美好的寓意。

这朵“祥云”从古代飘到了今天，它已成为我们对万事万物希冀祝福的心理意愿和生活追求。

2008 年北京奥运会使用得最广泛的符号就是“祥云”图案。

我们要继承并发扬“祥云”图案包含的中国传统文化底蕴，展现中国的魅力。

雨

第三节 雨

解字小课堂

下雨，是天气中常见的自然现象。有趣的是，“雨”字从古至今变化都不大。

古人认为“气”往天上升，聚得多了就成为“云”，“云”厚了就要下“雨”。

所以在造“雨”字时，比较生动形象，就是刻画从天上往下掉了几滴水，天上往下掉的水滴没有别的，就是下雨。

“雨”从古文字来看，画得十分形象。

“雨”字在刻画时，上面一横代表着天；中间一竖表示从上往下，也代表闪电，因为下雨常伴有闪电；外面套上有个框，表明这雨不是说下就满天都下，它有一定的范围；然后框里面加上若干个点，表示雨滴。

实际上，我们再看“雨”字演变的过程会发现，从甲骨文到小篆只是把它更进一步标准化，字形并未有多大变化，一直到现在的楷体字“雨”。

古人刻画文字，看着是复杂，但却十分真实，实际上它又表示很多意思在里面，叫你理解起来不乱，也好看、好认。

“雨”字虽然含义简单明了，但汉字的运用中却十分多样，且寓意深远。

下雨所带来的雨水既灌溉了农作物，也为人和动物提供了饮用水。雨带来了生机，这对古人来说，是十分重要的。

xià yǔ
下雨

人文小科普

雨的边界

古人对雨的观察十分细致，所以他们在造“雨”字的时候，在外面画了框，表示下雨是有边界、有范围的。这种现象在现代气象学上，也是有科学解释的。

在大自然中，为什么会出现“东边日出西边雨”这种充满诗情画意的景象呢？

原来，这种现象在气象上称为降水量水平分布的不连续性，这种表现在夏季尤为突出。

夏季降水水平分布的差异，主要与产生降水的云体特点及下垫面（指地形、地貌等因素）性质有关。

在夏季，产生降水的云多为雷雨云，这是一种垂直发展、十分旺盛，而水平范围发展较小的云。

由于云体较小，在它移动和产生降水时，只能形成一狭小的雨区。而雷雨云含水量大，降水效率又较高，因此容易造成雨区内外雨量分布的显著差异。

所以，人们有时会发现，此时此处有雨，不远的彼处却是晴天。

dōng biān rì chū xī biān yǔ

东边日出西边雨

第二章

天象万千

“天象万千”家族也有三个字——电、雷、火，它们代表气象变化产生的三种现象。

电

第一节 电

解字小课堂

闪电、雷声跟下雨，它们本来是一体的，是一个事物同时发生的几个现象。但是由于它们表现得不同，所以古人造字的时候就把它们分开造了。

下雨的时候不一定非得打雷闪电，但是打雷闪电往往就跟着有暴雨。

但一开始古人造电、雷这两个事物时，并没有带上雨字头。

闪电的古文字“电”，就是弯弯曲曲的闪电的形象，那么跟打雷怎么区别？古人画的“雷”是那个爆炸得像火光、火球的样子。

甲骨文　金文　大篆　小篆　隶书

所以从古文字来看，闪电的“电”和雷电的“畾”字是不同的，一个就是画的弯弯曲曲的闪电形象，一个画的是爆炸的场面，有火球的样子。

由于它俩需要进一步区分，所以到了金文和小篆的时候，各自都加了个雨字头，表示都跟下雨有关系。

这就是“電”“靁”和“雨”的关系，这也是为了使人们便于联想，是小篆以后它们加了雨字头的原因。

“电”字更早一些，在金文的“電”就加了雨字头，我们在简化汉字时“电”字又把雨字头省略了，就是今天简化的“电”字，这是从古文字中闪电的“电”参考过来的。

关于“电”字，它是弯曲的闪电的样子，在今天的楷体字中，上面是个“日”字，中间是一竖弯勾

“乚”，为什么要最后楷化成这样子？

其实这并不是随便来的，它有一个含义。因为闪电是弯曲的光，它像日光一样那么亮，在楷化过程中已经不是完全象形了，但是把意义说得更清晰了。

当闪电是一个从上到下的立闪时，古人就不用大弯勾（乚），而是仍用这个“日”字加一竖“丨”，它变成了我们今天的“申”字。

古人认为，一打雷闪电，就是天公发怒了，就代表神灵，这是神的力量显现了，“申”是直的闪电，从上到下通下来就像霹雳，是一种审判与裁决。

我们在学汉字的时候，“电”和“申”这两个字在古文字当中没有多大区别，是后来我们才把它们分开，弯曲的表示一般的闪电，而直的表示神仙。

人文小科普

闪电的形状

人们通过观察闪电的形象创造了“电”字，可是为什么闪电总是弯弯曲曲的呢？

那是因为每当暴风雨来临之际，雨滴能获得额外的电子，并且还是带负电荷的电子。

这些电子流出云层后，又撞上了其他的电子，形成了游离电子群，因此便有了传导性的轨迹。

这时的空气中散布着不规则形状的带电粒子群，闪电的传导轨迹就在这些带电粒子群中跳跃着，穿梭着，迂回延伸。

闪电总是弯弯曲曲、扭来扭去，就是因为带电粒子群是不规则的。

雷

第二节 雷

解字小课堂

“雷”字，其甲骨文形体本来指的是火球，即闪电中夹杂的火球。

在创造汉字过程中，这个东西是不好表现的，这火球怎么表现才好，它又不完全是一种写真画画。

古人尽量用一种实体来表现它——车轱辘，即用车轮的形状来表现。甲骨文字形的闪电中的火球，在金文时就造得类似车轮的样子。

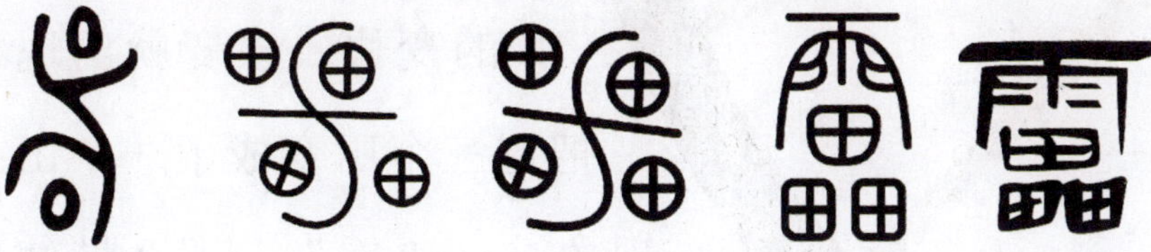

甲骨文　金文　大篆　小篆　隶书

古代的牛车、马车的轮子转起来是“咕隆”的声音，于是就把闪电时的火光、火球并伴有“咕隆隆”

声响的雷声用车轮形象来表示，画得像车轮的样子。

后来，字形进一步变成了一个个的“田”字，实际还是车轮的形象，但是它始终是三四个图形在一块儿——“畾”，表示雷声连续不断的意思。

小篆时加了雨字头，提示“靁”跟下雨有关，一直到楷书，还有雨字头下面有三个田的写法。

隶书时，整个字形在隶变过程中有了非常大的变化，隶变就出现了把这三个田变成了一个田的现象——“雷”。那么楷体自然也就延续下来，两种字体都有。所以简化汉字的时候，我们保留了一个田的“雷”，这就是现在“雷”字。

人文小科普

雷电与生命起源

古人不知道雷电是一种自然现象，面对雷电产生的巨大声响，以及因此造成的巨大破坏，人们恐惧并且无能为力，因此逐渐产生了这样的一种认识。

古人认为打雷闪电是神灵的作用，将自然中常见的现象进行神化。于是，雷神崇拜和信仰因此而生，并在历史发展过程中将之人格化。

早期的雷神形象多样，有的状如蛇形——这是因为人们根据雷电的形状，把它幻想为一条行动速度很快、身子细长、曲折前进的动物。

在后来的口口相传中，雷神逐渐人格化，其形象也越来越接近真实的人类形象。

比如，在道教中级别最高的雷神是“九天应元雷声普化天尊”，他备受古人的崇拜和尊敬，其形象就是一个身着道教服饰的人类老者。

léi shén
雷神

火

第三节 火

解字小课堂

古人造“火”字，它所指的首先一定是天火，然后才有了“钻木取火”，最后才有火柴、打火机等现代工具。人们最早使用的一定是天火。

“火”的古文字是木柴燃烧时火光的样子。天火是因为有了雷电而产生的，于是人们就开始使用火。这也是“火”被归到天文家族里的原因。

甲骨文　金文　大篆　小篆　隶书

zuàn mù qǔ huǒ

钻木取火

人文小科普

钻木取火

“火”的古文字是木柴燃烧时火光的样子。人类使用火的最早证据，来自北京人所居住的洞穴中。

在有意识进行敲凿取火之前，人们就已经熟悉那些飞舞的火花，发现火花具有燃起火焰的能力。他们通过敲击矿石可以产生火花，这种生火方式的发现并不困难，操作起来也相当简单。

另一种方式是钻木取火，相互摩擦的木块会产生木屑，在这一过程中，产生了大量的热，使得木屑堆开始冒烟，再经过吹气供氧，就可以使得火绒着火。

在中国，传说有一位圣人从鸟啄燧木出现火花而受到启示。他折下燧木枝，钻木取火，并把这种方法教给了人们。

人类从此学会了人工取火，用火烤制食物、照明、取暖、冶炼等，人类的生活进入了一个新的阶段。我们称这位圣人为燧人氏，奉他为“三皇之首”。

根据白双法专著《双法字理》改编

2

汉字大家族

广阔的地理家族

白双法 著

江苏凤凰文艺出版社
JIANGSU PHOENIX LITERATURE AND ART PUBLISHING, LTD

图书在版编目（CIP）数据

汉字大家族 . 2, 广阔的地理家族 / 白双法著 . --
南京 : 江苏凤凰文艺出版社 , 2020.2
ISBN 978-7-5594-4575-9

Ⅰ . ①汉… Ⅱ . ①白… Ⅲ . ①汉字 – 通俗读物 Ⅳ .
① H12-49

中国版本图书馆 CIP 数据核字 (2020) 第 014334 号

汉字大家族 2
广阔的地理家族

白双法　著

出 版 人	张在健
责任编辑	刘洲原
特约编辑	陈忠坤
装帧设计	丁　瑶　孟　迪
责任印制	刘　巍
出版发行	江苏凤凰文艺出版社
	南京市中央路 165 号，邮编：210009
网　　址	http://www.jswenyi.com
印　　刷	厦门市竞成印刷有限公司
开　　本	787 毫米 ×1092 毫米 1/16
印　　张	51.5
字　　数	332 千字
版　　次	2020 年 2 月第 1 版　2020 年 2 月第 1 次印刷
书　　号	ISBN 978-7-5594-4575-9
定　　价	220.00 元（全七册）

江苏凤凰文艺版图书凡印刷、装订错误可随时向承印厂调换

目 录

地理，是世界或某一地区的自然环境（山川、气候等）及社会要素的统称。中国古代有关地理的讲述主要体现在游记、方志等著作中，以探索关于地球形状、大小有关的测量方法，或对已知地区和国家进行描述为主。我们这里讲的汉字中的“地理家族”主要指地形地貌中的高山、平地、深水这三个方面所包含的汉字。

第一章

山丘崖石

“山丘崖石”家族有四个字——山、丘、厂、石，它们是指地形中的高山、丘陵、悬崖和石块。

山

第一节　山

解字小课堂

古人对山有一种天然的亲近感。在没有建造房屋之前，他们居住、生活的地方就在山洞里。这种天然的屏障为他们遮风挡雨，也可以避免受到野兽的攻击。

因而，山对古人来说，既十分重要，也是十分熟悉的。

我们这里讲的山是指高山，它们既高又陡。古人把看到的高山的样子画了下来，一座一座连绵不断的山峰，正是“山”的形态。

可是，究竟画几座山峰合适呢？

每个人都有自己的想法，有的画了三个山头，有的画了五个山头，还有的把山洞也画出来了。

甲骨文　金文　大篆　小篆　隶书

甲骨文时有多种画法，在我们今天看来，有些“山”字似乎还有点像“火”字。不过，后来逐渐以三个山头的字形固定下来。古代的三，就表示多，所以三个山头也够了。

到了小篆、隶书的时候，“山”字依然在主峰下面画有一个山洞，山连着山，中间还有个山洞。可见，在古人看来，山洞对山来说是必不可少的。

“山”字楷化的时候，最终定成三笔。先写中间这一笔，把主峰定下来；左边山峰和地上连线是一笔；然后右边又是一笔表示一座山峰，共三笔。

人文小科普

山不在高，有仙则名

我国有许多的名山，除了因为风景秀丽而闻名外，更多的是与宗教有关。

古人对山有着近乎宗教般的崇拜和敬畏，或许如此，许多山因为道教、佛教的发祥、壮大而声誉鹊起。

最有名的“五岳”——东岳泰山、西岳华山、南岳衡山、北岳恒山、中岳嵩山，它们被视为道教名山；而九华山、普陀山、峨眉山、五台山则被列为四大佛教圣地。

正所谓“山不在高，有仙则名”，人们对神佛的崇拜也转化成对山的崇拜，这些大山也因此成为人们口中津津乐道的名山。

chóng shān jùn lǐng
崇山峻岭

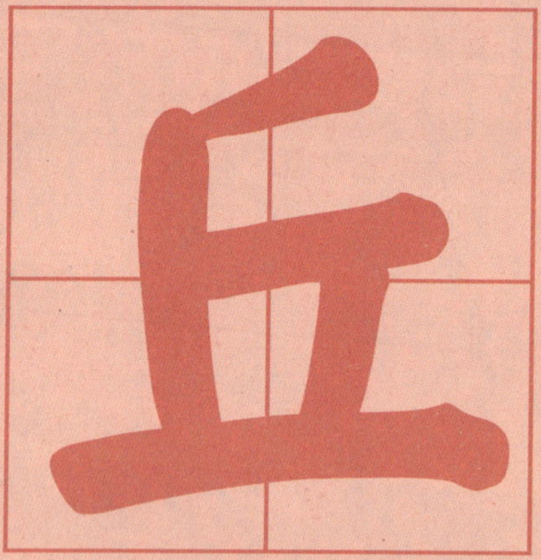
丘

第二节 丘

解字小课堂

在高地中，高山较高而且陡峭，而另一种高地则较低而平缓，古人把它称为“丘”，也就是我们今天所说的丘陵。

古人画三个山峰表示高山，丘陵没有山峰，古人又是怎么表示的呢？

甲骨文	金文	小篆	隶书

为了区别“山”和“丘”，古人只画了两个山头，表示“丘”。但时间长了，他们也看不清楚，到底画的是三个还是两个，他们也不容易区别。

“丘”字后来的演变过程比较复杂，尤其是从甲骨文到金文和小篆的这一时期。丘陵的“丘”由两个

山头，变成了好似两个人背对背的样子。

有些人会驼背，看起来背上就像一座隆起的小山丘。大概是因为这样，古人才把“丘”字和人联系起来。

两个人背靠背的样子，也表示这个地面是人能居住的地方，能挖窑洞、盖房子，这种特点在隶书时表现得更为明显。

隶书时，下面一横还表示大地，上面画了两竖，又各加了一撇，不是指尖的山，而表示这是一个平缓的山头。

山太高了其实并不便于生存，要么有虎狼，要么水源难寻，要么寒冷。

古人通过对自然环境和生存条件的观察，发现这种较为低矮的山丘、土丘长有草木，更有利于他们居住和生活，于是逐渐改变了他们的生活地点。

人文小科普

中国地名中的“丘”

我国很多地方都有一些带“丘”字的地名，它们是怎么来的呢？

一般来说，各民族对地名的确定，多首先考虑自然的地形地貌，而后才有所延伸，赋予一定的社会文化意蕴。

“丘”这个字，首先是“小山”“土堆”的意思，后来又衍生出“坟墓”或者“聚居之地”“废墟”等意义。

所以我们发现，带有“丘”的地名的地方，多数是丘陵地带。在古地名中，以地处中原核心地带的山东、河南、河北省尤为集中，如山东有章丘、安丘等。

然而，河南的“商丘”是个例外，它的“丘”字的意思是“废墟”。据史料记载，商族始祖契（xiè）佐禹治水有功，封于商，后又迁徙，原来居住的地方就变成了废墟。

后人便把商族人居住过的废墟之地称为“商丘”，后逐渐成为地名。

fèi xū
废墟

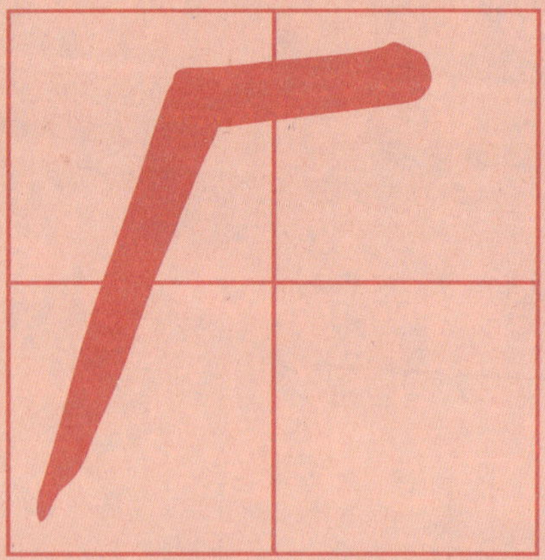

第三节　厂

解字小课堂

把“厂”字放在与山相关的地理家族中来讲述，你可能觉得奇怪，但其实“厂”字在古代所指的乃是悬崖。

甲骨文时，“厂”字表示的是一个悬崖的形象，上面是悬崖突出的部分，左边是山势。

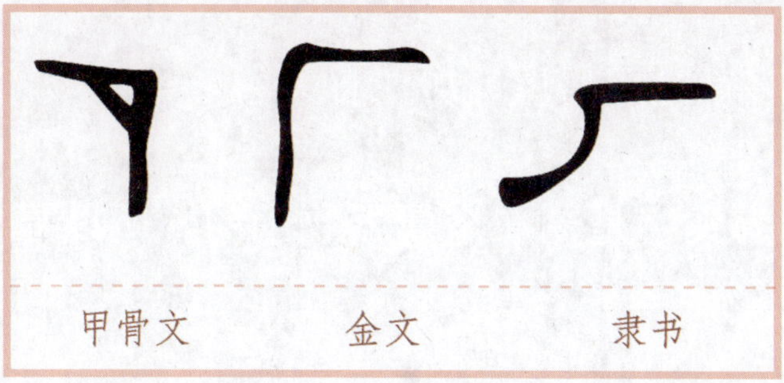

古人最早是住在山洞里的，但山洞里又潮又湿，他们便搬到有悬崖的地方来，那里比较通风干燥，上面还能遮风雨，下面再挡一挡就能住。因此，由“厂”再组成的字，好多都是跟房屋、居住有关。

金文时，因为文字是刻在金属器物上的，所以显得更圆润一些。

再往后，“厂”字基本没什么变化，从金文、小篆，再到后面简化的楷书，都保留“悬崖”的特征。

汉字的延伸

厰

现在，“厂”字作为“厰”字的简化字，已没有“悬崖”的意思了，而是表示“敞”。

古人做工的时候，如打铁、做木器活等，就在悬崖下面，这就有了“工厰”的概念。

用来做工的一个敞开的场地，就是“厰”字，并把它念成“chǎng”。它下面专门有一个声音符号，就是敞开的“敞”，说明两边没有墙，前面也没有墙，就上面有个顶，背后有个墙挡着，是敞开的。

简化汉字的时候，把这个敞开的“敞”去掉了，简化成“厂”，继续念成“chǎng”，而以前古文字中的“厂”就不再提了。

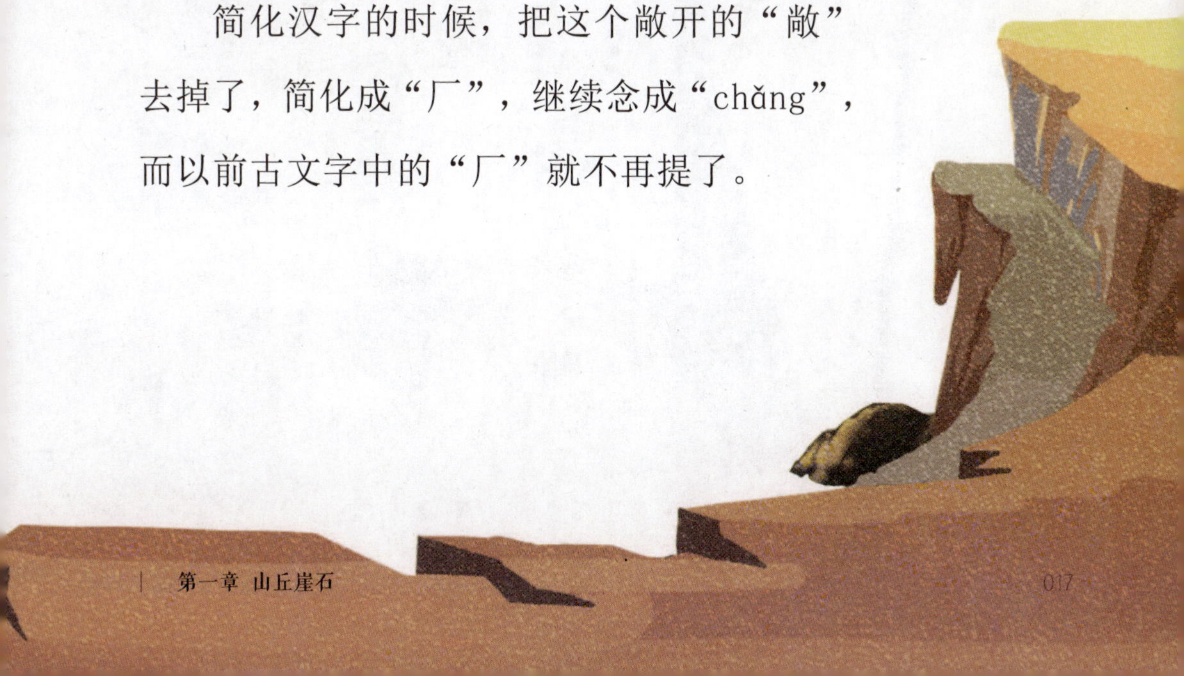

chǎng
廠

广

与“厂”字相似，且意义一样的还有一个“广”字，它们都表示山崖。甲骨文和金文的时候，它俩是一个字。

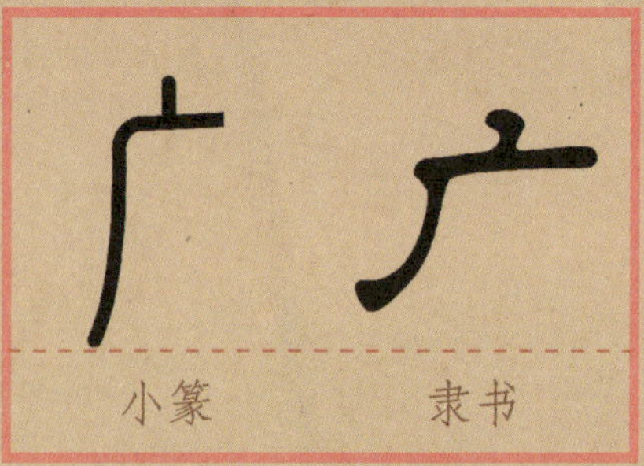

但“厂”侧重于指山边的悬崖，“广”则侧重指河海边的高崖，或者是河流、海水冲刷以后坍塌的高地。

到了小篆时，两个字才有所区别。隶书时，两个字又各自加了读音符号，分别为“敞”和“黄”。也就是我们今天所写的繁体字“厰”和“廣”。

人文小科普

悬崖上的艺术

古人发明文字以后，最早是把文字刻在石头上的，被称为石刻字符。他们以石头为工具，又在石头上刻字。

虽然随着文字的发展和书写工具的改进，在日常生活中，我们已不需要在石头上写字了。但有一种文字和造像就是刻在一整片石头上的，而且是刻在山中的高崖峭壁上，它们被称为“摩崖石刻”。

古人把文字或者造像刻在山崖上，主要为了叙功或记事。宗教发展起来后，许多经文、佛教和道教的造像等，也被刻在了山崖上。

“藏之名山，传之后人。”如今，这些摩崖石刻已成为古代文化的一种，它们不但具有十分丰富的历史内涵和史料价值，也是精美的书法、雕像作品，具有珍贵的艺术价值。

mó yá shí kè

摩崖石刻

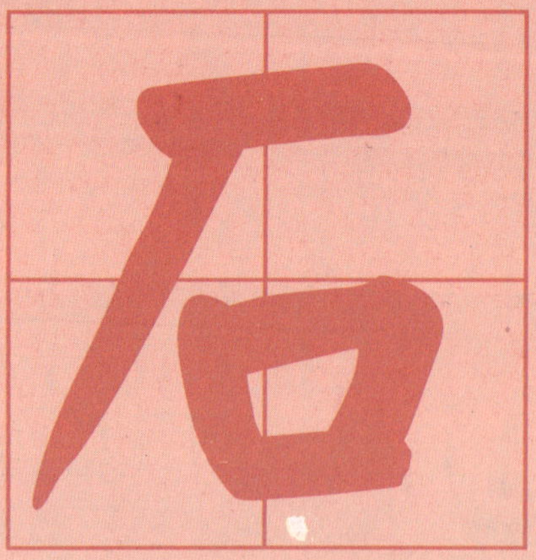

第四节　石

解字小课堂

在石器时代，人类学会了使用石头来制造工具。漫山遍野的石头极容易获得，他们用这些石头来对付野兽，或者制作各种工具。

所以，石头和人类最初的生存关系非常密切。因为用得太广泛了，所以也需要造一个字来代表它。

古人造这个字的时候遇到一个麻烦——石头有各种各样的形状，很不好确定要画成什么样子。

如果画不好就和一个“口”字相似了，成了方块，画成三角也不合适，因为石头大部分不是三角形的，怎么办？

这就体现了古人造“石”字的聪明之处。

甲骨文时，古人先画一个山崖，再在下面画一个块状。山崖下面有那么一块东西，你想它会是什么？

一般也只能是一块大石头。

所以这个“石”字是先画出山崖来，然后再画一个方块，那就是一块石头。

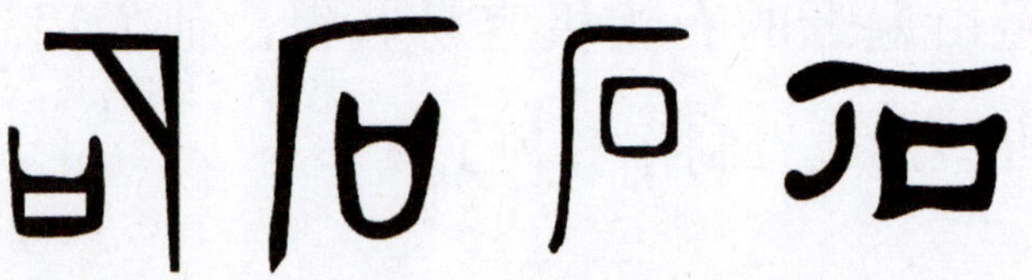

甲骨文　金文　小篆　隶书

在金文中，山崖的部分简化为“厂”。再往后，“石”字的字形大都一致，跟今天简化之后的楷书形体差别不大。

石头本身就是种坚硬的矿物质，一般指山岩、岩块。因此，在现代汉语中，凡是由“石”字所组成的字大都与“石头”或“坚硬”有关，如“矿”“硬”等；有时又作形容词，表示坚硬的、无情的。

汉字的延伸

冈

与高山相关的，还有一个“冈”字。这里简单介绍一下这个字。

“冈”的古文字中有山，它所表示的是山上被雨水冲刷所形成的沟壑，这些沟壑被称为“雨裂”，它们像网一样，遍布在山上。古人依此造了“冈”字。

甲骨文 金文 小篆 隶书

人文小科普

国之重器——石鼓

什么是“石鼓”呢？

从这个名字来看，它应该是石头做成的，形状像鼓。

没错！唐太宗贞观元年（627 年），在秦国旧地，也就是今天的陕西省宝鸡市岐山北坡的荒郊，石鼓首次被发现，一共有十个。

它们是花岗岩质地，每个直径约 1 米，重约一吨；外形相似，上狭下宽，形似鼓；鼓上皆刻有四言诗，内容多讲渔猎之事。它们由此得名“石鼓”，也被称为“猎碣”。

这些石鼓距今已有 2000 多年，是国内出土最早的成篇石刻文物，被世人称为“石刻之祖”，也被后人誉为“汉字的活化石”。

石鼓上面的文字被称为“石鼓文”，这是一种由大篆向小篆过渡的文字。因其布局均匀有度，结构严谨，用笔舒展大方，笔力遒劲，被后世学篆书者奉为正宗，称其为“书家第一法则”，历代赞誉和临摹者很多。

悠悠中华文明，历经数千年沧桑，石鼓都被腐蚀了，但上面的文字永存，器可朽，而魂却不灭！

shí gǔ
石鼓

第二章

沙土农田

“沙土农田”家族有三个字——小、土、田，它们是指平地上的沙子、泥土和农田。

小

第一节 小

解字小课堂

大自然有其自身的运动规律，这才造就了地球上具有不同纹理的大地形态。高山、平地、深水这些地形地貌，正是地球内部数千万年的运动形成的。

高山并不永远是高山，大自然的风吹、日晒、雨淋，会使山上的岩石被风化、冲刷，大的岩石被分裂成小的石块，小石块又被流水冲刷磨损，变成光滑的鹅卵石。

水流中的水让石头不断互相摩擦，那些被摩擦下来的细小的部分逐渐变成了小小的颗粒，它们正是我们所称的沙子。

古人看到细小的沙子，就用沙子的形象创造了一个字，用来表示“沙”。

从甲骨文来看，古人是用三颗细微的沙粒表示，沙子很多，三颗就能表示众多的意思。

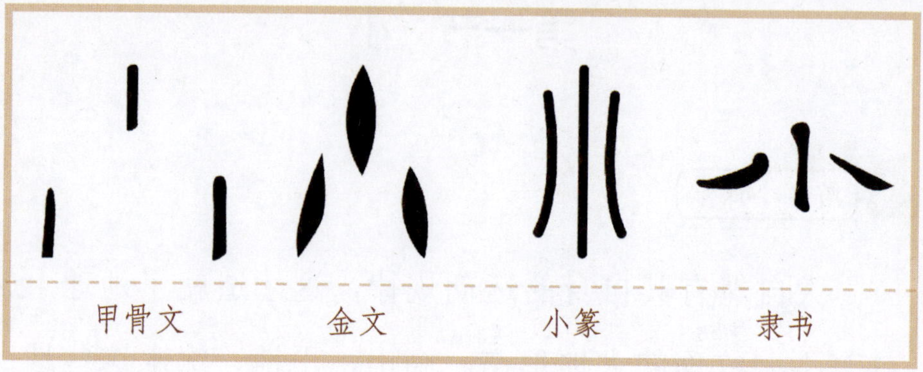

金文时，又突出沙粒的形状。到了小篆，字形就不太像三颗沙粒了。中间一竖表示“一”，“一”是数字当中最基础的一个数，两边是个八，表示分开，当“一”再分的时候，就变得更小了。

此时，它从小篆开始已经多了一些文化信息，就不完全是象形了，字形也逐渐确定下来。

今天，我们有专门的“沙”字来表示沙粒，它的造字正和“小”“水”相关。用“小”所造的字也多和沙粒有关。

由于沙粒个体微小的特点，人们逐渐用“小”字来表示形体、空间规模的大小，也引申指时间上较短、年龄上较小的。

人文小科普

沙粒与珍珠

一颗细小的沙粒，对于我们来说几乎没有什么价值，因为它太小了，小到肉眼几乎都不可见。

而一颗珍珠，却价值不菲，让人痴狂。

但实际上，谁能想到一颗璀璨明亮的珍珠是由这些细微不起眼的沙粒所演变过来的呢？

珍珠实际上是一种古老的有机宝石，主要产在珍珠贝类和珠母贝类等软体动物体内；由于内分泌作用而生成的含碳酸钙的矿物珠粒，是由大量微小的沙粒集合而成的。其种类丰富，形状各异，色彩斑斓。

沙子是普通的，但它们经过在贝类、蚌类体内一层层的包裹，最终形成了珍珠。

hé bàng
河蚌

土

第二节 土

解字小课堂

如果说沙粒还是微小的石块，那么土就是这些微小的石块被磨成了灰尘，变成粉状的东西。它们遇见了水，逐渐变成了泥巴。这些泥巴越积越多，逐渐成为成片的泥土地。

沙子摸起来还会感觉粗糙，泥土摸起来却是光滑柔顺的。这些泥土地成了植物和动物生长活动的地方，于是，土地变得越来越肥沃，人类开始在上面种植作物。

中国传统文化一直都根植于华夏这片土地，我们的日常活动，吃、穿、住、行等，每一样都离不开土地，它是我们的根本所在。

古人用“小”表示沙，而比沙还小的土，古人又是如何表示呢？

古人发现土被踩在脚下，已经成为大地了。如果只画一道来表示，就容易和一二三的“一”相似。

所以古人在甲骨文的时候，画了一个类似铁锹的形象插进地里，翻出来的东西为即“土”。

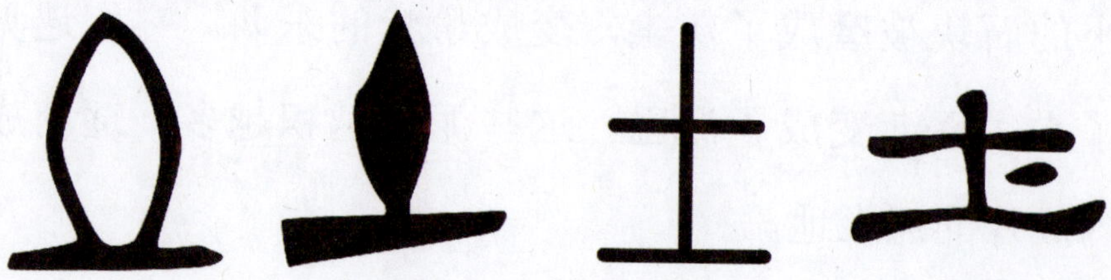

甲骨文　金文　小篆　隶书

我们依据古人留下的文字，猜想古人造字的过程。所以也有人说，那是长出来的一棵植物的叶子，土上长叶子、长植物，也是有可能的。

从中我们也可以发现，古人在造字的时候，也可能考虑到了植物都是从土里长出来的，象征着大地孕育着万物。因此，我们也通常称土地为“大地母亲”。

金文比较清楚，其字形上面就是一个实的，不是个空的了，看起来更像翻起来的土。土和地是不一样的，从地里翻出来以后才叫“土”。

小篆时，字形变得线条化了。上面部分变成一横一竖，写成一个“十”字，下面还是代表地面的一横，成了现在的“土”字。

另外，在隶书当中，有时专门在右边加了一个点，来表示翻起的土块、土疙瘩。

这个字体在很多书法作品中出现，是人们为了区别“士”字。加了一点表示土块，就不会让人误以为是“士”字了。

人文小科普

女娲造人的传说

远古神话中，对人类的产生有着种种瑰丽奇妙的传说，其中影响最大的，是“女娲造人”。

女娲这个古代的神灵，使用泥土捏造出人形，并赋予其生命。这也许和古代人们在劳作时，身上总有汗水尘土，搓洗的时候也会掉下泥垢有关。

人们以为自己是土做的，在氏族社会时期，人们能掌握的各种塑型方法之中，以捏土为器最为简单。

很自然的，人们将这两种现象联想到了一起，想出了“女娲造人”的神话故事，并口口相传，直到如今。

“捏土造人”的传说，不仅仅是先民的一种诗意幻想，也真实地反映了华夏先民与土地的关系，是这片土地造就了他们，也造就了中华民族朴素、诚实、厚重、坚韧、深沉，并且富于创造、忍耐力极强的“泥土”一样的性格。

nǚ wā zào rén
女娲造人

田

第三节　田

解字小课堂

有了工具，也懂得了种植作物，古人便开始对土地进行规划。他们把土地画出一块一块的形状，并依照这个形状，造了“田”字。

“田”字，从甲骨文一直到现代标准的楷体字，其形象基本一致，没有多大区别。只是在甲骨文当中，这个“田”字有时会画特别多的方块，以此表示一大片的田地。

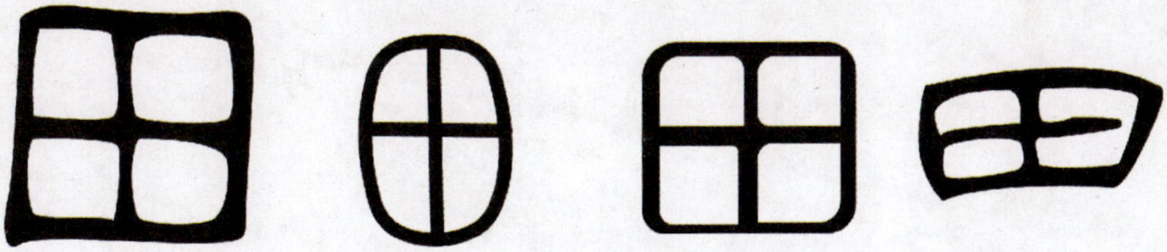

甲骨文　　金文　　小篆　　隶书

需要注意的是“田”字和“晶”字，它们字形相似，但所表示的却不一样。甲骨文的“晶”原本是三个火球的形象，笔画规范以后，就好似三个“田”字。

回顾前面学习的雷电的“雷”字，大家能更好地进行区分。

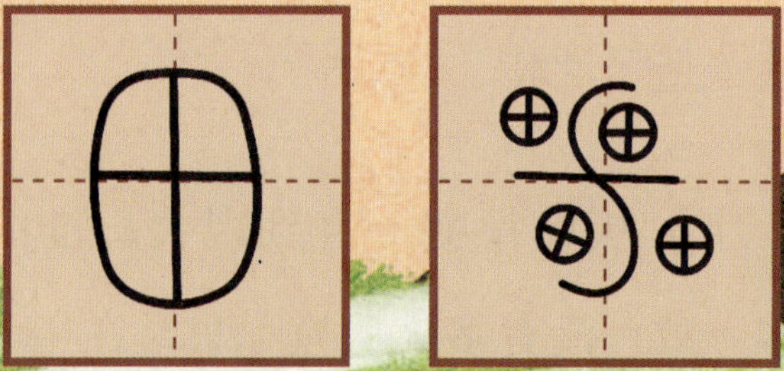

田与畾的金文字体对比

人文小科普

传统文化中的“耕读文化”

不论是在古代还是在今天，农田一直在人们的生产生活中占有重要的分量。远古的先民们学会了耕种，农田成了粮食的主要来源。

我国幅员辽阔，地理位置优越，自汉代以来，农业就成了经济、社会发展的重要产业，农耕文明也成了中华文化的重要特征。

“晴耕雨读”的意思是，晴天的时候下田耕种，雨天便在家中读书。有了粮食，才能生存；有了知识，才懂得礼仪。这种半耕半读的状态，是让你既学会谋生，又学会做人。

古代的一些书香世家以这种耕读文化作为治家的传统，所谓“耕读传家久，诗书继世长”。

我们在许多古旧住宅的匾额上，很容易见到“耕读传家”这四个字。它在老百姓中可谓流传广泛，深入民心。

qíng gēng yǔ dú

晴耕雨读

第二章

流水河川

“流水河川”家族有四个字——水、川、回、井，它们指地貌中有关水的存在方式和流动形态。

水

第一节　水

解字小课堂

我们在前面已经提到过水和高山、平地是有联系的，水从高山上往下流，形成了一股一股的水流，古人就依照这个水流的形状，造了“水”字。

从甲骨文来看，中间那弯弯曲曲在流的是水，两边有断断续续的支流，这也表示了水存在的形态。

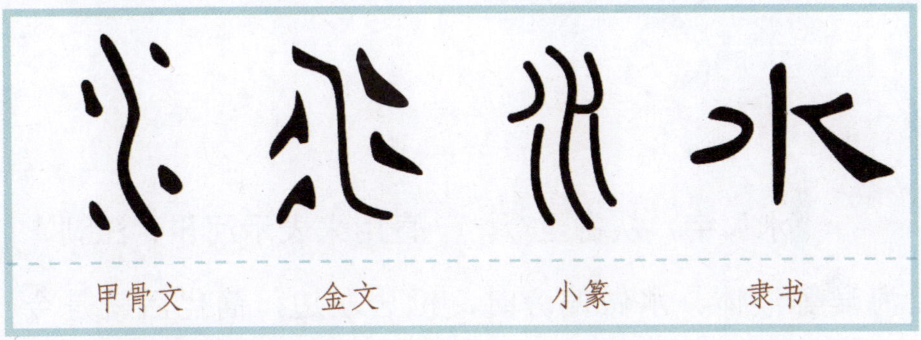

在金文和小篆中，“水”字的形体还没有完全改变，基本继承了甲骨文的形状。但发展到隶书时，变形就开始了，中间曲折的线条简化成了一竖，四点也左右各自连在一起，汇集在中间一竖的两边。

“水”字，从古至今，一直用来表示河川、江湖、海洋等液体。水做偏旁时，位居左边，简化后就是今天的三点水“氵”，用来表示与“水”相关的字或词，如“河”“海”等。

又因为水本身的流动、灵动的特性，人们常常将它引申拓展开来造词。例如，“水灵灵的”表示鲜嫩的、充满生命力的。

汉字的延伸

冰

到了冬天，水遇冷就要结冰，这是水变成固体的状态。

不再流动的水，古人又是怎么表示的呢？

仔细观察，会发现古人真的很有智慧。他们把弯曲的线条画成了有点折角的样子，看起来好像柔软的东西变成了硬的。

而且“冰”是有厚度的，便画了两层，这是最初“冰”的甲骨文字形。

冰冻三尺非一日之寒，从甲骨文和金文来看，比较清楚地画了两个层次——“仌”字，先是一层冻起

hú pō

湖泊

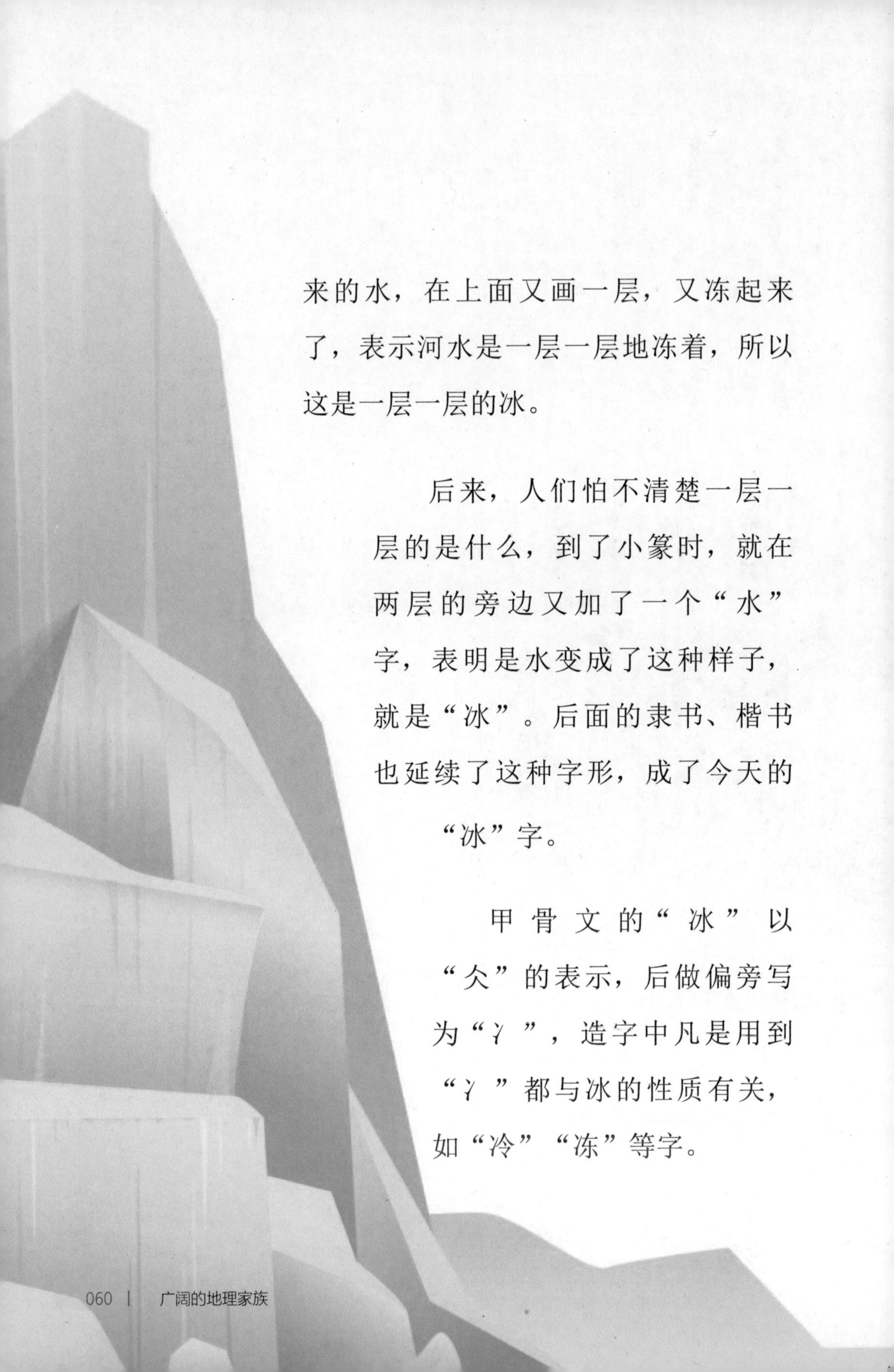

来的水，在上面又画一层，又冻起来了，表示河水是一层一层地冻着，所以这是一层一层的冰。

后来，人们怕不清楚一层一层的是什么，到了小篆时，就在两层的旁边又加了一个“水”字，表明是水变成了这种样子，就是“冰”。后面的隶书、楷书也延续了这种字形，成了今天的“冰”字。

甲骨文的“冰”以“仌”的表示，后做偏旁写为“冫”，造字中凡是用到“冫”都与冰的性质有关，如“冷”“冻”等字。

人文小科普

什么是“上善若水”

“上善若水，水善利万物而不争，处众人之所恶，故几于道。”这句话出自老子的《道德经》。

那么，“上善若水”是什么意思呢？

水，看似极为普通，实际上是大自然最神奇的杰作。它滋养着万物，孕育着生命，是我们赖以生存的不可或缺的存在。

水十分柔弱，但遇到岩石又能够改变自己，顺应外在的环境。古人观察到了这种现象，所造的“水”字在古代的字形中就表现出了这种智慧。

古代的智者以水的这种特性来比喻人的品性。“上善若水”，是指一个人至高的品性应像水一样，能够泽被万物却不争，从而拥有至柔却能包容天下的胸襟和气度。

shàng shàn ruò shuǐ

上善若水

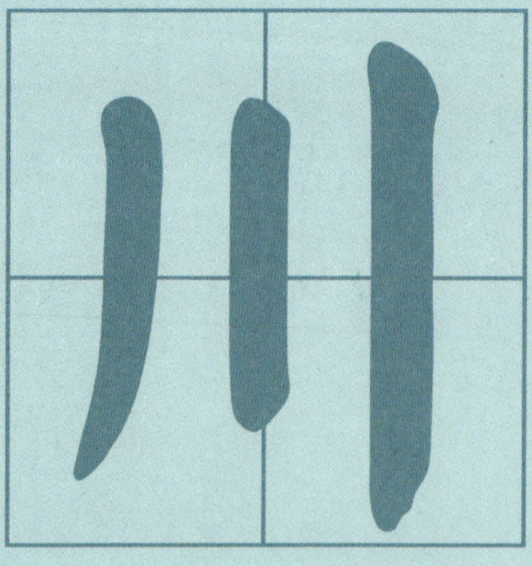

第二节 川

解字小课堂

水从高处往低处流，高山上流下来的一股一股的水，逐渐汇集在一起，到了山脚下较为平坦的地方，这些集中起来的水就形成了河流。

河流越流越宽，两边会形成河岸，古人就依据河流的形状进行造字。

在甲骨文中，你可以看到左边是个河岸，右边也是个河岸，中间是河里流的水，它画了一条河的形象，就是今天的“川”字。

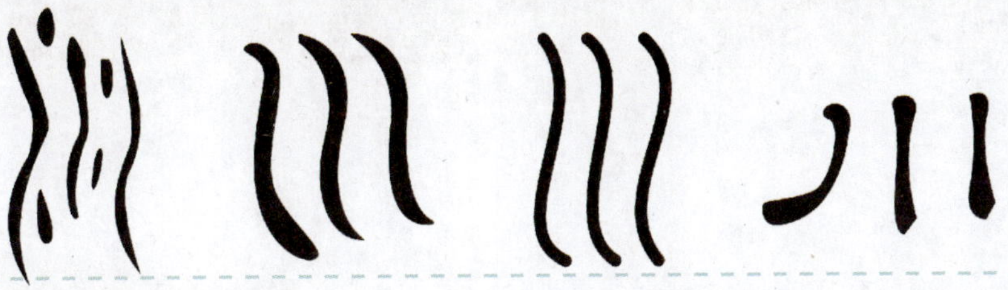

甲骨文　金文　小篆　隶书

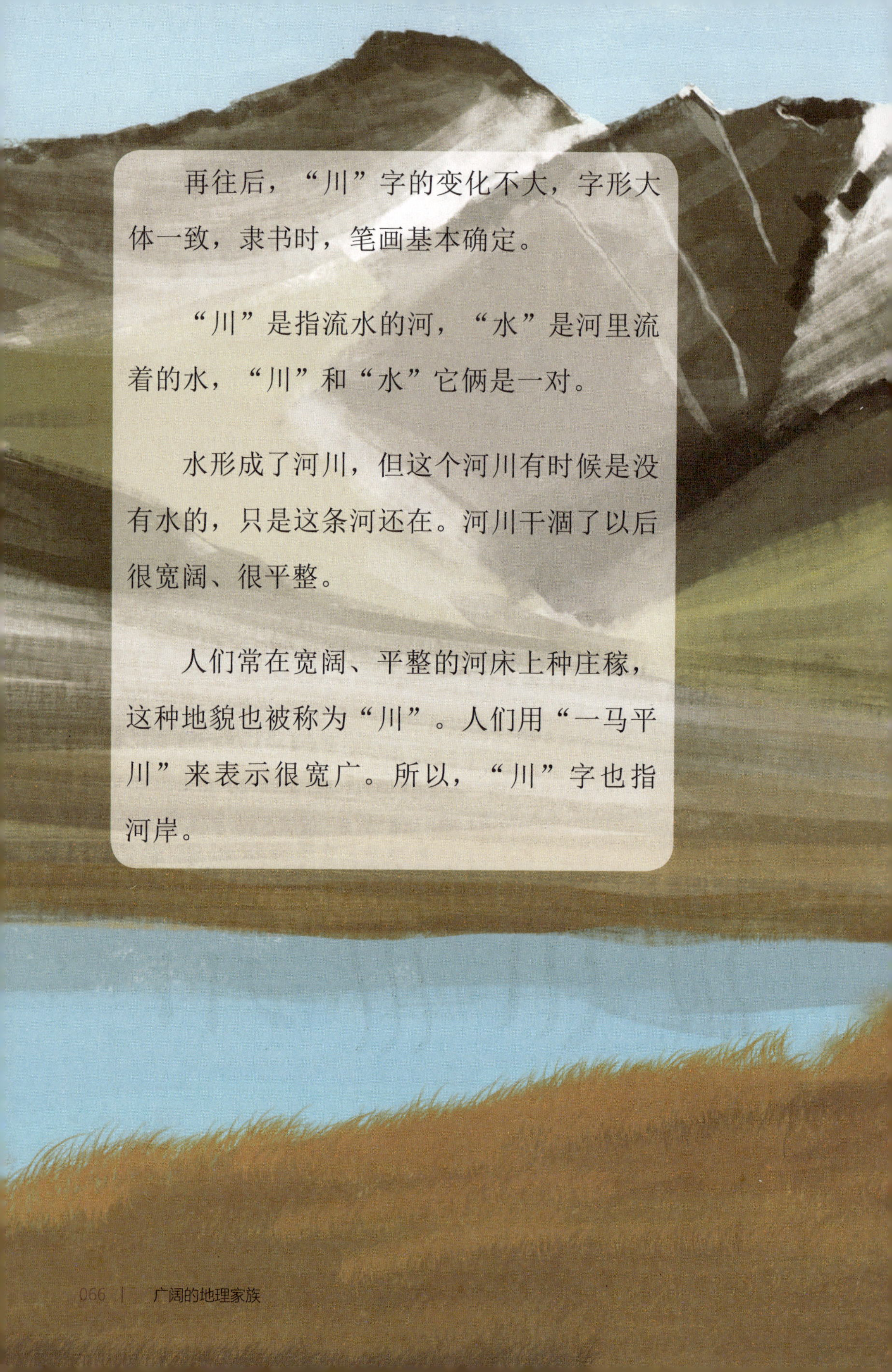

再往后，“川”字的变化不大，字形大体一致，隶书时，笔画基本确定。

“川”是指流水的河，“水”是河里流着的水，“川”和“水”它俩是一对。

水形成了河川，但这个河川有时候是没有水的，只是这条河还在。河川干涸了以后很宽阔、很平整。

人们常在宽阔、平整的河床上种庄稼，这种地貌也被称为“川”。人们用“一马平川”来表示很宽广。所以，“川”字也指河岸。

yī mǎ píng chuān
一马平川

wàng shuǐ qī

旺水期

kū shuǐ qī
枯水期

人文小科普

“川流不息”的感叹

河川的奔腾不息给了人们许多灵感，比如，成语“川流不息”就出自《论语·子罕》：“子在川上曰：‘逝者如斯夫，不舍昼夜。’”大概意思是：孔子站在泗河源头的岸边，看着泗河昼夜奔腾不息的自然形态，感到时间流逝太快，从而领悟了人生须不断积极进取的哲理。这里的“逝”字，可理解为消逝的意思，也可以理解为前进的意思。

《论语》的阳刚与积极进取的精神在这句“逝者如斯夫，不舍昼夜”上得到很好的体现，与《易经》里的“天行健，君子以自强不息”，以及《礼记·大学》里的“苟日新，日日新，又日新”一脉相承。

chuān liú bù xī
川流不息

回

第三节　回

解字小课堂

乍一看，你可能会觉得这个“回”字和水没有关系，其实它表示的是水的流动状态。

春季，河水解冻，河里的水势增大，流动的速度也更快了。由于河道并不都是直的，河流在拐弯的时候会因为阻碍而产生回流的现象，由此形成一个漩涡。

漩涡有一个特征，就是水流过去又流回来了，转个圈再流。所以，古人把这个流水回环的样子画下来，表示来来回回，就有了这个“回”字。

河水在固定的地方老这么旋，时间久了，这个漩涡底下一定是很深的。

汉字的延伸

渊

在雨季时水量很大，到了枯水季节就只有漩涡下面还有水，那么这个漩涡底下就形成了“渊”。

从古文字来看，“渊”就是画了一块地方，上头流着水，说这里水很深不怎么流动。

今天楷体字的“渊”，最初左边和右边就是“川”，左右两边就是指河流，中间的“米”实际不是米，是指河两岸中间的水来回回环，楷化的时候写成了“米”字。

除了好写之外，米也是散碎的，不容易分清看清，所以“米”字在这儿，还有深奥、迷乱的意思。

渊字起初并没有用水做偏旁，是在小篆归类时加上的。

shēn yuān

深渊

人文小科普

“回”是美的

古人依照水流回旋的状态造了“回”字，而在生产生活中，他们更发现了这个回旋的形态具有美的一面。

古人在水边发现了漩涡，也发现了水面上的涟漪，这种优美的流动感逐渐启发了他们对生活的审美。

在新石器时代晚期，人类便有了一定的美感经验和艺术实践。他们把这种回旋状、涟漪状用在了当时的生活器具上，成为当时装饰中的一种主要图案。

井

第四节　井

解字小课堂

上古时代，人们只能生活在河流两岸。如果远离了河流，就喝不到水。后来人们发现了打井汲水，这才从河流两岸解脱出来，从而可以选择自然条件更好的地方生活、居住。

因而，水井与人们的生活有着密切的关系。

古人在这儿挖了一口井，挖得很大很深以后，人到边上去提水的时候要走过去，很危险，就像到河岸边提水容易落水一样，那怎么办？

古人就在井边摊上一根木棍方便脚踩，有的在这边摊，有的在那边摊，就这样四周不停地摊上木棍，井口就被围在了中间。

甲骨文的“井”字就像一个方口水井。金文到隶书时，在“井”的中心加了一个点，表示这是水的所在。而后为了书写方便，楷书的字体简化就去掉了中间的点。

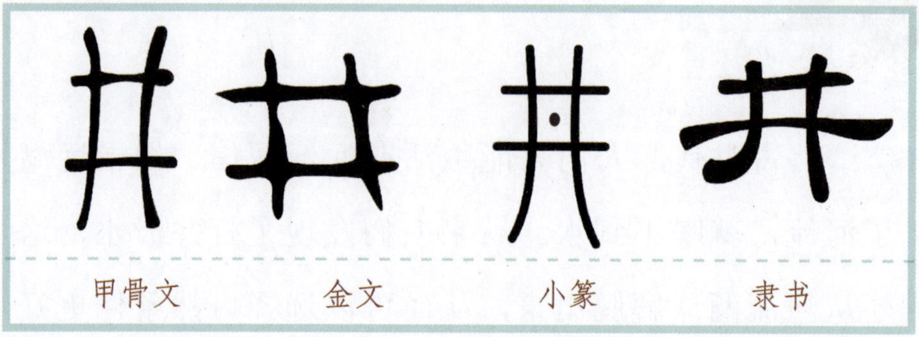

所以，从字形来看，这个“井”字，就是两横两竖，中间一个口。

我国的考古专家在河姆渡遗址发现了3000年以前的古井，这个古井就是用木头棍子围起来的。水往上溢了人们再放，周围有淤泥了也再放，以此来保护井口。

长年累月这样做的结果是在井口边有将近一米高的棍子罗列着，形成了“井”字形，和“井”的古文字是一样的，这是有道理的。

井口不能乱搭棍子，否则中间不便取水，所以横着两个、纵着两个，便于大家来使用，从而有“井井有条”一词，表示整齐、有序。

汉字的延伸

谷

在高山、平地、深水之外，还有一个字，与这三者都有关系，就是“谷”字，山谷的谷。

在两山之间会有峡谷，水从高山上流到峡谷里，形成了河流，古人便依此造了“谷”字。

甲骨文和金文为山峰之下的山口，小篆时，笔画变得线条化，字体也变得更标准、更漂亮，但意义不变。

从甲骨文、金文，一直到小篆、隶书、楷书，“谷”的字形都没有太大变化。下面一个“口”字，表示山口，是两山之间流水的山口，即为山谷。

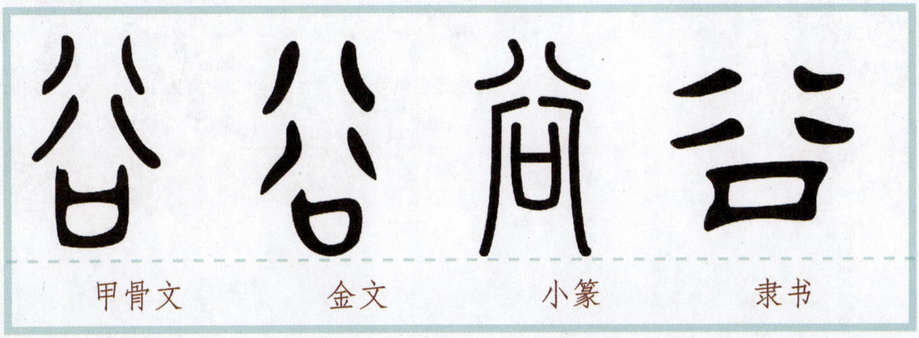

我们今天的稻谷也是这个“谷”，但这个“谷”其实是“穀”的简化字，和“谷”本身没有关系。

shān gǔ

山谷

人文小科普

背井离乡中的“井”

我们说一个人离开了家乡出外谋生，会说他是“背井离乡”。这里的“井”既指“水井”，也指“井田”。

人类的生活离不开水源，古人的居住地从河边搬到了井边，也是因为井可以取水。因而，除了沿河而建的村落，在有水井的地方，也逐渐形成了村落。

如果离开了水井，也就是离开了自己生活居住的地方。

此外，古代的土地有阡有陌，划分成了“井”字形状，所以叫井田。在农业社会，土地是人们的命根子。有了土地，才能生产生活。一旦离开了土地，便也是离开了居住的地方。

bèi jǐng lí xiāng

背井离乡

根据白双法专著《双法字理》改编

汉字大家族 3

灵秀的植物家族

白双法 著

江苏凤凰文艺出版社
JIANGSU PHOENIX LITERATURE AND ART PUBLISHING, LTD

图书在版编目（CIP）数据

汉字大家族 . 3, 灵秀的植物家族 / 白双法著 . --
南京 : 江苏凤凰文艺出版社 , 2020.2
ISBN 978-7-5594-4575-9

Ⅰ . ①汉… Ⅱ . ①白… Ⅲ . ①汉字 – 通俗读物 Ⅳ .
① H12-49

中国版本图书馆 CIP 数据核字 (2020) 第 014334 号

汉字大家族 3
灵秀的植物家族

白双法　著

出 版 人	张在健
责任编辑	刘洲原
特约编辑	陈忠坤
装帧设计	丁　瑶　孟　迪
责任印制	刘　巍
出版发行	江苏凤凰文艺出版社
	南京市中央路 165 号，邮编：210009
网　　址	http://www.jswenyi.com
印　　刷	厦门市竞成印刷有限公司
开　　本	787 毫米 ×1092 毫米 1/16
印　　张	51.5
字　　数	332 千字
版　　次	2020 年 2 月第 1 版　2020 年 2 月第 1 次印刷
书　　号	ISBN 978-7-5594-4575-9
定　　价	220.00 元（全七册）

江苏凤凰文艺版图书凡印刷、装订错误可随时向承印厂调换

目　录

植物是自然界中生命的主要形态之一，植物本身主要有六个部分，即根、茎、叶、花、果实、种子。我们这里所讲的汉字中的“植物家族”，是从汉字造字的实际情况来分的，主要分为木本、禾本、草本、花果根须四大类。

第一章

枝繁叶茂

“枝繁叶茂”家族有三个字——木、束、果，它们是以木本类植物中树木的形象造的字。

木

第一节 木

解字小课堂

人们今天常用“树木”一词，但古人最早是没有“树”这一概念的。

因为古代人们把“树”就称作“木”，它是一棵树的形象。而“树”在古代表示动作“栽种、种植”，也有建立和竖立的意思。

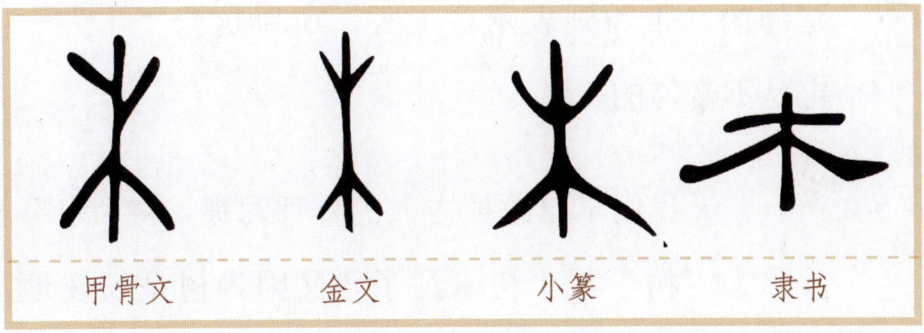

“木”在甲骨文和金文中的形状基本一致，都是一棵树的样子，中间一竖是树干，上面的两边是树杈，下面的杈就是树根。

到了小篆时，字形和甲骨文、金文没有多大变化，只是更规范了笔画的线条，字体上面的枝和下面的根非常对称，中间是笔直竖立的树干，小篆时不仅美观对称，书写上也相对简单。

“木”的隶书依照小篆书写，一直到楷书，字形都没变化。

但在楷书书写时，我们需注意一个地方，凡是楷书的“木”，中间一竖“丨”是不能带有弯勾的，这是一个基本原则。因为树根是竖直地往下长的，尽管地表下的树根到处长，但都是往下延伸的，带勾则表示往上长，所以这一“丨”一定是不带勾的。

今天我们早已改掉古人的称呼习惯，将“木”改称为“树”或“树木”了。又因为树是长在地上的，竖立着，所以读音与“竖”相同，义近。

树木多被人们砍伐之后用来做建筑或器物的材料，例如做房梁、做箱柜，这些叫作木材、木器。所以“木”字常做部首，表示用木头做的一些器物。

巧妙的榫卯工艺

我国古代建筑的主流是木结构，也就是用木头来建造房屋、寺庙和宫殿等。古人非常智慧，在钉子还没出现的时代，他们就发明了一种巧妙的工艺，使这种木构建筑也能十分稳固。

这种工艺就叫“榫卯结构”。据说从河姆渡文化遗址算起，榫卯结构在中国至少已有7000年的历史。

它是以凸榫、凹卯的形式，将两根木头牢固地结合。这种扣合形式不仅能够承受压力荷载，还能产生一定的塑形。如果发生地震，榫卯结构建筑可以吸收、卸载能量，就算经历剧烈晃动也鲜少倒塌，可以使建筑物的受损情况减至最小。这一工艺可谓独具匠心。

至今，我们仍能看到一些名胜古迹保留着这种木构的性质，如北京的故宫、福建泉州的开元寺等。

sǔn　mǎo

榫卯

束

第二节 束

解字小课堂

束缚的“束”，其字形从甲骨文到今天，都阐释了这个字的含义。

从甲骨文的字形来看，好像是一个包袱把一个东西从两头捆扎，把它包起来。

金文时，字形像把一个树木用绳子缠绕起来。到了小篆时，就非常清晰，就是一个木字中间插了个圈。

隶书根据小篆而来，楷书则根据隶书而来。因而，它的本义就是把一个树木用绳子绕起来，束起来。

甲骨文　　金文　　小篆　　隶书

汉字的延伸

困

在认识“束”字的时候，我们还要一起看另一个字——“困”。

“困”字从甲骨文来看，不是把树的树干“木”绕起来，而是把整个树的“木”都围了起来。它的甲骨文与“束”不同，一直到小篆，再到今天的楷书都延续了甲骨文的字形。

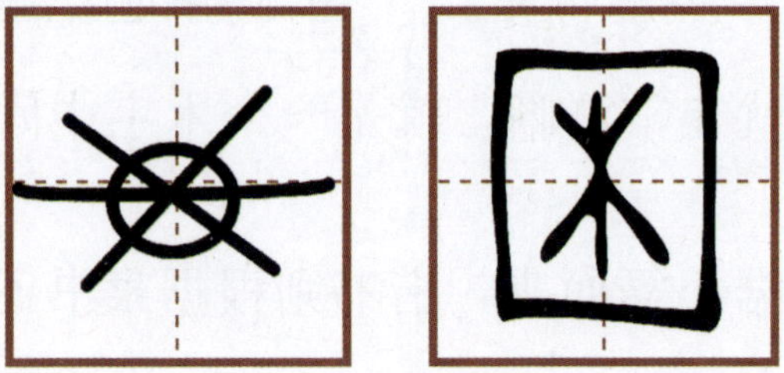

束和困的甲骨文字体对比

“束”和“困”这两个字都是把木头用东西缠绕起来，一个是缠绕树身，缠绕树干；一个是把整个树木缠绕起来，这是两者的不同点。

简单地讲，它们的不同之处是小而少为“束”，大且多为“困”；相同点都是把木头围起来。用这两个字分别造字，各有家族。

人文小科普

中国古人的“束发”传统

古代中国讲究“身体发肤，受之父母。”故在清朝之前，汉人都会将头发留起来，不会轻易剃掉，表示对父母的尊敬，这是一种“孝文化”的表现。

头发留长之后，人们便将长发束于头顶，男孩15岁时束发为髻，成童；20岁时行冠礼，成年。因此，古代人们用束发指代成童的年龄，即15至20岁。

束发又分全束和半束半披，不同的发型代表了人们不同的社会地位。

另外，古代是农耕社会，男子劳作时，束发可以防止头发浸染汗水，束发之后夏日既不会太热，冬日也不会太冷，是一种非常实用的装扮。

fà jì

发髻

果

第三节 果

解字小课堂

果树是大自然给予我们的礼物，水果是我们日常不可缺少的营养来源。

对食物并不丰富的古人来说，这些果实显得尤为重要。古人对果实的采摘较多，人们吃各种果实，所以古人为果树专门另造“果”字。

果树还是树，所以“果”是在“木”的基础上再造的。“木”是指一般所有的树木，是一个总的概念。

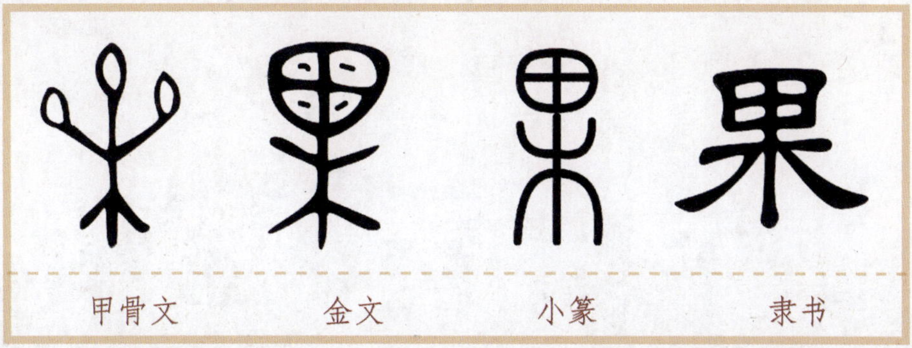

甲骨文的“果”上面专门画了三个圆形的果子，下面是个“木”字，上面是它结出的果实，不同于一

般树木的枝叶，它表示这种“木”上可以结果。

到了金文，上面部分画得像一个田地的“田”，并在其中画出籽粒，表示树冠中有果子。

而从小篆开始，则将金文中的上部去掉其中的籽粒，简化为“田”字。之后的演变基本就以此为基础，一撇一捺，逐渐规范下来形成今天的楷书“果”字。

为什么古人要用“田”来代表果树上的果实呢？

在地理家族中我们曾讲过，田地是人们种庄稼的地方，经过耕种，田里结出麦稻颗粒。

古人认为果树也是这样的，树冠茂密的枝叶间长有果实，像一块田地，于是画成一个“田”字。它既表示了一颗颗硕大的果子，又表示像田地。

今天人们分析问题时，往往认为一就是一，二就是二，事情一定要分得清清楚楚，但实际生活中很难万事分清，事物之间都存有联系。

tián dì
田地

guǒ shù
果树

人文小科普

人类起源与采食林中野果

在中国西藏地区，流传着一则人类文明早期采食野果的传说。

在久远的年代里，西藏山南地区的山上住着一只猕猴。这只猕猴和岩罗刹女结为夫妻，生了六只小猕猴。老猕猴把它们送到果实丰茂的树林中去生活。过了三年，老猕猴再去看时，它们已经繁衍成五百多只猴子了。但由于吃食不够，猴子们都饥肠辘辘，吱吱悲啼，甚至相互斗殴，出现伤亡。

小猴们看见老猴来了，便都围上来呼号："爷爷，我们饿了！"

老猴看见这种情景，心里十分不忍。于是领它们到一处长满野生谷类的

山坡，指给群猴道：“你们就吃这个吧！”猴子们改吃谷子，身上的毛慢慢变短，尾巴也渐渐消失，以后又学会说话，逐渐演变成人类。

这则神话除口头流传外，在不少藏文历史著述如《玛尼全集》《西藏王统记》《贤者喜宴》《西藏王臣记》等书中都有详略不同的记载。它与古猿演化进步成人类的科学论断，自然只是偶然的巧合。它只不过是古代原始社会时期氏族的图腾崇拜而已。二者根本的区别就是“劳动”。但是，神话在叙述猕猴采食林中野果的情节时，却闪耀着一定程度的朴素唯物史观的思想火花。

zhāi guǒ zi
摘果子

第二章

禾麦丰硕

“禾麦丰硕”家族有三个字——禾、米、麦，它们是指禾本植物中的禾苗、米和麦子。

禾

第一节 禾

解字小课堂

你还记得唐诗《悯农》中的“锄禾日当午，汗滴禾下土”里面“禾”的含义吗？

没错，这个“禾”就是指人们辛苦劳作的粮食庄稼。它也是我们赖以生存下去的根本所在。

那么，古人又是如何来造这个重要的字的呢？

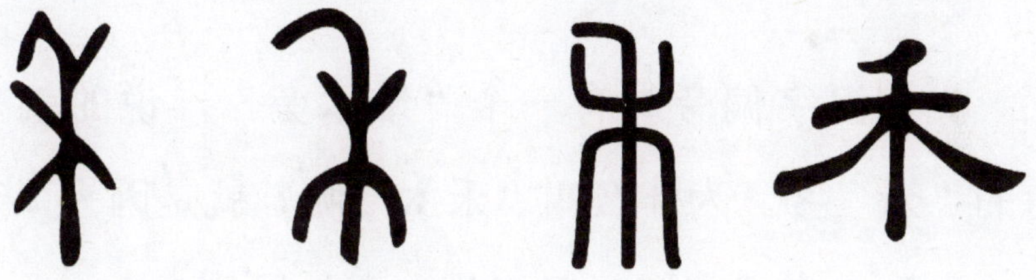

甲骨文　　金文　　小篆　　隶书

“禾”字从甲骨文、金文、小篆来看，和“木”字近似，它有主干、枝叶，下面有侧根、须根，但唯独顶部下垂，而这就是庄稼——禾麦的特点。

庄稼可以结穗、结麦粒，谷子、高粱等都是这样，结了穗以后的“禾”因头部颗粒变得沉重，就压弯了主干，垂了下来。

古人根据这一特点画了它的样子，来表示这种结了谷穗而下垂的庄稼。

金文则更加突出禾麦头部的下垂，到了小篆为了美观，歪着的头部趋于圆润平滑。隶书追求书写的便利，干脆就变成一撇，下面一个“木”字。

如今我们所使用的楷书“禾”字，也是由小篆的形体楷化而来，大致能看出庄稼的样子。

我们汉字偏旁中有一个“禾木旁”，说的就是禾苗的“禾”字。为什么叫“禾木”呢？就是因为“禾”与“木”二字很相似，仅仅是一撇的区别。

我国自古至今都是一个农业大国，所以与禾有关的字很多，大都由“禾”再组合造字，或分类提示。例如：庄稼的“稼”、稻子的“稻”、季节的“季”、税赋的“税”（税赋一开始就是指缴纳粮食）、种子的“种”等。

mài suì
麦穗

zhuāng jia
庄稼

人文小科普

风禾尽起

“禾”是指谷类作物的幼苗，在古书上也指“粟”。

作为一个重农的国家，我国古人广种禾稻。“民以食为天”，粮食不但代表了基本的生存条件，也在老百姓心中具有重要地位。

西周时期，周武王死后，由周公摄政。周公镇压了武王的弟弟管叔、蔡叔的叛乱。

周武王的儿子周成王因为受到流言蜚语的影响，怀疑周公的忠诚，对周公进行压制。

当时，天上雷电大作，禾苗尽偃，许多树木被连根拔起，国中百姓无不十分惊恐。

后来，周公力排众议，重新执政。神奇的是，大风把吹倒的禾苗又重新竖起，从此国家太平，百姓安居乐业。

后来“风禾尽起”这个成语就被用来比喻事情顺应天意，得到天助。

米

第二节 米

解字小课堂

春天，农民伯伯把庄稼的种子种在田地里。到了秋天，就可以收获丰富的谷物。这些庄稼的籽粒就是我们主要的粮食来源。

而古人就用“米”字来表示这些谷物籽粒。

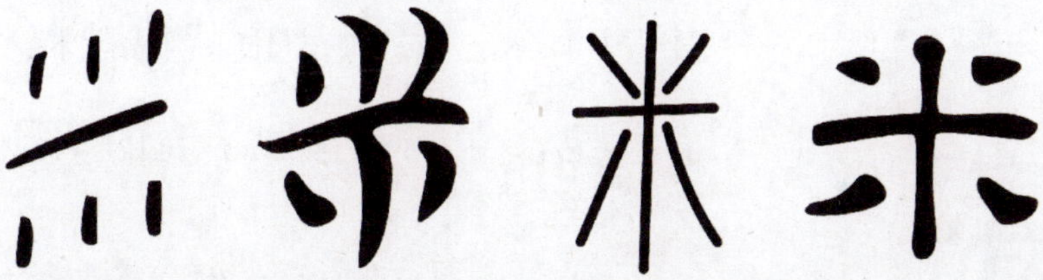

甲骨文　金文　小篆　隶书

从甲骨文和金文来看，“米”字最开始为上面三点，中间一横，下面三点，就像是围绕着穗梗结满了细小的籽粒——麦粒、米粒。

尤其是北方种植的小米，谷子上结了谷穗，米粒能看得很清楚，穗上头很多，米粒向小沙粒一样。

到了小篆，字形就像一个庄稼秆上面长出了颗粒。隶书和楷书延续了小篆，形体上没多大变化，只不过楷化后，下面两点演变成一撇一捺。

所以“米”字在古代特指北方谷子中的小米，后来泛指其他颗粒状的粮食作物，尤其是指脱了壳的稻子。

同样的，由“米”做偏旁部首所造的字大部分都和粮食或者粮食加工有关。例如南方有米粉，北方有面粉；黏性大的为糯米，粗糙的为糙米；粮食也可以用来酿酒，最后留下的渣子就是糟粕等。

niàng jiǔ

酿酒

人文小科普

长安米贵，居大不易

我国唐代著名诗人白居易还未成名之时，曾带着自己的诗稿到长安，拜访当时颇有名气的文坛领袖顾况。

长安是唐朝的都城，热闹而又繁华。白居易当时才 16 岁，初出茅庐。

顾况看到白居易的名字时，觉得好玩，便和白居易打趣道：“长安米贵，居大不易。”

当时的长安由于受到朱泚叛乱的影响，遭到很大破坏，长安的米价飞涨，百姓的生活很不好过。

顾况说完，便开始翻阅白居易的诗稿。谁知才看到第一首诗，他便连连点头称赞道：“道得个语，居即易矣。”

顾况读到的这首诗就是有名的《赋得古原草送别》：“离离原上草，一岁一枯荣。野火烧不尽，春风吹又生。”

从此以后，顾况十分欣赏白居易的诗才，逢人便夸赞白居易，白居易也因此在长安出了名。

麦

第三节 麦

解字小课堂

小麦是三大谷物之一，我国是世界上最早种植小麦的国家之一。

那么古人是如何来造这个字呢？

我们把麦子的“麦”的甲骨文和来去的“来”的甲骨文比较，会发现“麦”的上半部分与“来”字是一样的，因为“来”的古文字就是一棵小麦的形象。

“麦”和“来”的字体演变对比

而“麦”的甲骨文上面画了一棵小麦，下面加了一个脚印（夊），金文时脚印写在了旁边。

小篆时，脚印又回到下面；隶书后不断楷化就有了“麥”字，简化以后就是今天的“麦”字。

“来”字从甲骨文开始不断演变成了“來”，简化后为今天的“来”字。对比二者的繁体字，依旧可以清楚地看到，“來”字下面一个“夕”字，实际就是脚印“夊”的变形。“夊”是从脚印“止”的形状一步步演变过来的。

人文小科普

败走麦城

麦城在今天湖北省当阳市两河镇境内，距离市区玉阳镇20余公里。

麦城是东周时期楚国的重要城邑，据传为春秋时楚昭王所建。

魏、蜀、吴三国鼎立时期，曹操、刘备、孙权为了占领荆州各自展开了激烈的战争。刘备带兵进入巴蜀，与魏军交战，派关羽留守荆州。

东汉建安二十四年（219年），由于孙权和曹操暗中勾结，他们南北夹击，使关羽丢失了荆州。在腹背受敌的情况下，关羽败走麦城，最终以身殉职。

千百年来，麦城由于洪水侵蚀冲刷，如今只剩残垣断壁，似一座小山，横卧在沮水河畔。

bài zǒu mài chéng
败走麦城

第三章

竹草生长

“竹草生长”家族有三个字——艹（草）、竹、麻，它们是指草本植物中的小草、竹子和麻。

草

第一节 艹（草）

解字小课堂

“艹”在今天是一个汉字的部首，但它最早确实是一个独立的文字——“艸”。它表示我们生活中最常见的植物——小草，而且读音不变，就念“cǎo”。

古文字的“艸”有好几种写法，都是一棵小草长出地面的形象。从甲骨文来看，其字形似刚破土萌发出两瓣叶子的嫩芽。

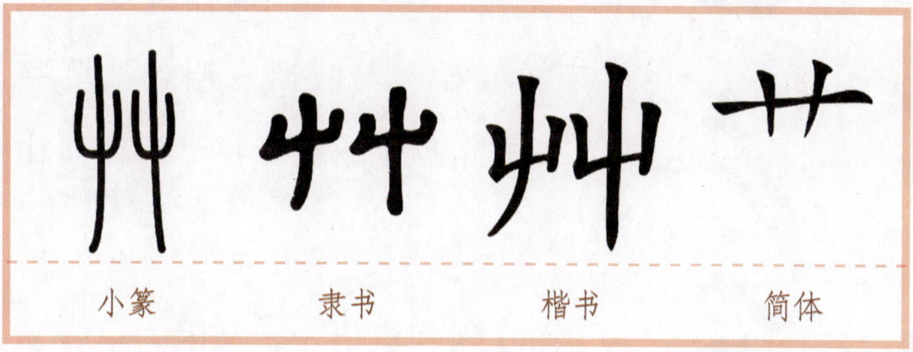

古文字的“艸”多为两棵草的形象，同时还有三棵草、四棵草的，不同的形象表示不同的意思。

由于草总是成片成片的生长，古人画了两棵来代

表草。所以将两棵“屮”合起来组成“艸”字来代表草。

为了方便交流，“艸”字后面才加上表示读音的“早”字，它也表示晨光洒在草地上。最后通过一系列的改进和简化，形成我们现在所使用的“草”字。

汉字中，与草有关的字很多，多用它来组字、分类。例如绿荫、花草、菜苗等。人们把它叫作“草字头”，并根据其隶书、草书形体简化为“艹”。

而在现代汉语中，又因为草容易生长、杂乱繁多的特点，引申为形容词，表示随便的、不正式的，例如潦草、草率、草稿等。

cǎo shū

草书

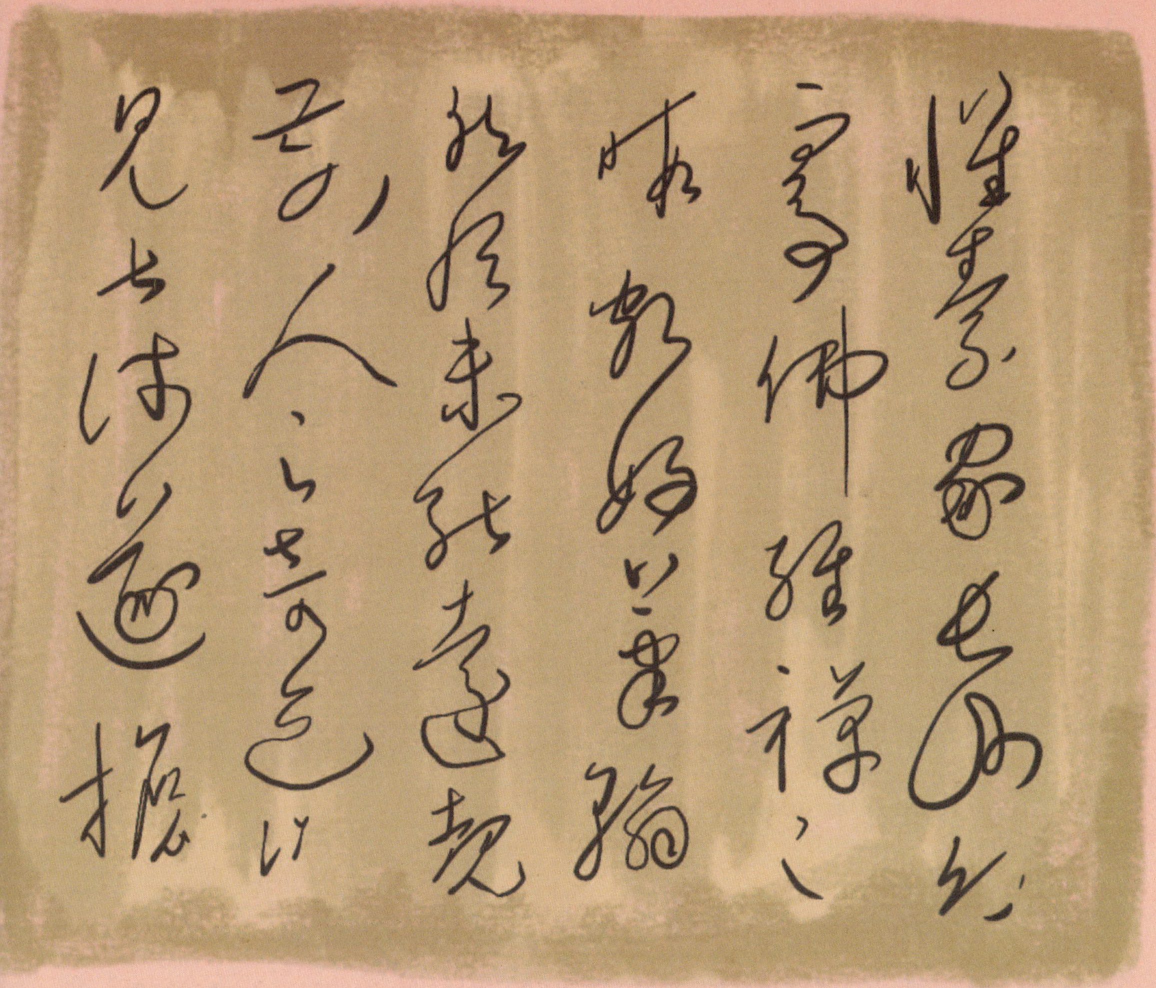

人文小科普

作为粮食的草

草既是一种最常见的植物，也是人类重要的粮食储备，当然，这个粮食，不是给人吃的，而是给牲畜吃的。

自从古人驯养动物以来，人们就不但要负担自己的粮食，也要负责让牲口“吃饱、吃好”。

比如养马，就需要采马草，采完马草之后，喂马的时候还要再重新挑选一下。草需要弄成高高的草垛以便通风，喂的时候需要先抖一抖灰尘，筛掉细灰才能喂马。

冬天的时候，草木枯萎，牲口就依靠春、夏、秋三季储存下来的草料过活。

在古代，给牲口吃饱是很重要的一件事。在战争中，常有“兵马未动，粮草先行”的俗语，人吃的食粮和作为运输主力的牲口的食粮都要准备好，才有打赢一场战斗的可能。

liáng cǎo
粮草

竹

第二节 竹

解字小课堂

竹子跟草一样，都是丛生的植物。

甲骨文时，“竹”字是画了两片竹叶的样子，也有人说是两个竹笋长了出来。金文倒是蛮像两个竹笋长出的样子。

小篆有了各种写法，大体上像两片竹叶的样子。隶书、草书、行书逐渐演变成今天两个“个”字的形象。楷书规范为“竹”。

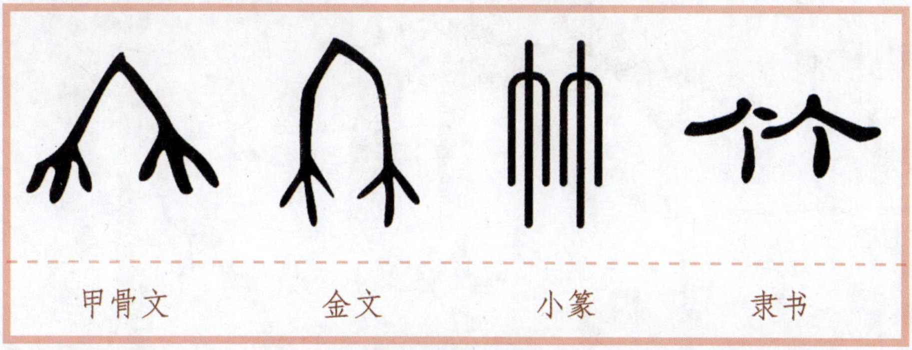

而用“竹”字做部首造字时，为了书写方便，写成“⺮”。这些字通常都与竹子相关，比如笔、筷、

笛等。

实际上，今天大家所说的一个、两个的“个”，正是一根竹子的意思，“个”字做量词表示一根根，它的古音念“gēn”，与“gè”声母相同。

人文小科普

孟宗哭竹的故事

三国时期，吴国里有个孝子叫孟宗，他年纪很小的时候，就没有了父亲，母亲辛苦抚养他长大。后来母亲年老病重，医生嘱咐用鲜竹笋做汤。

适值严冬，没有鲜笋，孟宗无计可施，独自一人跑到竹林里，扶竹哭泣。少顷，他忽然听到地裂声，只见地上长出数茎嫩笋。孟宗大喜，采回做汤，母亲喝了后果然病愈。人们都说，这是因为上天被孟宗的孝道感动而出现的奇迹。

这是中国“二十四孝”中的一个故事，后来人们将“孟宗哭竹”作为为母尽孝而感动天地的一个典故，在诗文中广泛使用。

mèng zōng kū zhú

孟宗哭竹

麻

第三节 麻

解字小课堂

麻织品是古人重要的生活资料，可以制成麻衣、麻布及麻绳等。

小篆① 小篆② 隶书

关于“麻”字，今天较早的古文字只看到小篆的字形，它有两种字形。一种是没有左上角的“广”，很像树林的“林”；一种为有“广”的字。

麻是一种植物，它被收割了以后扎成捆，并在水里沤，沤了的麻才可以剥下皮来供人们使用。

人们把麻的皮剥下来，整理成一绺绺挂在房梁下晾晒，就成了最初的小篆①，后怕与“林”混淆不清，另加了“广”或“厂”，才有了小篆②。

“广”或“厂”多表示与居住的房屋有关，在这里就表示在屋檐下挂着晾晒，更加明确这是个“麻”字。

因此，隶书、楷书就沿用至今。

汉字中，用“麻”再造的字都与它稍有粗糙的表面有关，例如石磨的“磨”、摩擦的“摩”；与它沤烂散碎有关，如糜烂的“糜”等。

麻在古代用处极大，在丝绸尚不发达的时期，它是人们生活的必需品，且被制作成雨具，非常实用。如今我们依旧能在偏僻的乡村中看到这种用麻做成的蓑衣。

zhī bù

织布

人文小科普

麻——中国人的平民服饰材料

麻衣最早是古代诸侯、士大夫家居时穿的常服——深衣。后来丝绸出现，麻布衣就多为平民所穿。后世又被专用于丧孝之服。

中国古代是没有棉花的，古人最早的服饰来自鸟羽、兽皮、植物的叶片等。之后古人学会了从葛麻植物中提取植物纤维进行织造，这才过上了有衣蔽体的生活。

葛麻质料的纺织品虽然粗糙、简朴，却伴随着人类度过了文明初期的漫漫寒夜。

葛麻可以在盐碱沙滩等贫瘠的土壤上种植，来源广泛，随处可取。它虽然没有蚕丝织物那样光滑柔顺、悬垂性好、手感滑腻，但却是穷人们的宝贝。中国古代纺织业以桑麻并称，足可见其地位。

穷人们在日常生活里使用它，即使有钱人，平时穿着绫罗绸缎，在特定的日子里，也需要穿戴上麻质的衣服，以表达特殊的情感——在中国，人们会在丧礼上“披麻戴孝”，以此寄托哀思。

《论语·子罕篇》曰：“麻冕，礼也。”在祭祀的时候，连帝王都要戴上麻质的冠冕，表示自己不忘根本，这是中国古礼之所在。

suō yī

蓑衣

第四章

瓜圆蔓长

“瓜圆蔓长”家族有三个字——瓜、帝、而，它们是指植物中的瓜果、花朵和根须。

瓜

第一节 瓜

解字小课堂

在农业还不发达的时候，人们没有那么多的粮食，就常常以植物结出的瓜果作为食物的补充。因而，对于这种重要的食物来源，古人也专门造了一个字——“瓜”。

从甲骨文和金文来看，“瓜”字有瓜蔓，还结了一个瓜，画得很形象。

到了小篆以后，更清晰地把瓜蔓和结的瓜突出。隶变之时，人们为了书写快速，把笔画简单化。楷书大体仍旧能表现出有瓜蔓、有结瓜的样子。

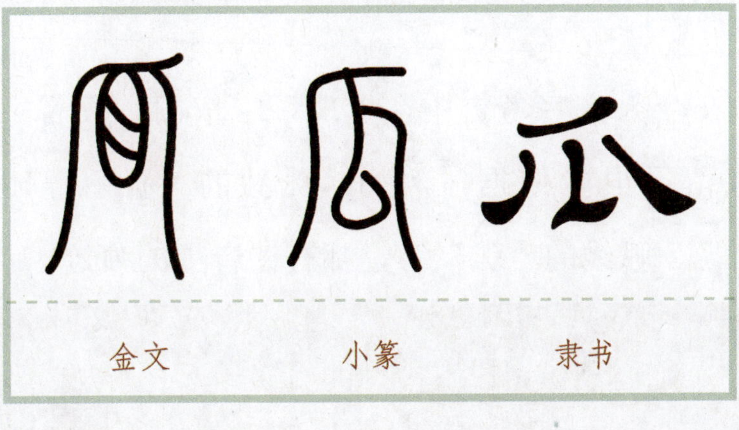

其实，“瓜”在古代并不念“gua”，它的古音念“gu”。人们在搬动圆圆的瓜时发出咕噜声，于是模仿这个声音，发了“gu”音。

如果在“瓜”字左边加一个“口”，就成了“呱呱坠地”的“呱”，念 gu，表示婴儿的啼哭声，这里就是沿用“瓜”的古音。

可见人们给一个东西命名时，一定有它必然的原因，后来为什么变成了“gua”？

这与人们语音系统的发展有关，即“元音饱满”。人们张大嘴巴发出元音，使声音悦耳动听、底气十足。在“gu”音后加了大开口 [a]，也是为了进一步强调瓜的圆形。

在今天文字考古中，“瓜”字依旧在读音上给我们保留了很多依据。例如：孤独的“孤”、狐狸的“狐”、弧线的“弧”等，都有读音上的痕迹。

二 咕噜（gū lū）

汉字的延伸

古

在古代，人们以“古”来指代葫芦，葫芦也是植物长出的一种果。

从甲骨文到金文，我们会发现“古”字有好多种字形，这里我们挑了一部分字形承接之间比较相似的联系。

有人认为“古”音念“gū”，就是个葫芦。摘下来以后，经过炮制，成为盛东西的葫芦。

在字形上，金文更像一个葫芦，有一个比较长的把。古代葫芦常在做油的时候使用，是一种长把葫芦。

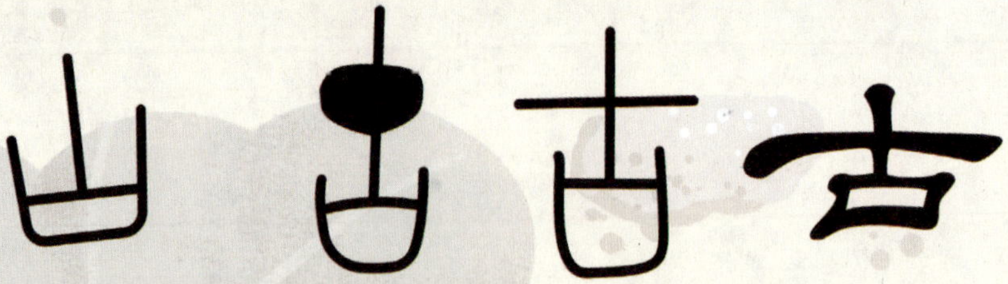

甲骨文	金文	小篆	隶书

hú lu
葫芦

人文小科普

瓜菜半年粮

关于“瓜”，我国民间自古就有句俗话：“瓜菜半年粮。”古人的生活中不只吃谷物，瓜果也是非常重要的食物来源。

当代著名散文家吴伯箫在他的《北极星·菜园小记》中说：“菜种得好，嫩绿的茎叶，肥硕的块根和果实，都可以食用。俗话说‘瓜菜半年粮’。”

这里的“瓜”，不仅仅指植物的果实，也包含地下的块根、块茎，它们都属于人们食用的范畴。对粮食的高效利用，是中国古代人类的智慧。

例如地瓜（又称红薯）最初引入中国是在明朝万历年间，其叶、块根可食，不挑田地，产量很高，清朝人对它的评价是“可充谷食之半”。目前，中国的地瓜种植面积和总产量均占世界首位。

dì guā

地瓜

帝

第二节 帝

植物要先开花后结果，“瓜”和“古”都是果实，那么这些果实在哪儿结出来呢？

这就要观察它们的蒂把，它们是从花朵的花蒂处结出来的。古人根据花蒂的样子造了“帝”字。

“帝”字有很多解释，有人认为它是古人立竿来测日影的样子。因古人认为测日影时，立竿能与天相接，所以有上帝的意思。

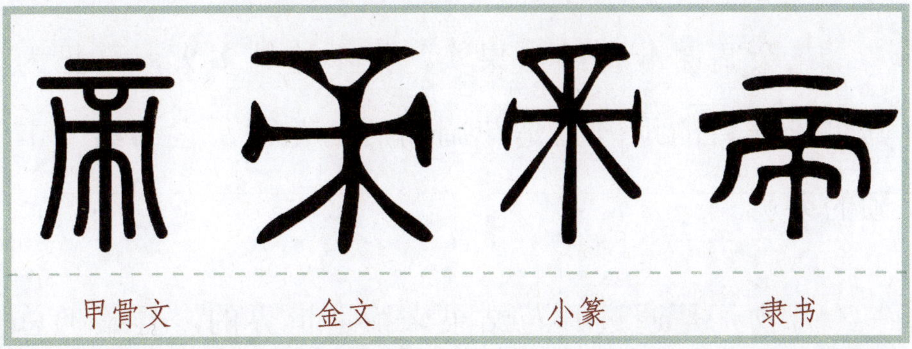

但从文字学上来看，“帝”是一个象形字，像是花蒂、瓜蒂的样子，即“蒂”字。后来，为什么人们

会把上帝和花蒂、瓜蒂的蒂联系在一起呢？

花朵凋谢准备结出果实，果不论结多大，真正为其供给养料的地方正是花凋谢后的花蒂，它缔结了丰硕的果实。

万物正是通过开花结果来缔造世界的，且蒂把总是高高在上，果实因沉重而垂在它的下面，所以有“上帝”一词。

汉字的延伸

不

花朵需要授粉，授了粉，就不再是花，就要开始变成果实了。古人根据这时花的样子造了“不”字。

“不”字的说法有很多，在这里我们采用的解释与胚芽有关。花开有蕊，上面像花蒂的子房，下面像花蕊下垂的形象，其蕊外伸以待授粉，此时花的样子就是“不”。其金文、小篆、隶书、楷书，大体上是一脉相承的。

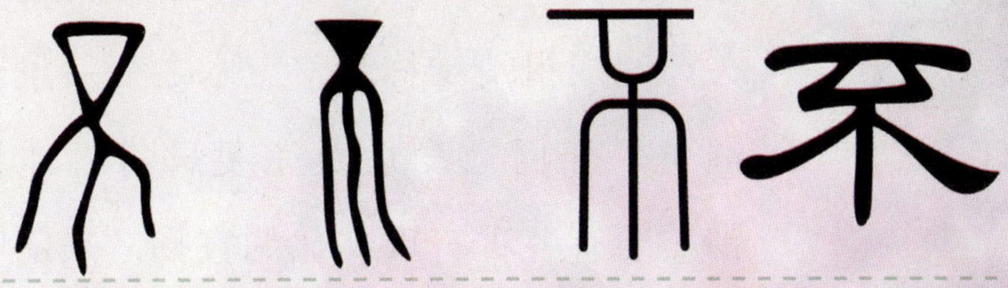

甲骨文　金文　小篆　隶书

人文小科普

双瓜并蒂的吉兆

中国古代社会一向很看重祥瑞吉兆，人们常常以一些不常见的现象，作为预测事物走向的根据。因为中国人相信“天人合一”理论：人间有什么好事或坏事，自然界就会有种种征兆出现。祥瑞是好事的征兆，因而深受人们的喜爱。“双瓜并蒂”就是这样一种吉兆。

明朝前期的瓷画中，“并蒂瓜图”十分常见，有双瓜、三瓜、四瓜等种种造型，其原因正与当时的历史变迁有关。明成祖靖难称帝，土木之变后景帝继位，夺门之变后英宗复辟等，他们都需要有各种符瑞文化的宣扬，来证明自己坐上皇位的合法性。而在皇权稳定之后，这一类的吉兆出现的频率就减少了。

shuāng guā bìng dì

双瓜并蒂

而

第三节 而

解字小课堂

“而”字同样有着不同的讲法，它被认为是植物的根——根须，也被认为是人的胡须，从字形上看二者皆可。

甲骨文　金文　小篆　隶书

甲骨文的字形就似人下巴上的胡子，在国粹京剧的戏剧道具中，演员扮老生的胡子就是这个样子。

金文的字形既可能是胡子，也可能是植物的根须，二者如何切换，需要在环境中来判断。

“而”不管是指植物的根须，还是指人的胡子，它都有一个共同的特点，就是细长且相互关联，所以

后来也多用于连词，表相承。

“而”字在现代汉语中解释为“连词”，其实，从它的字形来看，无论根还是须，都可以引申出深入、连续之意，所以借之表示“连接”，并没有转变、进一步的意味。

汉字的延伸

亥

“亥”字被认为是植物的根——根亥（荄），它不是植物的主根，是侧根部分。

“亥”读音为“hài”，今天的字形中，上部像古上“丄”字，下部像古下“丅”字，中间一个纠缠的“丩”字，表示上下纠缠在一起。

“丩”即纠缠，用于上下沟通。植物向上生长以接天，向下扎根以接地，这就是靠它的根荄纠结上下来完成的。

但也有人认为它是“豕”字，同指猪，二者的古字形确实很相近。甲骨文字形中，“亥”与“豕”的写法相近，所以古人常把“亥”与“豕”写混。

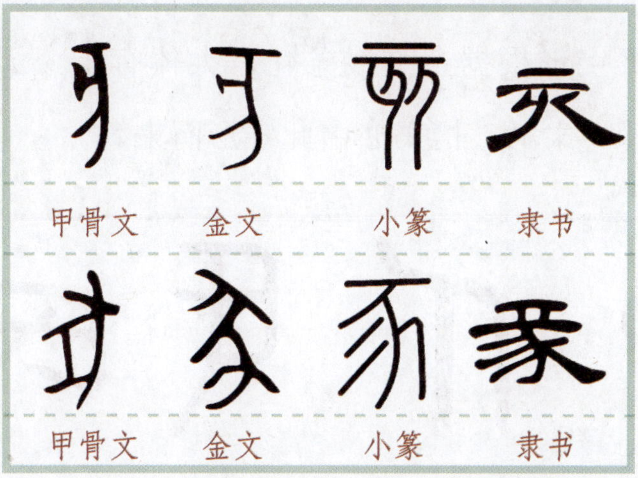

“亥”和“豕”的字体演变对比

氏

姓氏的“氏”，同样有好多种说法。

有的人认为其甲骨文字形像植物的根，似主根无根须；也有人认为像一个人手里提着一个东西，确实与甲骨文的“人”字很相似。提着的东西向下坠，与植物的根都有向下意思。

那么这个形象原本究竟是什么，今天已经无法判断了。

从金文来看，它显然是一件东西，在一竖的下面部分有一个特别加粗的黑点，有指示“下”的意思。

小篆字形根据金文线条化，大体有了今天“氏”字的样子。隶书、楷书亦由此字形而来。

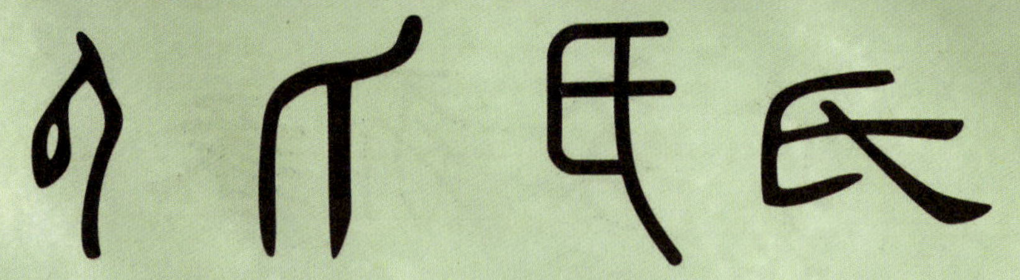

甲骨文　金文　小篆　隶书

此外，还有一种主张认为“氐”就是“扺”，古字形像一人手持一物支撑身体的样子，金文好似一根拐杖或支撑杆，并指明要底部结实。当房屋就快要坍塌时，人们用一个支撑杆在底部把它支撑住、抵住。

综合这几种认识，判断它究竟是什么并不容易，但都能总结出它有类似树根低且结实的含义。以“氐”表示植物的根底，理解它所造的字也都能顺理成章。所以，把它归在植物的根部。

人文小科普

叶落归根

《汉书·元帝纪》记载："安土重迁，黎民之性；骨肉相附，人情所愿也。"中华民族的"安土重迁"思想根源是中国古代农耕经济的发展。

长期的农耕自然经济使人们对土地产生了一种依赖和爱恋的情感，因此中国人传统上是安土重迁的，这也使人们对集体有一种眷恋之情。

所以，古人在心理上很难适应外面的生活，到哪里都不忘落叶归根。

到了现代，中国人的叶落归根更多地体现在一种文化认同上，对这片生我养我的土地的热爱，对中国文化的自信。

无论身在何处，他的精神家园永远属于祖国。

yè luò guī gēn

叶落归根

根据白双法专著《双法字理》改编

汉字大家族 4

活泼的动物家族

白双法 著

江苏凤凰文艺出版社
JIANGSU PHOENIX LITERATURE AND ART PUBLISHING, LTD

图书在版编目（CIP）数据

汉字大家族 . 4, 活泼的动物家族 / 白双法著 . --
南京 : 江苏凤凰文艺出版社 , 2020.2
ISBN 978-7-5594-4575-9

Ⅰ . ①汉… Ⅱ . ①白… Ⅲ . ①汉字 – 通俗读物 Ⅳ .
① H12-49

中国版本图书馆 CIP 数据核字 (2020) 第 014334 号

汉字大家族 4
活泼的动物家族

白双法　著

出 版 人	张在健
责任编辑	刘洲原
特约编辑	陈忠坤
装帧设计	丁　瑶　孟　迪
责任印制	刘　巍
出版发行	江苏凤凰文艺出版社
	南京市中央路 165 号，邮编：210009
网　　址	http://www.jswenyi.com
印　　刷	厦门市竞成印刷有限公司
开　　本	787 毫米 ×1092 毫米 1/16
印　　张	51.5
字　　数	332 千字
版　　次	2020 年 2 月第 1 版　2020 年 2 月第 1 次印刷
书　　号	ISBN 978-7-5594-4575-9
定　　价	220.00 元（全七册）

江苏凤凰文艺版图书凡印刷、装订错误可随时向承印厂调换

目 录

动物是自然界中生物的一大类，与植物相对。动物一般以有机物为食，能感觉，可运动，能够自主运动。科学家们把现存的人类已知的动物根据体内有无脊柱，分为无脊椎动物和脊椎动物两大类。我们这里所讲的汉字的动物家族，是从汉字造字的实际情况来分，主要包括飞禽、走兽、水族、羽毛角踪四大类。

第一章

鸟飞雀跃

“鸟飞雀跃”家族有四个字——鸟、隹、飞、西，它们包含了飞禽中的大鸟、小鸟，飞禽飞翔的状态及栖息的鸟巢。

鸟

第一节　鸟

解字小课堂

大自然中，鸟的种类很多，体形大小都不一样，各有特点。但古人在造字上简单地分为大鸟和小鸟，分别是本节要讲的“鸟”和下一节要讲的“隹”。

“鸟”字从甲骨文、金文来看，大致是一只喜鹊的样子。

小篆时，字形逐渐线条化，有了“鳥”的字形。隶书变得更为规范，上撇为头顶的毛，中间是头部和表示眼睛的一点，下面是长羽和爪子的四点“灬”。简化时写成“鸟”。

甲骨文　金文　小篆　隶书

汉字中与它字形一致的是乌鸦的“乌”，繁体为“烏”，相对少了表示眼睛的一点“丶”。

汉字的延伸

燕

燕子也是我们最常见的鸟类之一，有关它的儿歌、童谣大家都耳熟能详。

而这个“燕”字也是一个非常典型的象形字。

甲骨文　　小篆　　隶书

尽管今天楷体字“燕”，每一个组字部件都可以拆开，但是从甲骨文和金文来看，它就是一只燕子的形象。到小篆时，燕子的嘴里还叼着一个东西。

燕子的特点有两个：一是候鸟，天冷就飞走，天热就飞来；二是燕子的口裂特别大，燕子捕食虫子是在飞行中进行的。

夏天，当天气比较闷热，气压低的时候，很多蚊子、蝇子等昆虫都飞行得比较低，这时候燕子就在飞行中开始逮虫。

大家都知道燕子要筑窝，需要衔泥。所以，燕子的“燕”到小篆时，就特别强调了它嘴里能叼东西的特点，加了一横，两边是两个翅膀，中间是燕子肚子，下面那四点仍旧是它的尾巴。

古人对大自然的细致观察，在造字上有明显的体现。

“燕”字隶变时没有多大变化，一直到楷书都是如此。

zhù cháo
筑巢

bǔ shí
捕食

人文小科普

盛世瑰宝——《百鸟朝凤图卷》

自古以来，凤凰都被人们视为神兽，尊为百鸟之首。

在我国古代，凤代表着吉祥如意，被皇室尊崇。“百鸟朝凤”就代表人们对太平盛世的渴求，也泛指君主圣明而天下依附。

那么文人墨客就少不了对凤凰这一经典形象的创作，其中最为出彩的当属清代著名画家沈铨所画的《百鸟朝凤图卷》。

相传沈铨有感于乾隆盛世，国泰民安，遂以超写实技法，历时数月创作了这幅气势恢宏、色彩斑斓的《百鸟朝凤图卷》，意在以鸟类在凤凰统治下安居乐业的景象，来比喻百姓在明君统治下的和谐生活。

全图所画鸟类约三百种，百鸟汇聚于凤凰之下；所画树木花卉众多，以松柏、牡丹为代表；衬以四时山川景象，展卷观之，恢宏博大的气息迎面而来，可谓美轮美奂，令人叹为观止。

bǎi niǎo cháo fèng
百鸟朝凤

隹

第二节 隹

解字小课堂

“隹”也是一只鸟的形象——《说文》中对它的解释是“短尾鸟”，对现代人来说，“隹”大概是麻雀的样子。

麻雀是种小鸟，它们成群结队，生活在人们的房前屋后和庄稼地里。秋天，庄稼熟了，农民在收割的时候，一群一群的小麻雀会飞过去吃庄稼。

因为古人常常看到它们，对它们很熟悉，于是这种鸟也被画了下来。有了“鸟”字表示大鸟，古人又要怎么表示这种小鸟呢？

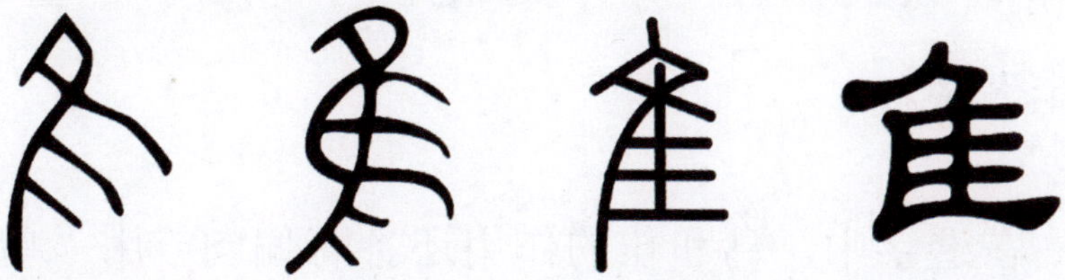

甲骨文　　金文　　小篆　　隶书

古人根据麻雀的这种特点，造了“隹”字，字形像一只正在飞的麻雀，这个字念“zhuī”。小麻雀的叫声是“隹隹隹、隹隹隹”，这个读音就是根据麻雀的叫声模拟而来。

甲骨文、金文形象化，到了小篆就开始线条化，但还非常像一只小麻雀侧面的形象。隶书时，字形变化较大。

楷书的“隹”字，左边书写得更像个单立人“亻”，表达出鸟和人的关系很紧密，也是像人一样成群的；右边顶部加一个点，表示鸟的小脑袋，下面四横一竖，是鸟的翅膀。

大家要注意，不要把“隹”字写成“佳”字，才子佳人的“佳”，右边是两个“土”字叠加的“圭”字。

在造字中，鸟和隹的作用还各有偏向。用“鸟”字再造的字多数表示鸟的名，例如鸽子、鹌鹑等；用“隹”字再造的字多数与鸟的特性有关，比方说“雌雄”等。

má què
麻雀

人文小科普

民间美术中的喜鹊

俗话常说："出门喜鹊叫，必有喜事到。"可见，喜鹊是中国人喜爱的世俗鸟，多有"喜鹊兆吉""喜鹊兆喜"的吉祥观念。

喜鹊为什么会被人们如此赞美和喜爱呢？

在《禽经》中记载："鹊俯鸣则阴，仰鸣则晴，人闻其声则喜。"可见，人们是通过喜鹊仰鸣、俯鸣来辨别阴晴，表明喜鹊具有能够感应天象的本能。

在民间神话传说中，喜鹊又为牛郎织女相会而搭造桥梁，这个舍己为人的奉献精神恰好是人们所推崇的。

喜鹊作为民间美术中主要的吉祥图案，历经漫长岁月却不曾衰退，无处不在，其吉祥寓意也广为流传。

目前被发现最早的喜鹊图案出土于青海省的红色彩陶罐的颈部，其简单明了的线条与现今的喜鹊图案极为相似。现在，喜鹊形象多出现于剪纸、刺绣、年画等艺术品之中。

飞

第三节　飞

解字小课堂

你有没有幻想过像鸟儿一样自由翱翔于天际？从古至今，人类对于飞行的梦想从未停歇。

对于古人来说，想要自己飞行似乎是件遥不可及的事，但鸟儿却能自由地穿梭于天地之间。

这就给了古人启发，“飞”这个字就此孕育而生，即指鸟在天上飞行。

从甲骨文来看，“飞”的字形像大雁分成了人字形，一层一层地在天上飞行。

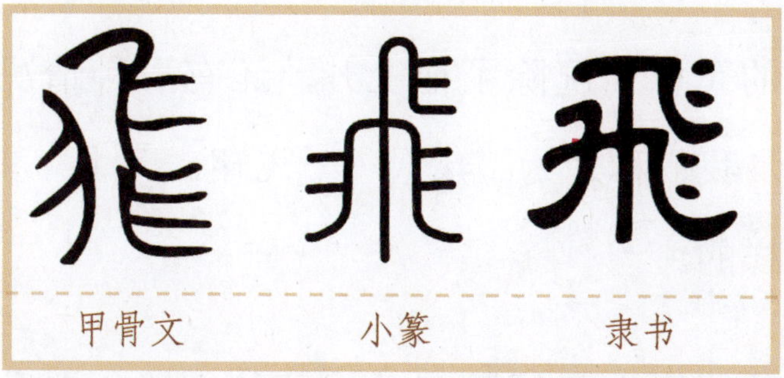

到了金文就有点变化，字形像鸟飞的时候还叼了

一个草，或者其他东西。

而在小篆的时候，就把鸟飞的这个形象变得复杂了，像鸟不断地往上升，写成了“飛”。它强调了“飛”是从底下往上升。小篆的下方，实际上仍旧是两个翅膀展开的意思。

到了隶书和楷书，就特别把它变成升起的“升”，也就有了繁体的“飛”字。“飛”字右边还是鸟在飞行，而左边是往上升，这才叫飞。

汉字的延伸

非

鸟的飞行情况除了往上升，还有一种情况是在高空平飞。我们称之为“翔”——飞翔，“飞”和“翔”是不一样的。

鸟的“飞”是翅膀向下扇动往上飞，要升起来。

“翔”的时候也是在飞，但飞翔时翅膀不动，两个翅膀展开在高空盘旋。

所以，“翔”为翅膀平直不动，盘旋地飞。今天的滑翔机就是这一原理。

古人根据鸟飞翔的样子，又造了一个“非”字。

“非”的古文字本就写成现在的这个样子，它强

调的是两个翅膀要把它分开、平展开。后来的小篆、隶书、楷书，字形基本没有什么变化。

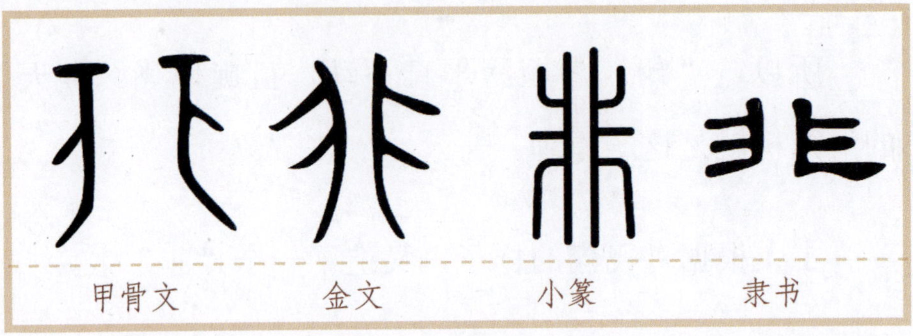

“非”字如果加个“提手旁”（扌），就是排开、排列的“排”；要是加个“告”字，就是靠近的“靠”。

鸟在飞的时候，尤其是大雁在飞的时候有叫声，前面的头雁一叫，后面的大雁就要跟上，排成“人”字也好，排成“一”字也好，都要靠上去。

所以上面是个“告”字，下面一个“非”字，就是靠上去的意思，也就是“靠近”。

那么，原本表示飞翔的“非”字，为什么又用到“是是非非”上呢？“是非”的本意并不是对和错，而是把一个东西分开，不再是唯一的。

就像鸟展开两个翅膀一样，把它分开了就不再是一体。于是，这原本唯一的东西就是“非”了。

当一件东西被分后成为两个并排，两个就要有一个对，有一个错，所以借意过来表示“是与非”。

人文小科普

丝绸之路上的“飞天曼舞”

敦煌是古代丝绸之路的重要节点城市，也是当时外来佛教文化与中原传统文化交融的中心地带。

敦煌莫高窟中的敦煌壁画（即佛教经变画）十分惊艳，尤其是其中的飞天造型。

在佛教文化中，“飞天”即为飞舞在空中的仙人，传说是侍奉佛陀和帝释天的神，能歌善舞。在敦煌莫高窟的众多洞窟中，几乎窟窟画有“飞天”，据悉大概有六七千身。

“飞天”不长翅膀，不生羽毛，借助彩云而不依靠彩云，主要凭借飘曳的衣裙、飞舞的彩带而凌空翱翔。最著名的当属“反弹琵琶”的飞天舞姿，其仪态万千，却又能将最美、最动人心魄的姿势，凝滞在瞬息之中。

敦煌飞天的形象细腻而又复杂，是中外文化交融的结果，可以说是中国最独特的艺术创作之一。

fǎn tán pí pa
反弹琵琶

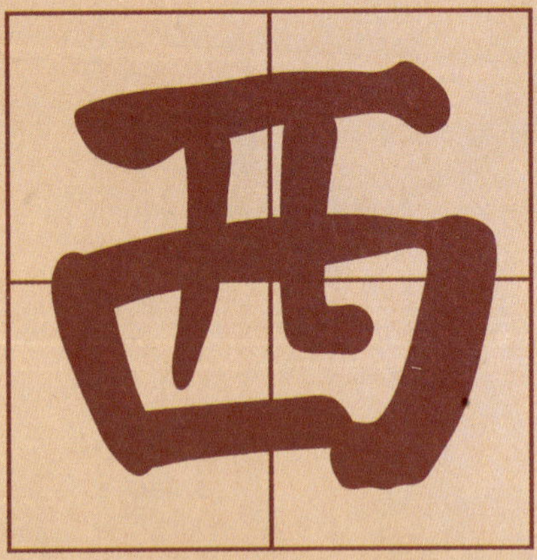

第四节　西

解字小课堂

认识了大鸟、小鸟和鸟飞的样子，你一定还想知道古人是怎么表示鸟居住的地方吧？

鸟的住所，我们现在称为鸟窝或者鸟巢。

当太阳在西方落山时，百鸟归巢，古人看到了鸟窝的样子，就依据这个形状画了一个鸟窝，并用这个字来表示“东西南北”的“西”。

在甲骨文和金文的字形中我们很容易看出来。甲骨文中的鸟窝里头露着一只小鸟，金文中则像一只鸟落在窝里。

甲骨文　金文　小篆　隶书

小篆时，更突出了一只大鸟落在窝上面的样子；

隶变的时候就干脆是一只鸟平站在窝上；楷书仍旧是这个意思。

所以，在古代，“西”代表了鸟巢；而今天，“西”则指代了方位。

北京“鸟巢”体育场

国家体育场位于北京奥林匹克公园中心区南部，是 2008 年北京奥运会的主体育场。它的形态如同孕育生命的“巢”和摇篮，寄托着人类对未来的希望。因而，被人们亲切地称为“鸟巢”体育场。

“鸟巢”体育场的结构特点十分显著，其结构组件相互支撑，形成网格状的构架，外观看上去就像是树枝织成的鸟巢，其灰色矿质般的钢网以透明的膜材料覆盖，其中包含着一个土红色的碗状体育场看台。

在这里，中国传统文化中镂空的手法、陶瓷的纹路、红色的灿烂与热烈，和现代最先进的钢结构设计完美地融合在一起。

2014 年 4 月，中国当代十大建筑评审委员会从中国 1000 多座地标建筑中，综合年代、规模、艺术性和影响力四项指标，初评出二十个建筑，最终产生十大当代建筑。北京“鸟巢”——国家体育场为初评入围建筑之一。

作为国家标志性建筑，“鸟巢”不但是 2008 年奥运会的主体育场，也即将成为北京 2022 年冬奥会冰上项目的场馆。

第二章

走兽爬虫

“走兽爬虫”家族成员众多，大体分为四类，分别是食草类（牛、羊、马、鹿、豕、象）、食肉类（犬、豸、虎、雄）、啮齿类（鼠、兔）和爬虫类（虫、蛇）。

牛

第一节　食草类

解字小课堂

牛

在食草动物中，牛、羊和人类的生活关系较为密切，它们的特点都是头上带犄角。对这两种动物的表示，古人在造字的时候，既有相同点，也有不同点。

古人在造“牛”“羊”两个字的时候，采取了一个巧妙的办法，不是把它们的整个身体画出来，而是画了它们各自的头部。

因为牛的体型比较大一些，我们先讲“牛”，后面讲“羊”。

在中国文化中，“牛”排在十二生肖中的第二位，象征着勤劳朴实。

甲骨文的“牛”字，有着非常清晰的两个大犄角，特别像水牛的角，黄牛的牛角比较短小。也许古人为了突出犄角故意画得大了。

水牛、牦牛这样的牛，犄角很明显、很大，两个犄角之下还画有两只牛耳朵或牛眼，然后一竖“丨”是牛的整个脑门。

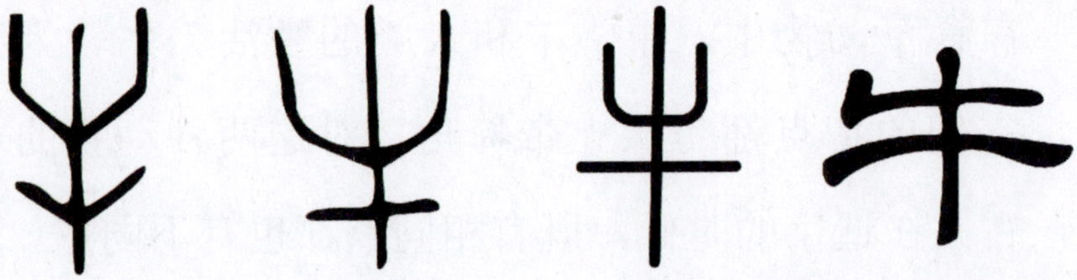

甲骨文　金文　小篆　隶书

金文和甲骨文稍有区别，金文和小篆的样子很相似的。到了小篆进一步线条化、符号化，仍旧是两个犄角朝上，两个耳朵变成平直的一横，牛脑门还是一竖。

到了隶书的时候，大家知道隶变是为了省劲，写着快，笔画的连贯就掩盖了一些特点。所以，左边还有犄角的突出，右边就不明显了，“牛”字就变成了一个犄角，其他不变。

后又经过楷书的规范化，就成了今天的“牛”

字，一个顶着大犄角的牛头的形象。

我们在讲走兽的时候把“牛”字放在第一位，是因为牛在人类的农耕生活中非常重要。

而且古人后来用“牛”字造了很多字，虽然现在很多已经不用了，但都与牛有关系。

今天有的字已经不与牛本身有关，而是用牛来代表一种“物”。例如，物体、事物的“物”字，左边用一个“牛”字表示“物”的普遍性。

gēng dì

耕地

羊

在中国文化中，“羊”排在十二生肖中的第八位，象征着温和、善良。

“羊”字与“牛”字是一对，羊的犄角与牛不同，它是向下卷。

“羊”的甲骨文形状就是羊头上带有向下趋势的犄角，与牛的甲骨文相比，一开始就多了一横。如今“羊”字是三横，“牛”字是两横。

羊为什么最后写成了三横呢？从甲骨文到隶书的变化过程来看，是“羊角”的笔画在规范过程中出现的。

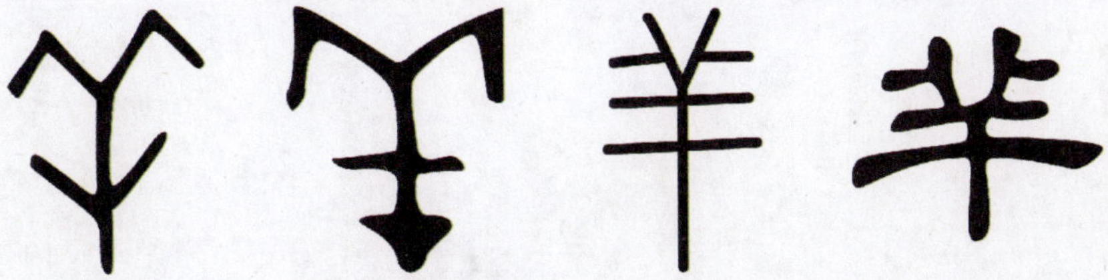

甲骨文　金文　小篆　隶书

牛头和羊头的区别在于有没有胡子，为了表现羊的胡子，就多出了羊的下巴与胡子的交叉“十”字形，使“羊”字有了三横。

现在的楷书跟着隶书的发展，不再有什么变化了。

羊是与人类生活非常密切的一种动物。首先，它的奶可以喝，第二它的肉可以吃，第三它的皮可以做皮袄，所以羊在我们的生活中非常重要。

古人除了从羊身上获取食物与皮毛外，也看到羊的善良和感恩。

马

马是大块头，且性格很烈，所以古人认为马属火。在中国文化中，马排在十二生肖中的第七位，象征着勇敢、坚定。

“马”字，在古文字中有多种写法，都画有很大的眼睛，特别是秦始皇小篆统一之前，六国文字中关于马的写法都突出了马大大的眼睛。

甲骨文到金文变化相对少一点，金文到了大篆，这个过程变化比较多。

“马”的字形中，有的突出了马的眼睛，有的突出了马的头部。同时，马的脸、鬃毛都比较长，有的干脆就画马的整个身子，再画上一撮毛，总之是为了把头部突出。

所以古文字马的形状有几十种，这里挑选的甲骨文、金文是当中看着最像、最完整的，虽有所差别但不失马的体型。

甲骨文　金文　小篆　隶书

在小篆中，马的头、眼睛、鬃、身子、腿、尾巴都十分清楚。隶书的形体和小篆差别比较大，但是关键部分都在，也有马的眼睛、鬃、身子、四条腿和蹄子，这就是繁体字的雏形“馬”字。楷化依旧为“馬”。

在汉字简化的时候，根据马字的草书形体，进一步简化、标准化地写下来，就是现在的“马”字。

今天的“马”字仍旧能看出马的轮廓，仅仅是笔画缩减了。

鹿

“鹿”字，古人画的应该是梅花鹿。

看“鹿”的甲骨文，它有头，头上有鹿角，角是枝枝杈杈的样子，也有身子、四条腿和小尾巴。

在金文、小篆时，变化不大；隶书时逐渐演变成了上面一点一横一撇，就像今天简化字的“厂或广”，其实仍旧是指鹿的头部。

中间部分是鹿的身子，下面是鹿的四条腿，四条腿一直画得很像个“比”字，楷化时就写成了今天比赛的“比”字。

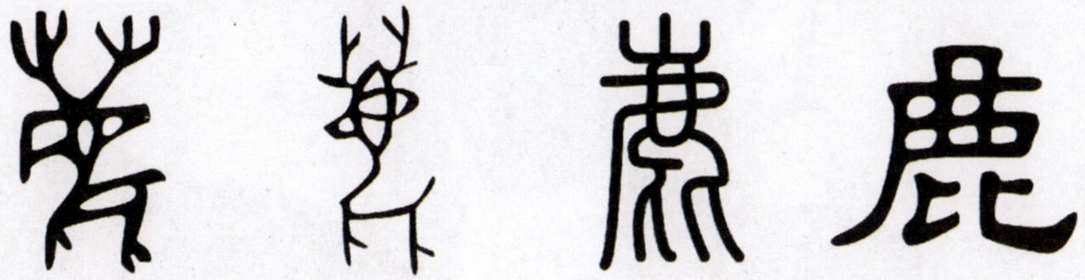

甲骨文　金文　小篆　隶书

古人打猎多追逐梅花鹿，鹿一跑，人们骑马在后面就开始追，有比赛的意思。

所以，文字的演变，它不完全是按照一个思路走，其演变过程中往往掺杂着后人书写时融入的文化概念，或一种暗示、一种文化心理等。

古代中原地区水木繁茂，适合人们打猎生活，鹿则是最常见的猎物。古人把争天下比做“逐鹿中原”，也只有稳据中原，才能最终决定“鹿死谁手”。

古代地名就有涿鹿、巨鹿等，且都发生过重大战役。

zhú lù zhōng yuán
逐鹿中原

豕

猪，温厚可爱，憨态可掬。它是人类较早驯化的家畜之一，是古人的主要肉类粮食来源，也是人们重要的财产资源。

在中国文化中，猪排在十二生肖中的第十二位，象征着福气。

“豕”字从甲骨文和金文来看就像一头猪，是野猪的样子，有头、身子、腿和尾巴。

到了金文和小篆时，特别是小篆就把头部变成了一横，猪的特点是爱往前拱，所以猪头是平的画成了一横。然后往左边有三撇，包括一个竖弯勾，金文里是猪的四条腿。

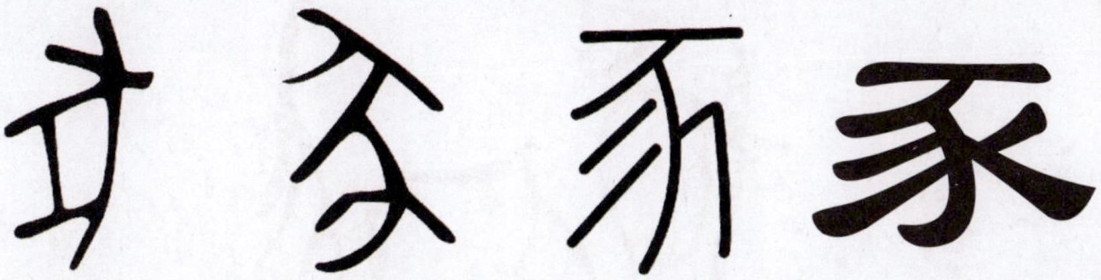

甲骨文　金文　小篆　隶书

小篆左边也是猪的腿部，中间那个竖弯勾既代表后腿，也代表身体，右边代表它背上的鬃毛和尾巴。

隶书鬃毛就更明显了。楷化的时候，“豕”字的一横是头；左边第一撇和一竖弯勾构成了前后腿，中间是两撇构成另两条腿，这是左边的四条腿；右边两笔中一小撇“丿”代表脊背上的鬃，一捺“㇏”代表了尾巴。

所以“豕”也是一个全体象形字，是野猪的形象。

在野外，与野猪形象相似的是大象，它俩之间有相似，也有不相同的地方。

野猪的鼻子短，耳朵小，大象的鼻子长，耳朵大。

古人在写成文字时，体现它们各自的特点。

象

人们很早就与大象建立了良好的关系，早在商朝时就有关于人们用大象耕田的史料记载。上古传说中更有舜帝孝感动天，大象也为其感动而助其耕田的故事。

那么大象这个字怎么造呢？

大象在甲骨文中依旧画的是个大象的样子，到了金文和小篆时，下半部分就和表示野猪的“豖”字非常相似了。

“象”字除了有明显的头部和大耳朵外，后面是身子、四条腿、尾巴，背上有稀稀的鬃毛，下面部分采用了野猪的形象“豕”字。

“象”和“豕”不同的地方在哪呢？

这两个字跟它们动物本身一样，区别都是在头部。

因为大象头部很大，还有大耳朵和一个长长的大鼻子，所以“象”字上面的部分是它的长鼻子，紧接着的方框“ᗅ”突出了它的头部和大耳朵。“象”字原来的写法里，方框“ᗅ”中间那是一点，代表小小的眼睛。

现在我们整理汉字的时候，把里面的一点“丶”和下面一撇“丿”连到一起，这也是为了书写的方便和规整。

我们有句歇后语，“猪鼻子上插葱——装象”，非常形象地体现了这两种动物的不同和相像之处。

犬

第二节　食肉类

解字小课堂

犬

我们常说，狗是人们最忠诚的朋友。它机智聪明，表情丰富，是现今最常见的宠物之一，深受人们的喜爱。

在中国文化中，狗排在十二生肖中的第十一位，象征着赤诚勇敢。

“犬”字从甲骨文来看，就像一只狗的样子，竖着尖耳朵。到了金文变化后，虽不是很像，但多少还能看出狗的耳朵和狗奔跑的感觉。

到了小篆有两种字形，其中一种和金文相似，保持着狗的形象。另一种则是线条化了的字形，几乎看不出原来狗的形象，隶书是根据这一字形隶变的，完全看不出是一条狗，仅仅重点保留了耳朵的部分。

后来，到了草书和行书的书写，干脆就成了一个“大”字加一个点“、”在右上角表示耳朵，今天的楷体字直接沿用，没有多加修改。

今天我们普遍认为犬就是狗，对这个动物有时说“犬”，有时说“狗”，但在古代，“犬”和“狗”是有很大区别的。

古人把捕猎用的大狗称为犬——猎犬，大的叫犬；而把小的叫狗，狗为小犬。犬是大的，所以在“大”字加一个点来区别、特指。

同时犬也是一种动物的种类，类似这样的动物都配以犬旁归类。犬旁被写作“犭”，即与犬字小篆相似的一种字形，也与它的草书字形接近。

豸

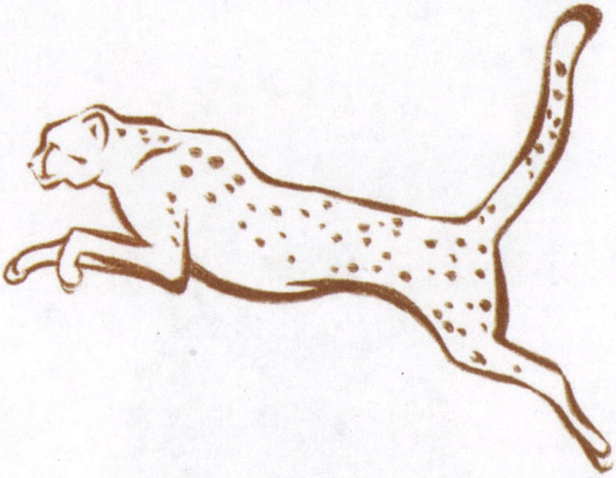

“豸”是一只豹子，也有的说是猫，或猫豹，还有的说是狸猫。究竟是什么呢？我们来看甲骨文。

甲骨文和金文的特点很明显，都画了一只张开的大口，而且它的整个身子的脊梁比较长，有腿。

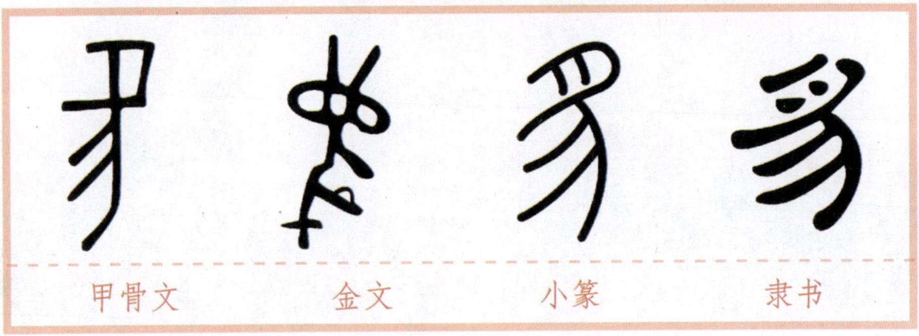

汉代许慎的《说文解字》中，给“豸”做了一个定义“豸，长脊兽”。大概他也是说有一类野兽像猫，

也像豹子，不管它大小怎样，都是很凶残、动作比较敏捷的一种肉食动物。

古人给它起个名字叫“豸”，读作“zhì”，“zhì”的读音怎么来的？

豸跑起来像射箭，“shi”的一声就出去了，射箭的“箭”其古字用“矢”，音读“shǐ”，“shǐ、zhì”都是对往前猛跑的声音的描述。

所以，这个“豸”字画的是一只动作敏捷的野兽，后来这个字一般不再单用，多作为表示猫科动物的特性代表，像豹子的“豹”、猫的繁体字“貓”等。把它作为这种特性的动物的一个偏旁来归类，我们沿用至今。

由于猫狗常伴人左右，居于家中。于是在汉字简化时，把笔画复杂的“豸”改成简单的“犭”旁。

虎

老虎常被人称为“兽中之王”，野兽当中它最厉害。

在中国文化中，虎在十二生肖中排第三位，象征着威武勇猛。

“虎”字，突出了老虎张开的大口，它的爪子、身子、尾巴也很重要，但老虎的大口最厉害。

所以在甲骨文和金文中，“虎”字是一只老虎的形象，既突出了它的大口，又画出老虎的爪子，还有尾巴。老虎的尾巴也非常厉害，老虎捕食猎物时，在它没有扑准的时候，先用尾巴横扫把猎物扫倒。

小篆将它线条化、整齐化，不太像老虎的形象，但还是比较接近的。

隶书变化比较大，隶变时把老虎的头部变成了一竖一横，竖“丨”和短横“一”像占卜的“卜”字，这其中有一些文化思想。

“虎”和“卜”都是“u”韵，它有表示声音的作用，也有表示意义的作用。老虎是“兽中之王”，是神圣的代表。占卜往往也是对未知的未来怀有的神圣感、敬畏感。所以，除了表示声音之外，它还有一种文化意义在其中。

这个“虎”字到了楷化的时候上面就确定下来，它本来是指老虎的耳朵部分，现在变成一竖一点。“虎”字的中间部分，仍旧是向右张着大口，向左的这一边有一大撇“丿”，既是老虎的头连着脖子，又是老虎的身子和尾巴。

老虎是没有脖子的，所以“虎”字造的时候，左边那一撇“丿”从头到身子、再到尾巴，一笔就写好了。如果人们画老虎总画不好，那就要注意老虎的脖子，左边一撇就都代表了。

“虎”字中间部分，今天看像数一二三四五六七的“七”，实际上是变化的“化”字。这是因为老虎身上有花纹，可变化，用“化”字来表示老虎身上的花纹。另外“化”的声母是“h”，再加上“卜”的韵母是“u”，“hu”的音就拼出来了。

“虎”字最下面像“几”，在文字发展中有时像“儿”字，那都是老虎的两只前腿。人们在造字的时候，“虎”字也可以去掉“几”写成“虍”，被称为“虎字头”。

“虍”字本身就能读出“hu”的音来。当然老虎的吼声特别大，“吼吼”的。“虎”字实际也是模仿它的吼声定的音，后加入了相应的读音符号，使人们便于联想发音。

hǔ xiào shān lín

虎啸山林

熊的特点是特别胖，到了冬天就睡觉——冬眠，能够忍耐整个冬天不吃不喝，当它醒来的时候，仍旧很有力气。

因此古人认为熊很神奇，有特别的能力，所以就把熊的形象画下来造了“能”字。

在金文中我们可以看到，字体突出了它的头部和小耳朵，下面是大嘴，张开大口吃东西的样子，右边是它的身体和短短的尾巴，下面还有四条有力的腿。

甲骨文　　小篆　　隶书

小篆时经过线条化，左上角仍旧是它的头部，左下角变成了一个肉月，表示它的嘴巴和大舌头，表明它是肉食动物，右边把它整个身体和四条腿线条化变成了两个“匕”字，既表示身体和四肢，也表示熊的爪子也很锋利。

人们在使用时，也用“熊”的形象——“能”来表示能耐、能力，熊的力气大，能够耐饿、耐冻，所以把熊视为“才能”的象征。

当这个字表示能力的“能”以后，原本表示狗熊的字怎么办呢？

熊因十分耐寒被认为很有火力，所以古人就在这个“能”字下面又加了火字造了“㷱”，后又改为四点火“灬”重新造了今天的“熊”字，作为原本狗熊的“熊”。

dōng mián

冬眠

鼠

第三节　啮齿类

解字小课堂

鼠

说起老鼠，大家可能会谈“鼠”色变，避之唯恐不及。

但在中国文化中，“鼠”却排在十二生肖之首，象征着灵活机警。

老鼠的“鼠”字，从甲骨文和金文来看，就像一只老鼠在啃稻壳或吃粮食，也可能是在打洞，可以看到老鼠上面还有一些小点。

甲骨文　　小篆　　隶书

到了小篆时，字形把头部和牙齿部分突出，因为老鼠是啮齿动物的一种，最大的特点就是不停地在啃东西。

所以“鼠”字到了小篆的时候，就特别强调了它头部的牙齿。老鼠的牙齿很有特点，会不停地生长，因此老鼠每天就得不停地啃硬东西来磨牙齿。

老鼠主要是偷吃粮食。它很机智，会把粮食里面的精华部分吃掉，把外面的壳剩下，就像我们用石臼脱粮食壳一样，最后就剩下一个个空壳子。

所以，后来在隶变和楷书的时候，就干脆把“鼠”字上面变成了石臼的“臼”，石臼是专门去稻壳的，下面部分仍旧是它的四个爪。

老鼠找东西时经常是蹲着，两个后爪在下面，两个前爪子在上面提溜着到处张望，画出了老鼠蹲着时四个爪子的样子，右边一长长的竖弯勾，既代表整个身子，也代表了它长长的尾巴。

老鼠的“鼠”字在现在看，尽管楷化了，还是很像一只蹲坐着的老鼠的样子。

兔

“兔”字从甲骨文来看非常形象，大耳朵、短尾巴，有身子和四肢，就是一只活脱脱的兔子在那儿蹦跳着。

从石文、小篆开始，“兔”字就开始符号化，进行变形。上面是耳朵，变成像刀子的“刀”。兔子耳朵很长，耳朵的长度和样子，确实有点像一把刀。

所以石文、小篆，兔子的“兔”上面就变成了一个“刀”字。而兔子整个身子和头部，变成了“口”字中间加一点。那是整只兔子的头部和身子，下面向左撇的部分是兔子的前腿，向后面弯曲的是后腿。

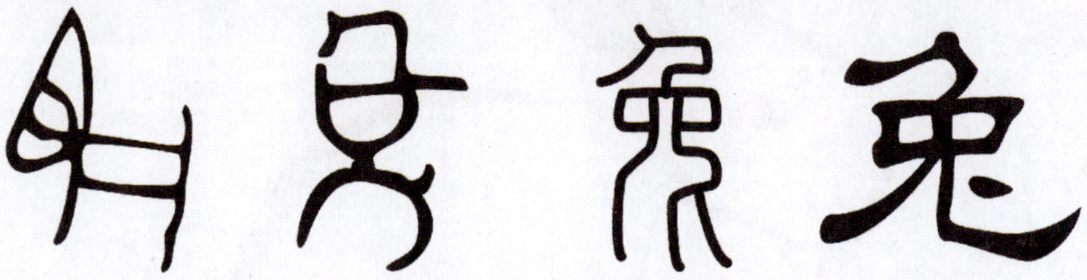

甲骨文　金文　小篆　隶书

一定注意还有一个点，那是兔子特有的小尾巴，俗话说“兔子的尾巴长不了”，所以人们就加一个小点。

自然界似乎也有它自己的道理，老鹰抓兔子的时候，兔子很可能会因尾巴长而被老鹰抓到。所以，短短的尾巴正好可以让兔子免于被捕获。

如果“兔”字不带点“丶”，那恰恰就是免于灾难的“免”字。

捕猎
bǔ liè

虫

第四节　爬虫类

解字小课堂

虫

“虫”字是一条类似于蛇的形象，或蚯蚓、蛆虫这一类的长虫。总之，它们的特点是一样的，都是长条无足，在地上扭动爬行。

“虫”字在甲骨文中，上面有一个头，下面有一个弯曲的身子，长长的一条。有人认为这就是一条长虫，蛇的俗名就叫长虫；有人认为这种说法并不一定。

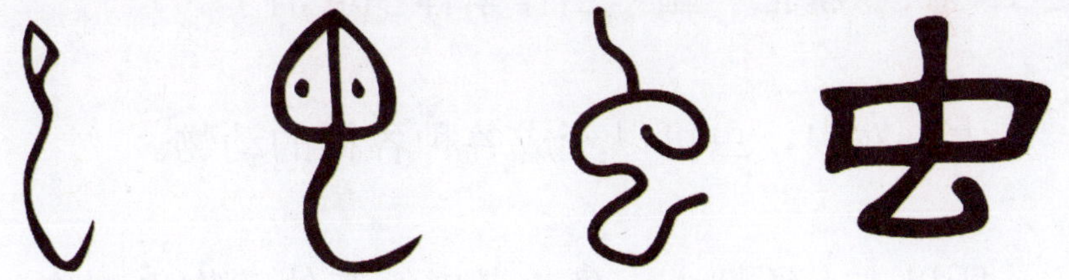

“虫”字后来有两种写法。一种就是现在的“虫”字，把上面整个头部和身子弯曲的部分变成了一个“中”字。“中”的意思，是说明整个身体中间部分是可以弯曲的，此外“中”和“虫”古音相近，也有表音的作用。这种“虫”字的写法代表了所有的爬行类动物。

另一个写法是“蟲”，表示其他的虫，比方说蛆虫这种在一起结群的虫，就往往写成三个“虫”字表示其群性。

在古文字中，单独的一个“虫”字很可能指的是长虫，也就是蛇。三个虫的“蟲”往往指的是小虫，其他虫类。

简化汉字的时候，三个虫也好，一个虫也好，都是虫。所以就把“蟲”当作繁体字取消了。

大自然中，虫可以变成各种各样的动物。

所以古人还把人、鸟、老虎等其他动物也叫作虫。例如把人叫裸虫，裸虫就是身上没毛、裸体的；把个头大、凶猛的老虎叫大虫；把鸟称羽虫，因为它身上有羽毛，等等。

“虫”可以代表各种动物，因为所有的动物无论大小，都是从一个小虫开始。

它

地上的爬虫最有代表性的当然是蛇，蛇不外乎就以两种形态出现，一种形态是弯弯曲曲，在爬行，像“虫”字；一种是盘在一起不动。

一条盘而不动的蛇，蛇头高举总有种蓄势待发的架势，让人非常害怕，所以古人也专门把盘着的蛇造了一个字——“它”。

古人造了这个字以后，并没有给它取名叫蛇，这是为什么呢？

原来中国文化中有一种忌讳，当人们特别怕一个东西时就特别敬畏它，不能“直呼其名”，而说

“它”。人们一说这个它，大家都心照不宣地知道说的是什么。

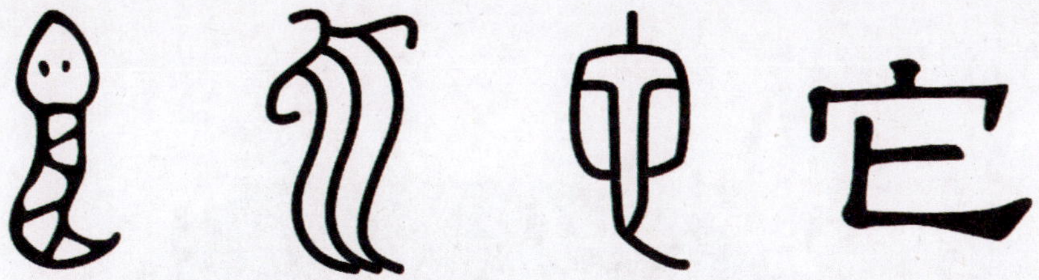

甲骨文　金文　小篆　隶书

“它”字就是表示蛇的另一种具有威胁性的形态的造字。

“它”字，我们称为宝盖它。实际“它”字上面不是宝盖，而是蛇头和蛇盘着的样子，下面则是尾巴盘卷的样子。

古人的居住条件不像现在这么好，他们往往住在树上或洞穴里，潮湿阴凉，免不了会有蛇蝎出没。

人们不是被咬着了，就是被蜇着了，所以人们见面问候时常问“有它、无它”，以示关心。就好比人们见面总问“吃了吗”，是一种寒暄与关切，时至今日我们则说“最近怎么样啊”，也有此意。

后来，我们就用“它”表示除人之外的其他事物，就是你我之外的其他非人的东西。

zhé jū
蛰居

蛇

根据蛇造的这两个字，“虫”和“它”，在使用中意思慢慢扩大，不再单独指蛇，那表示蛇的字怎么办呢？

古人就在“它”字左边又加一个“虫”，把两字合在一起，既有蛇爬行的样子，也有蛇盘起的样子。

古人对一个东西命名的时候，往往遵循“同音往往通意、音近往往意连”的原则。“蛇”与舌头的“舌”同音，蛇有“蛇信子”或“蛇芯子”，是蛇特有的舌头。汉字中这种特别的地方，需要慢慢领悟。

巴

汉字中其他关于蛇的文字还有“巴”字，尾巴的“巴”。那么这个“巴”是什么呢？

有人认为这是一个人趴在一个地方，是人趴着的样子；也有人认为巴就是一条大蟒蛇。

《山海经·海内南经》有记载：“巴蛇食象，三岁而出其骨。”巴为大蛇，即蟒蛇。

但是“巴”原本是哪个意思，今天已经很难确定了。

我们把“巴”也当作一条大蛇来看，它非常大，例如蟒蛇、蚺蛇。其上半部分是蟒蛇的大眼睛，下半部分是长长的身子和尾巴。

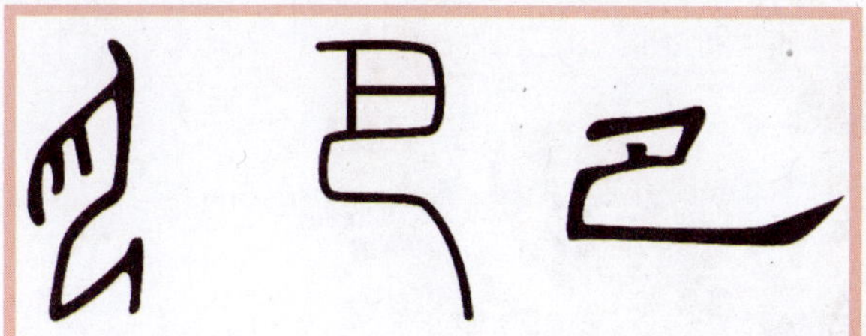

甲骨文　小篆　隶书

关于“巴”字有多种说法，在今天的字形上“巴”与“它”“也”字，以及“巳、已、己”三个字的字形都比较接近。

且古人还用它造了其他字，这也形成了“巴字家族”，如“把、爸、靶、耙、笆”等，它们都是围绕“巴”来造的。

也

一条有双头的蛇是不常有，古人把这种双头蛇的形象借过来，来表示两个相同、一样的概念，为“也”。

从文字学上看，“也”字有好几种说法，我们在这里暂且认定它表示的是双头蛇。

还有人认为“也”画的是树枝的丫杈，两个杈一

定归在一起，所以有同样、有肯定的意思。

所以“也”字在古汉语中，既表示肯定，还表示两者相同的意思。我们在今天依然这样使用。

比如你要去，我也去；你要买，我也买。“也”字在这儿看来是虚，实际上它的实际意义是和前者相同，或者两者相同。

汉字中任何一个抽象的概念，一定有其真实的存在，才能被人们画下来，造成汉字。

人文小科普

十二生肖的传说

你知道十二生肖吗？它们是：鼠、牛、虎、兔、龙、蛇、马、羊、猴、鸡、狗、猪。它们是十二地支的形象化代表，随着历史的发展逐渐成为深入民间的民俗文化符号。

作为民间文化的代表，历代留下了许多与十二生肖有关的传说，比如：十二生肖是如何选上的，又是什么原因让小小的老鼠排在第一位呢？下面我们就来讲讲这有趣的故事。

传说，在远古的时候，天帝有一天说：“我要选十二种动物作为人的生肖属相，一年一种动物。”天下的动物有多少呀？怎么个选法呢？大臣们议论纷纷，天帝看大家拿不定主意，就说：“这样吧，定好一个日子，这一天，让动物们都来报名，选先到的十二种动物为十二生肖。”

报名那天，老鼠起得很早，牛也起得很早。它们在路上碰到了。牛个头大，步子也大，老鼠个头小，步子也小，老鼠跑得上气不接下气，才勉强跟上牛。

老鼠心里想：路还远着呢，我快跑不动了，这可怎么办？怎么才能抢在牛前面到达终点呢？它灵机一动，想出个主意来，就对牛说："牛哥哥，牛哥哥，我来给你唱个歌。"牛说："好啊，你唱吧。咦——你怎么不唱呀？"老鼠说："我在唱哩，你怎么没听见？哦，我的嗓门太细了，你没听见。这样吧，让我骑在你的脖子上，唱起歌来，你就听见了。"牛说："好吧！好吧！"老鼠就沿着牛腿一直爬上了牛脖子，让牛驮着它走，一路上不用自己跑，可舒服了。它摇头晃脑地唱起歌来："牛哥哥，牛哥哥，过小河，爬山坡，驾，驾，快点儿啰！"

牛一听，乐了，撒开四条腿使劲跑，跑到报名的地方一看，谁也没来，高兴地叫起来："我是第一名，我是第一名！"牛还没把话说完，老鼠从牛脖子上一蹦，蹦到地上，吱溜一蹿，蹿到牛前面去了。

结果是老鼠得了第一名，牛得了第二名。所以，在十二生肖里，小小的老鼠排在最前面。

接下来老虎、兔子、龙、蛇、马、羊、猴、鸡、狗、猪这些动物陆续赶到，天帝就按照这个顺序给他们定了位次，作为十二生肖，成了人们的属相。

shí èr shēng xiāo

十二生肖

第二章

鱼龙出水

“鱼龙出水”家族以水族类动物为主，包含鱼、龟、甲、贝、辰、龙六个字。

鱼

第一节　鱼龟

解字小课堂

鱼

今天的“鱼”字泛指各种鱼，实际上，在甲骨文和金文中造的这个“鱼”字是特指“黄河大鲤鱼”。

我国古老的文明起源于黄河流域，现今的考古发现，我们今天使用的汉字，多数就是在黄河流域发源的。

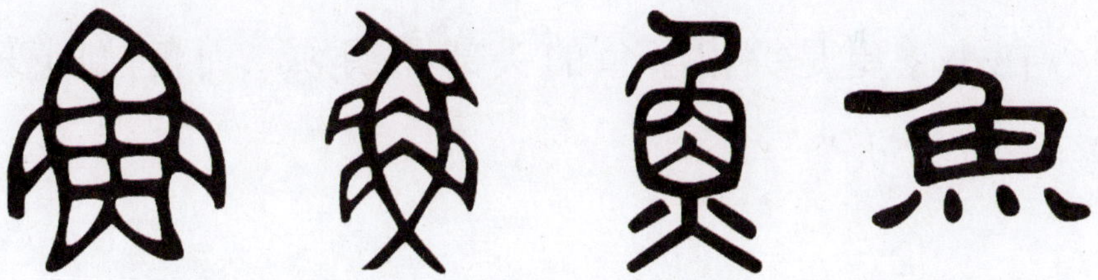

甲骨文　金文　小篆　隶书

虽然长江流域的文化并不比黄河流域晚，但并未发现那里有文字文化。古人由于技术和条件所限，也不能出海捕鱼，因而沿海也并未发现文字文化。

所以，这个“鱼”字不是指海里的鱼，而是黄河里的鱼。

“鱼”字从甲骨文来看就是一条大鲤鱼，后面的金文、小篆等的变化，都突出了鱼的特点。

字形除了头部比较尖以外，身上还有鳞甲、尾巴，尾巴后来也变成四点“灬”，就像燕子的“燕”在隶变时一样。

今天的黄河大鲤鱼仍旧有这个特点的，那是大鲤鱼的胡须，所以鱼字上头的撇“丿”强调的是大鱼的胡须。

在小篆更是突出了鱼的头部和胡须，而鱼尾则变成了一个“火”字。

如果鱼只是在水里游，那和人就没有关系了。古人把它捞出来，不论清蒸、水煮，或是烤，都必须要用火才能吃这个鱼。

古人造字一定跟人的需要有关系，文字不能脱离人的生活。

龟

龟是中国古代的“四灵”之一，人们最津津乐道的是它的长寿。古人因龟能长寿，认为它有灵气，所以古人就用龟甲来测吉凶。

不过，在中国传统文化里，专门用来占卜的龟甲，并不是我们所看到的乌龟背甲，而是用它的腹甲，也就是乌龟肚子上挨着地的部分。

“龟”字，从今天的字形来看，是龟背上一块一块的甲，与头和尾组成一个整体。

甲骨文中的“龟”字，是很完整的一个龟的形象，它有头、甲、四个爪，还有小尾巴。甲骨文还有一个侧面的形状，也非常像一个小乌龟。

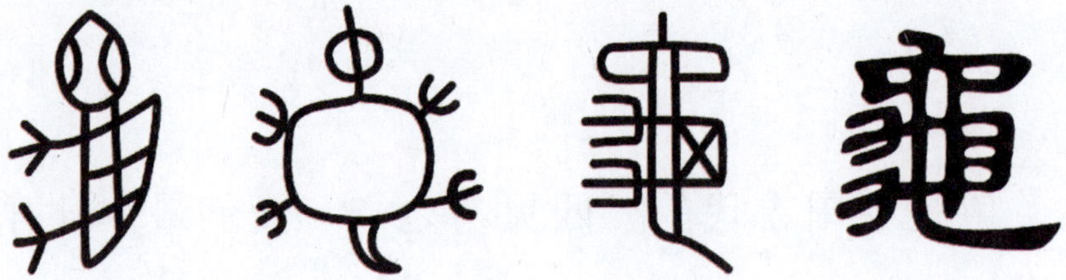

甲骨文　金文　小篆　隶书

金文稍微有点变化，但大体上看也像一只正面趴着的乌龟。

到了小篆，字形逐渐标准化，采用了一个侧面的书写，书写较为复杂。上为龟的头部，中间画了身子，左边是龟的爪子。从侧面看只能看到两个，所以画了

两个为代表；右边画了背部的龟甲，还有纹路；最下面是它的尾巴。

所以，在小篆中，这个“龜”字就把龟的头、身子、爪子、背甲、尾巴，十分清晰地表现出来，它是一个完整的龟的形象。

隶书时有点变化，但大体上还是这个样子。最后楷化的时候写成“龜”，和小篆、隶书没有多大区别，只是写法略有不同。

今天“龟”字的繁体字“龜”仍旧是头、尾、身子、背甲，左边是爪子。汉字简化时，人们保留重点，简化成了“龟”，尤其一条能甩动的小尾巴极为俏皮和形象。

人文小科普

鲤鱼跳龙门

古人根据黄河中大鲤鱼的形象造了“鱼”字，“鲤鱼跳龙门”这句俗语也家喻户晓，它说的正是黄河中的大鲤鱼的故事。

据说尧舜时期，洪水泛滥，大禹采用疏导的方法，在黄河中下游地区开凿河道，这个龙门就是由大禹开凿的。黄河中下游已接近出海口，龙门正在今天山西省运城的河津一带。

相传每年三月冰化雪消之时，黄河中的鲤鱼向上游迁徙，聚集于龙门之下。古时黄河水位落差较大，龙门也因此成了一个关口。

鲤鱼们只有跳过关口才能产鱼卵，因而

游到这里的时候，它们竞相跳跃，出现了“鲤鱼跳龙门”壮观的一幕。

古人把这个现象化为传说，鲤鱼们一登龙门，便云雨随之，天火烧其尾，鲤鱼便幻化为龙。登不上者，依旧只能乖乖做鱼了。

科学家认为，鲤鱼产卵“多在江河上游，水温较低，流速较大，流态复杂，河道宽窄相间并具石砾底质的急滩地带”，这个解释似乎也印证了鲤鱼跳龙门的原因。

如今，我们常常用“鲤鱼跳龙门”来比喻中举、升官等飞黄腾达之事。

lǐ yú tiào lóng mén

鲤鱼跳龙门

龍門

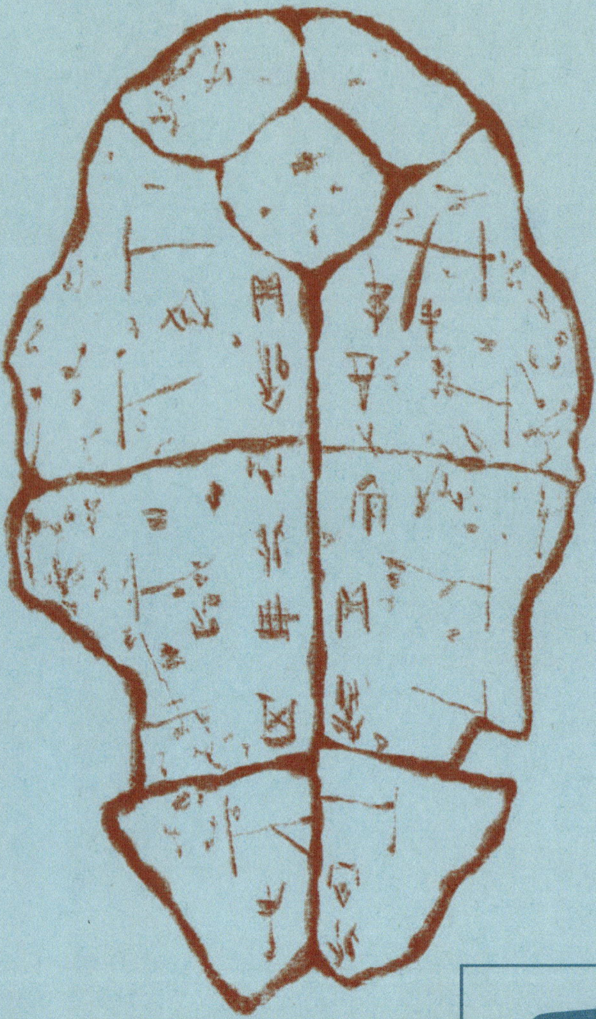

甲

第二节　甲贝

解字小课堂

甲

有了表示乌龟的“龟”字，古人又造了表示龟甲的“甲”字。

从甲骨文和金文来看，字形不完全是龟甲，也可能指的是龟甲上头的裂纹。也有人认为指的是土地开裂；或种子开裂，种子的外皮为甲；还有的说是盾牌，一竖一横撑开外面所蒙的一层皮，等等。

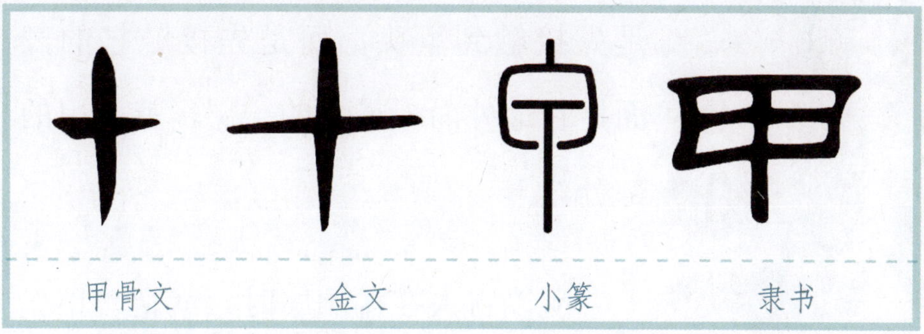

小篆时，上面画了个宝盖，就像种子外面的硬壳，下面是种子在发芽生长。

从现在楷体字的“甲”来看，很像简化了的“龟”字的变形，龟没有了头，尾巴也不偏了，简单直接地强调了龟甲的部分。

总而言之，不管“甲”是什么，它都有一个特点——硬壳。这个甲的本意就是指物体外面的一层较硬的表面。

从这样一个意义衍生来，在中国文化中，“甲”就有了第一或好的意思。

人们要接触一样东西时，往往不是先接触到里头，而是先接触它的表面，它最外面、最上的一层，就是甲的部分。

所以古人在排顺序时，就把“甲”排成了第一个的位置，放在最前边，如“甲乙丙丁”。

贝

“贝”字，在中国文字当中是一个常用的字，当然更主要的原因是它在早期人们的生活中非常重要，那就是被作为货币使用。

从甲骨文、金文和小篆来看，字形像一个贝壳的样子，特别是甲骨文画的是一个整体。

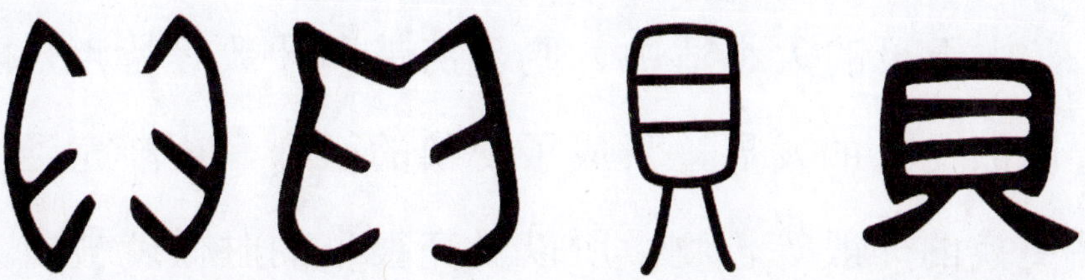

甲骨文　金文　小篆　隶书

贝因其有像眼睛一样的长圆形，而且是可以张合的，所以到了小篆以后，把整个贝壳上面变成了一个目。

因为一个贝壳大体上像一个人的眼睛，下面的两道就是数字当中的“八”。八有分开的意思，在符号家族中我们会详细讲解。且在方言中，“贝”还念“八”音，古音相同。

隶书根据小篆而来，没有多大的变化，写成“貝”。后来根据其草书、行书的字形简化，保留了大体的外形。将烦琐的内部简单化，这就是今天的“贝”字。

贝因其小巧玲珑，色彩鲜艳，坚固耐用，而成为原始居民喜爱的一种装饰品。

由于贝的大小适中、便于携带和计数等特点，随着商品交换的发展，贝成了交换的媒介，逐渐充当商品交换的一般等价物。所以贝壳很早的时候就被古人当作货币使用。

人文小科普

小小贝壳用处多

早在几万年前，我们的祖先就开始使用贝壳了。贝壳除了作为装饰，还被古人用来当作货币、制作劳动工具，甚至作为建筑的材料。

海贝作为原始货币在人类早期的生产活动中起到了重要作用。

滇国（公元前 278 年—公元前 109 年，今云南）从印度洋通过商品贸易而来的海贝，被珍而重之地存放在青铜贮贝器中。这种世界上最早的存钱罐，以及其中的印度洋海贝，见证了当时商贸的发达。

而在福建泉州的蟳（xún）埔村，我们可以看到一种用贝壳盖的房子。

泉州曾是古刺桐港的所在地，那里至今还保留着世界罕见的沿海特有民居建筑——蚵壳厝。它是利用牡蛎的壳与杂碎土石混合筑成的房子。这种房子不怕虫蛀，坚固耐久，而且冬暖夏凉。

有趣的是，蚵壳厝所用的牡蛎壳全部是“舶来品”，泉州当地不生长大型牡蛎，而这些牡蛎的老家可能是东非索马里沿岸，也可能是东南亚的越南沿海。

无论是贝币还是蚵壳厝，这些小小的贝壳漂洋过海，历经数千年的时光，见证了人类古代的商贸活动，以及他们改造自然的聪明智慧。

chǔ bèi qì

储贝器

辰

第三节　辰龙

解字小课堂

辰

古人造“贝”字表示较小的贝壳，又另外造了“辰”字表示较大的贝壳。

实际上“辰”就是“蜃”，是海里的一种大海蚌，有一副大贝壳。

“辰”字的古文字画的就是一个大海蚌的样子，它的样子像伸出触角，壳有螺纹，有软足的一个大贝壳。甲骨文、金文依形而画，小篆规范文字，隶变统一字形为“辰”。

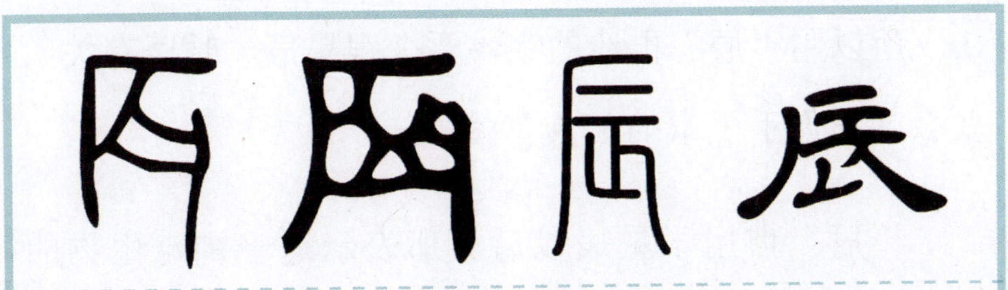

甲骨文　　金文　　小篆　　隶书

这个大贝壳在中国古人的生活中有着特殊的作用。

它的两个硬壳可以张合，保护肉体在里面生长。

这样一个天生的生物，在古人眼里是非常奇特的，古人认为它有特别的灵性，特别是它里面还能长出亮晶晶的珍珠。

人们把亮晶晶的珍珠看作天上的星星，两个大蚌壳分别代表天、地，天地之间长出像珍珠一样闪烁的珠子就是星星，所以这个“辰”字后来专门指“星辰”。

“辰”寓意天地开合、星辰出现。

辰的大贝壳是很有用处的，古人就用这个现成的大贝壳当工具，稍做磨制就可以用来割草，挖土等。它也是最早的农具，“农”字在古代写作“農”，下面则有“辰”字。

所以用“辰”再造的字，要么跟星辰、时辰有关；要么就跟你手里拿的工具有关。

“辰”惯用于星辰以后，那表示这一神奇生物的字怎么办？古人就在下面又加了一个“虫”字，也就是今天海市蜃楼的“蜃”字。

龙

龙是中国文化里最具中国特色的一个符号，在人们心中也是最有灵性的一种动物。

龙能上天，能入地，还能潜海，是动物里最高级的一个生物，是中国文化寓意中最伟大的一个生物。

龙作为一种动物，从古文字来看，有头、有脚、有身子、有尾巴、有爪子，大体上如甲骨文的形象。甲骨文画的这个“龙”字，有一个大口和一个弯曲的身体。

小篆时，右边弯弯曲曲代表身体，左边主要显示了它的头部，有龙角、张开的大嘴。

隶变的时候“龙”字包含了更多的思想，“龍”字的左上角是个站立的“立”字，实际并不是“立”字本身，是儿童的“童”字的代表。

古时“儿童”一词，意思并不是我们今天理解的小孩。“童”的本意是被捉住的奴隶所生的小孩，也一样是罪人。“童”上面的“立”是辛苦的“辛”字，头上加一个“辛”表示罪人，这样负重的小孩叫“童”。

“龍”字左上角的“立”实际是“童”字的省略，在此表音，同时还暗含着一个寓意。

古人认为龙能上天入地极有灵性，它的龙角可以判定是非。而“辛”字就是一把刑刀的样子，后面我们讲器物家族时会专门讲“辛”字，它也有判定是非的含义，二者之间有隐含的文化联系。

楷体就是根据隶书进行的楷化，就有了繁体的“龍”字。因为这个字常用，但笔画繁多曲折，很难书写。

所以，后来简化汉字的时候，就根据“龍”的草书形体，尤其是草书的右半边，把它进行了简化，在此基础上再次标准化。这就成了现在的简化字“龙”。

人文小科普

龙的传人

我们中华民族常常自称是“龙的传人”，龙在我们古老的文化中占有非常重要的地位。但作为一种动物，它似乎并没有真实存在过，只是作为一种图腾崇拜的对象。

“龙”这种动物和这个字的出现，可以追溯到中华民族起源时期。

远古图腾时代，传说女娲氏和伏羲氏是我们人类的祖先，他们都是人头蛇身。在历史发展中，分散的各个部落逐渐融合，每个部落都有自己的图腾崇拜。

wǔ lóng

舞龙

马图腾、鹿图腾、鱼图腾等代表各种部落的图腾逐渐融合，在人头蛇身的基础上，逐渐演变成“龙”的形象——兽头、蛇身、鸟尾、鱼鳞，还有四爪。

龙的形成体现了各民族平等融合、团结一致的特质。我们中华民族的历史源远流长，虽然经历了改朝换代，也经历了与其他各国的纷争，但仍保持着统一的姿态和精神，这也是龙的精神的体现。

第四章

羽毛角踪

“羽毛角踪”家族以动物的羽毛、角、爪及脚印为主，包含羽、毛、皮、革、骨、肉、角、爪、采九个字。

羽

毛

第一节　羽毛

解字小课堂

“羽毛”一词我们经常用，“羽”和“毛”虽然组成一个词，被同时使用，但羽和毛是两种东西，二者不同。

我们先看“羽”字。

“羽”字在甲骨文中像鸟的一个翅膀，在金文中还特别画出了在高空飞翔的翅膀。

到了小篆时，“羽”字继承了金文，也画出来了两个翅膀，还画出了一根、一根的翎毛。

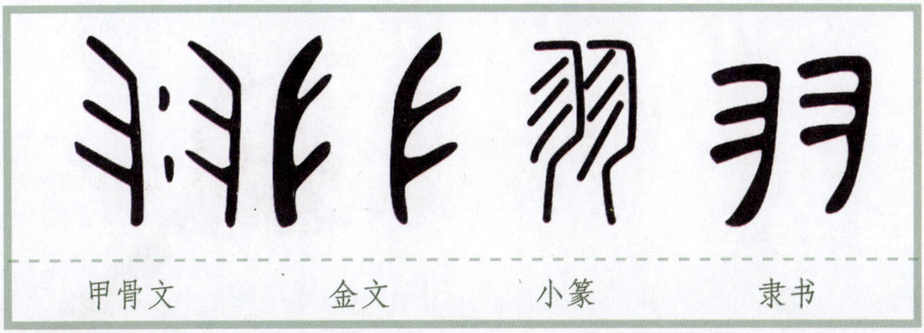

隶书就写得简单了，拐一个弯里面加上两个点，就表示这一个翅膀当中有羽翎，翅膀上硬的部分叫翎。

后面的字形都跟它是一模一样的，再也没有变化。一直到楷体以后，“羽”字仍旧是鸟的两个翅膀的样子，而且特指又长又硬的翎。

《三国演义》中诸葛亮拿的扇子叫羽扇，就指用鸟的硬翎来做成的扇子，所以叫羽扇。

“羽”字再造的字，都跟鸟的翅膀与飞行有关系。

毛

下面我们看看“毛”字。

一般的鸟都有两种毛：一种就是有硬羽的翅膀，或者尾巴上长的硬翎；一种是比较柔软的绒毛。

同时，人们把地上走兽类的动物身上长的也叫毛。例如牛、羊、虎、豹的身上也有毛。为了区别“羽”，后来称作“硬羽软毛”。

“毛”字的甲骨文我们没有找到，金文、小篆一直到后面隶书，大体上都像比较细的绒毛，和硬的羽翎比较起来，看上去柔软多了。

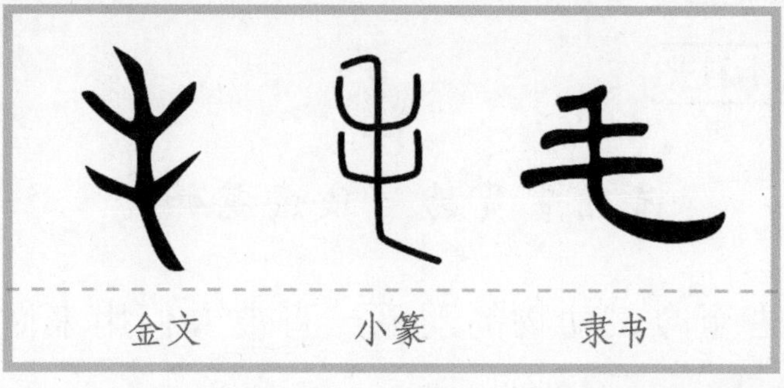

“毛”字和“手”字很像，正好左右相反。在笔画上，上部一模一样，当竖“丨”写下来向左拐“亅”

时是“手”，向右拐时“乚”就成了“毛”。

所以，有人主张说“毛”不是羽毛，就是手。

当我们的手心朝向我们自己时，看到的是手心，所以画出来是手；当手反过来看手背的时候，手背上往往长着汗毛，因而也说反过手来就是毛。这个解释从楷书来看也能说过去。

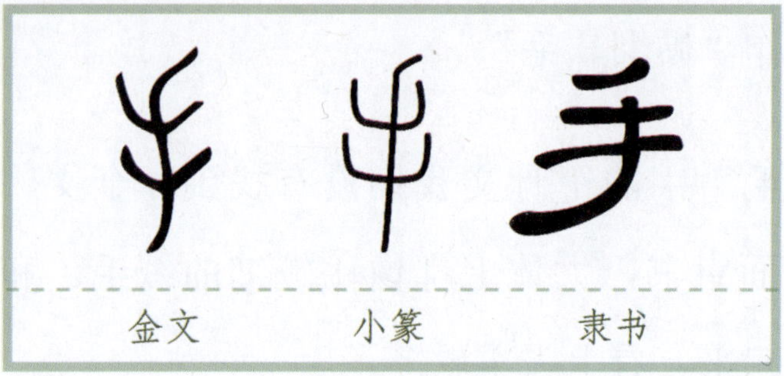

人文小科普

清朝官员的“顶戴花翎”

从古至今，动物的羽毛一直被人们用来做装饰。那些美丽的羽毛有的成为衣服的点缀，有的成了部落的象征，而更多的则是被用来作为装饰，装点在帽子上。

古人的帽子上就常常插有羽毛，我们这里要介绍的是清代官员的帽子。

清代官员的帽子被称作“顶戴花翎”，它包含了“顶戴”与“花翎”两部分。帽子与顶珠合称“顶戴”，帽子后面的羽毛采用孔雀羽毛，因为它们颜色艳丽，十分光亮，被称为“花翎”。

所有的官员都会戴帽子，但并不是所有的官员帽子上都能插“花翎”，因为这个“花翎”是清朝官员尊贵身份的象征，只有获得皇帝的赏赐才能佩戴“花翎”。

从花翎上就能分出官员的等级。孔雀翎上有像人眼睛一样的东西，被称为“眼”。花翎就分为三种，分别是一眼、二眼和三眼，三眼最为尊贵。

皮

第二节　皮革

解字小课堂

我们平常所说的“皮革”一词，其实说的是两种东西，“生为皮，熟为革”，下面我们分别来介绍。

皮

“皮”在古文字中是手拿一个铲刀的形象，金文十分明显，跟动物的皮本身没关系。金文左边是一个刀子，刀把上还带着一个环，有一只手正拿着它。这个字形表示的实际就是人们在戗皮子。

当宰了牛、杀了羊，人们就要用这样一种铲刀来戗皮子，铲掉上面的残肉，以便清理好动物的皮供人们使用。

小篆时有所变化，左边画了一个身形，右上角专门鼓出来一块，右下角还是个手，小篆“皮”字画的形象就是一只手正在把皮揭开的样子。

根据小篆的形体，隶书又进行隶变，“皮”右下角的“又”字仍旧是个手的形象；左边一撇“丿”和上面的横折“乛”是表示被揭开的皮，剩下的那一短竖“丨”，是手里拿着的铲刀，剥皮用的。楷书沿用至今。

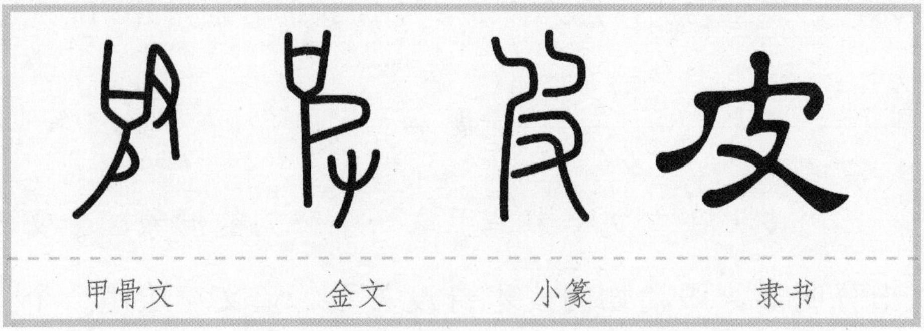

“皮”一般指的是生皮，就是把牛、羊宰了以后，直接剥下来，没有经过处理的叫皮。树皮、表皮都可以这样说。

当动物的皮被扒下来以后，通常不直接使用，人们要“鞣（róu）皮子”。人们把生皮里面的那些肉蛋白都去掉，使兽皮变得柔软，此时的皮就变成了革。

革

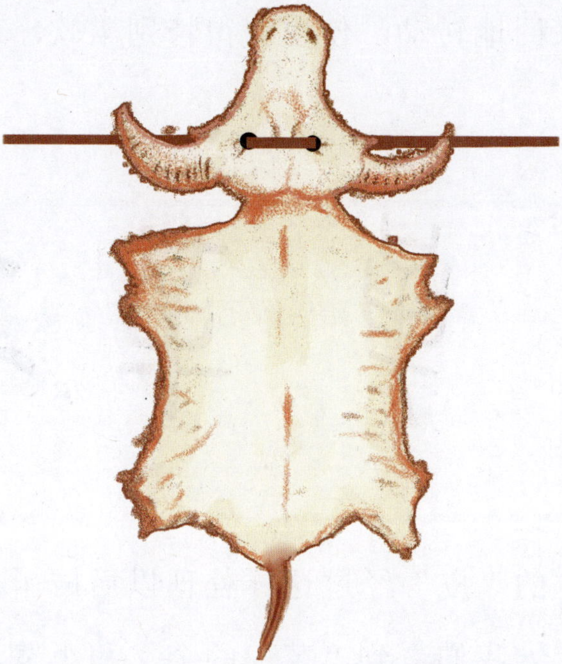

我们来看“革”字的古文字。

金文上面部分是动物的头，头被固定在墙上用一个横棍挂着，下面是展开的皮被铺在墙上。

小篆把它线条化，仍旧是一个动物的皮被展开钉在墙上，下面还有尾巴，是完整的一张皮。

那生皮子要怎么熟呢？

“鞣皮子”就是用一个鼓把被浸泡了的皮放进去，在里面来回地转动，使皮变得特别柔软，最后把它展开晾好。

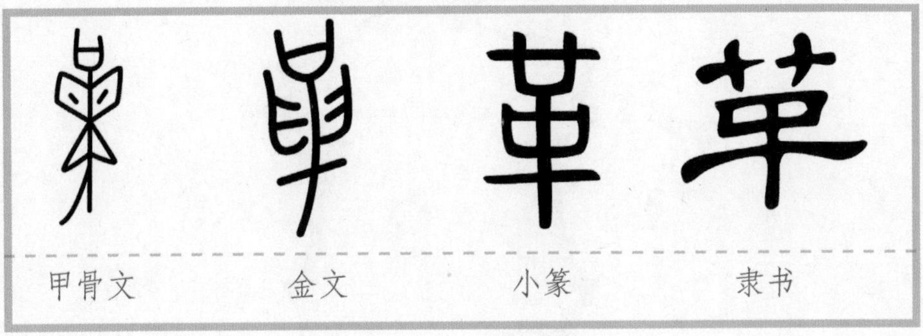

原本的“皮”经过这样处理以后成了熟皮子，就叫“革”。我们看到“革”的金文和小篆，其字形就是正在晾干的熟皮子“革”。

生皮子经历这次改变，成了“革”，这也是改革、变革的由来。

人文小科普

与虎谋皮

与虎谋皮是一个成语，意思是跟老虎商量取下它的皮来。比喻所谋之事有害于对方的切身利益，终难达到目的。后多指跟恶人商量，要他牺牲自己的利益，一定办不到。

这个词最早的时候并不是“与虎谋皮”，而是“与狐谋皮”，出自《太平御览·卷二〇八》。

古时候，东周地方有一个人，特别爱穿皮衣。他想做一件价值千金的狐狸皮袍子，就跑进深山老林里，找到一只狐狸，跟它商量：你能不能把皮剥下来，给我做一件皮袍子呢？这只狐狸一听，吓得掉了魂，掉头一溜烟跑得无影无踪。这个人只好叹口气，无可奈何地回家去了。这样过了十年，他也没有做成一件袍子。

后来，人们把这个故事演化成“与虎谋皮”这个成语。现在多用来比喻跟所谋求的对象有利害冲突，绝不能成功。

yǔ hǔ móu pí

与虎谋皮

骨

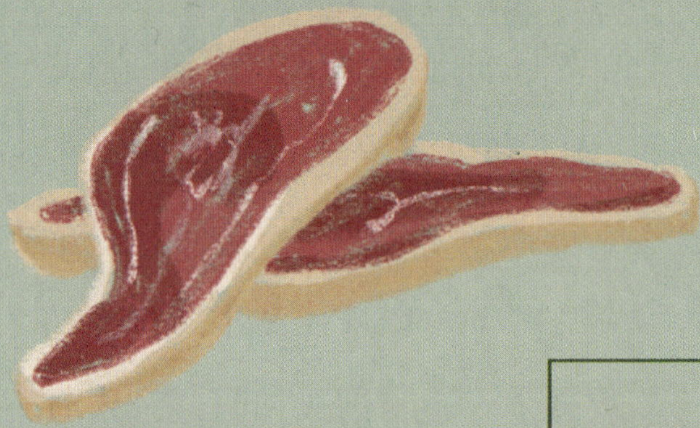

肉

第三节　骨肉

解字小课堂

肉

我们先来看这个“肉”字。

从小篆上来看，它就是把动物切了一半，或者是宰杀的牛、羊，整个从肚子中间拉开展向两边，是一大块整个的肉。小篆的“肉”字中，除了肉的两个半块摊开以外，里面还有动物两边的肋条骨和中间的脊椎骨。

小篆以后的隶书对它进行了变化，变成了原本整个的一半，半扇肉就只有肋条，没有中间脊椎了。

“肉”字外面的框“冂”就是整个的一个动物的躯体部分，表示牛、羊、猪被宰杀后整个一体被摊开的样子。

因它书写跟“月”字相近，所以在造字的时候古人常常把“月”字和“肉”字混在一起。

汉字当中有些带“月”字旁，或有“月”字形的字往往是“肉”字的变形，与肉体有关，所以我们叫它“肉月旁”。在单独使用中，“月”就是月，“肉”就是肉。

骨

我们再看“骨”字。

它的甲骨文很不好找，同时还有一个“冎”字的甲骨文。

“肉中有骨、骨上带肉”，造字的时候，怎么分开“骨”和“肉”呢？所以造骨头的“骨”就用了最明显、最大的骨头——大腿骨（甲骨文当中有两根大腿骨的形象）。

人或动物死了以后，两个部分的骨头往往保留，一个是头盖骨，再就是大腿骨。

金文中画有头盖骨，也画有大腿骨，怕不清楚画的是什么，在下面还加了个“肉月”。如果不加“肉月”像两根横线一样，表达不清，所以就加了一个肉，表示跟肉有关系，这就知道说的是骨头了。

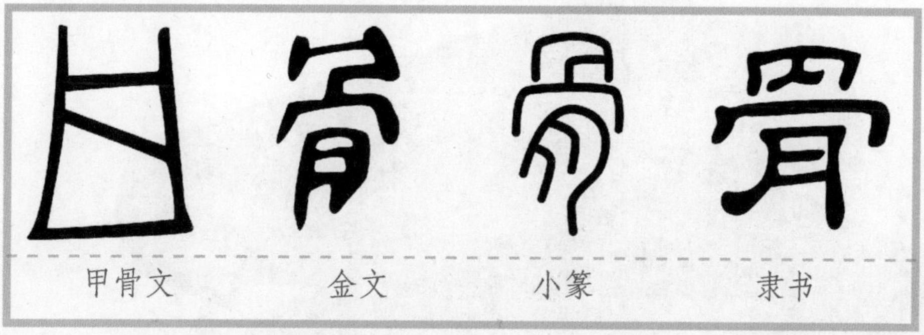

小篆时，上面的演变成了小的头盖骨，下面表示大的骨头架子，下面加上了肉月，跟肉有关。

隶书根据小篆来进行了隶变，没有多大变化，现在的楷书根据小篆和隶书确定，上面依旧写一个头盖骨，中间像秃宝盖的部分表示人胳膊的骨或者腿骨，有两根大骨头；下面是“肉月”，跟肉体有关，这就是“骨”字。

所以“肉”和“骨”它们是一对，肉是带骨的“肉”，骨是带肉的“骨”，正所谓“骨肉相连”，骨肉紧密地构成了一对。

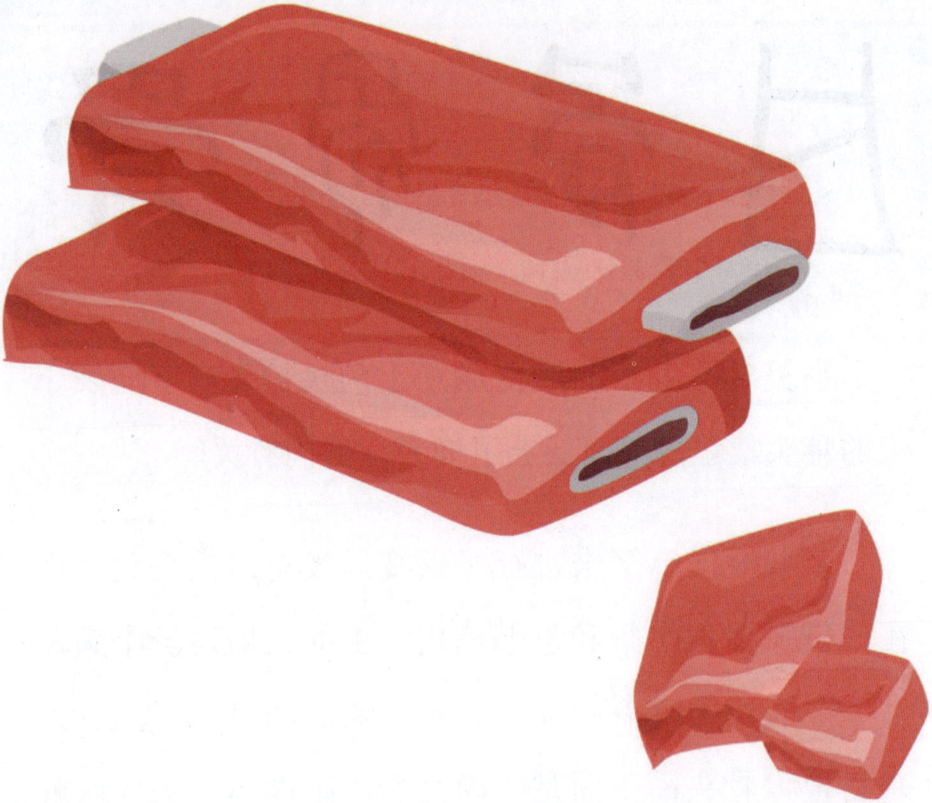

人文小科普

海峡两端的骨肉亲情

“骨”和“肉”虽然所指不一样，但现在我们常常将两个字合在一起用。“骨肉”表示骨肉相连，比喻至亲。《管子·轻重丁》：“兄弟相戚，骨肉相亲。”

我国古代的闽越族与台湾的少数民族有着深厚的历史渊源，宋元明清以来，福建不断向台湾移民，更加深了这种关联。

如今，海峡两岸许多人都有着共同的宗亲关系，共同的祖祠和家谱。相似的文化、相近的血缘关系，令两岸人民之间的关系如同骨肉一般，至亲至近，用“骨肉亲情”来形容，再恰当不过了。

虽然海峡两岸分离很多年了，但解禁之后，许多台湾同胞辗转与大陆亲人见面。也有很多人前往台湾寻亲，排除万难，也一定要见亲人一面。这份执着，正是血浓于水、骨肉至亲的表现。

qīn rén xiāng jiàn

亲人相见

角

爪

采

第四节　角爪

解字小课堂

角

“角”字从甲骨文来看是一个牛角，当然如果说是一个羊的犄角，或是其他什么动物的犄角也可以，但它绝对是一种动物头上尖硬的角。

甲骨文画了一个尖尖的犄角，金文依旧，到了小篆以后就把它进行了改造。

甲骨文　　金文　　小篆　　隶书

动物的犄角干什么用呢？显然是本能的自卫保护，牛、羊等有犄角的动物角尖像刀子一样，你要侵犯它，它就抵人。

于是小篆把上面变成一个“刀”字头，下面的角柱则变成像一个“肉”字。然后隶书根据小篆字形进行了修改，一直到楷书都保持了上面是“刀”，下面连笔写成了一个“用”字，意指动物所用的刀，那就是角。

生活中有种小尖刀就叫“牛角尖刀”。这个“角”字就指类似牛角这种尖角。

爪

“爪”字专指鸟兽的手脚。

甲骨文时，古人就画了一个兽爪的样子。后来的金文、小篆、隶书、楷书基本没有太大变化，只是笔画更加规范了。

“爪”字读音为“zhuǎ”，此外还读“zhǎo”，如鹰爪、爪牙。实际上二者在方言中混用，没有特别的区别。

釆

古人还专门为动物的脚印、足迹造了一个字——“釆”，这个字读“biàn”。

我们很多人容易把这个“釆（biàn）”当成“采（cǎi）”，它俩确实很像，但认真看，它们还是不一样的。

“采”字，上面是爪子的“爪”，下面是树木的“木”，一只手或一只爪子要采树木上的果子，或是采花、采叶等，这叫“采”。

“釆”字，上面是一撇“丿”，下面是个“米”字，它是什么意思呢？

我们还是要来看看古文字。

“采”字的甲骨文和金文意指老虎、熊、豹子，或是其他野兽在地上走过后留下的脚印、爪子印。

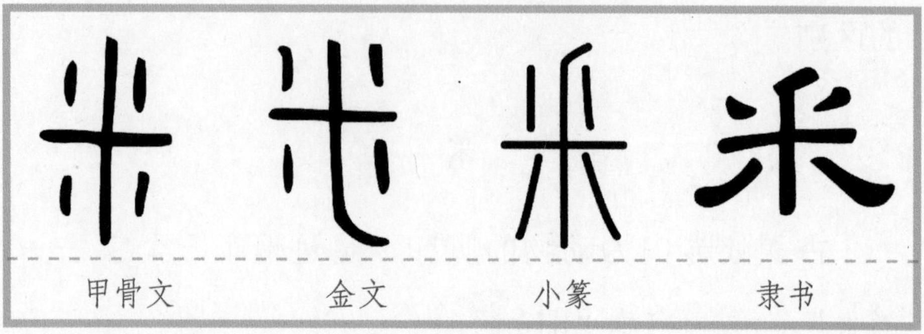

到小篆时，画了一横一竖“十”，表示爪印的纵横，四个角上还有四个点，特别在上面加了一撇“丿”，是动物走起来或者跑起来时，爪子前面带起来的一点点尘土痕迹，或者提起爪子时，捎带的有一点带起来的趋势。

所以“采”字上面部分的一撇，表示爪印在地上本来应该是清楚的，结果抬脚走动时带起来了一些运动的痕迹，后来隶书就变成了一撇，下面是个“米”字。

米表示散碎的含义，兽印在地上，也是散散点点的样子。这就是“采”字的来历。

古人为什么把动物的爪子印专门造一个字呢？野兽的爪子印，对人类狩猎生活有很重要的意义。古人打猎的时候，就是通过动物留下的爪印来判断情况。

比如判断这个动物受伤了没有，是公是母，是大是小，是什么动物等，都可以通过爪印“釆”来判断。

“釆 biàn”就是通过辨别动物的爪子印来做判断。所以，这也是最早“辨别”的“辨”字。因为“釆”这个字容易与“采”字混淆，后来人们才专门造了“辨”字。

今天，我们依旧能从“释”“悉”“番”等字中，找到“釆”字留下来的痕迹和意思。

此外奥秘的“奥”也与它有关，其繁体为“奧”，里面就是一个“釆”字。

人文小科普

雪泥鸿爪的典故

雪泥鸿爪是汉语成语，出自苏轼《和子由渑池怀旧》：“人生到处知何似，应似飞鸿踏雪泥。”大雁本是迁徙不定的候鸟，在这个地方留下痕迹本就是偶然的事情，而泥土地上的痕迹，很快会因为冰雪融化或者再次结冰而消失无踪。苏轼用鸿雁在雪泥上留下的爪印比喻人生漂泊无定，随处行止，后以此典故表示往事或人生之旅留下的痕迹。

这个典故要从苏轼和苏辙兄弟俩年轻的时候说起，他们兄弟随父亲苏洵离开四川赴汴京应试，经过渑池，在僧舍中住宿停留。寺院里的老和尚奉闲殷勤地招待了他们。可以想象，当年兄弟二人同进同出，在渑池寺院中写诗题壁，苏轼二十一岁，苏辙十九岁，正是青春年少，意气昂扬之时。

五年之后，兄弟在渑池附近分手，各奔前程，苏轼不禁想起当年的经历，此时老和尚奉闲已经去世，

题诗的墙壁也已经坏了，自己的前途也难以预料。苏辙诗中提到“长途怕雪泥”，引发苏轼和诗的想象翱翔，塑造出雪泥鸿爪的意象，他想到人生的无常，不由得感慨万分，写下这一首《和子由渑池怀旧》。虽然写的是兄弟之间的亲身经历的小事，伟大的诗人却能够化个人感怀为普世情怀，让所有读到这首诗的人都感同身受。

根据白双法专著《双法字理》改编

5

汉字大家族

有趣的身体家族

白双法 著

江苏凤凰文艺出版社
JIANGSU PHOENIX LITERATURE AND ART PUBLISHING, LTD

图书在版编目（CIP）数据

汉字大家族 . 5, 有趣的身体家族 / 白双法著 . --
南京 : 江苏凤凰文艺出版社 , 2020.2
ISBN 978-7-5594-4575-9

Ⅰ . ①汉… Ⅱ . ①白… Ⅲ . ①汉字 – 通俗读物 Ⅳ .
① H12-49

中国版本图书馆 CIP 数据核字 (2020) 第 014334 号

汉字大家族 5
有趣的身体家族

白双法　著

出 版 人	张在健
责任编辑	刘洲原
特约编辑	陈忠坤
装帧设计	丁　瑶　孟　迪
责任印制	刘　巍
出版发行	江苏凤凰文艺出版社
	南京市中央路 165 号，邮编：210009
网　　址	http://www.jswenyi.com
印　　刷	厦门市竞成印刷有限公司
开　　本	787 毫米 × 1092 毫米 1/16
印　　张	51.5
字　　数	332 千字
版　　次	2020 年 2 月第 1 版　2020 年 2 月第 1 次印刷
书　　号	ISBN 978-7-5594-4575-9
定　　价	220.00 元（全七册）

江苏凤凰文艺版图书凡印刷、装订错误可随时向承印厂调换

目　录

人的身体，从科学上讲，主要是由人体的器官、骨骼、经脉、脂肪、血液等组成的生物实体。我们这里所讲的汉字的“身体家族”主要指“人”。古人创造的文字中所蕴含的文化都离不开人，关于人本身所造的字自然不可或缺。我们根据“人”字本身两笔的特点，将身体家族的汉字分为人的整体和人的肢体两个部分。

第一章

人的整体

“人的整体”一共有六个字，分为三组：男、女一组；老、少一组；鬼、神一组。它们代表了人的一生，人分男女，有老有少，生死有别。

人

第一节 男女

人

今天的“人”包括男女所有的人类，但它最早只代表男性，一个弯腰耕地劳作的男人。

所以，甲骨文的“人”字基本上是一个侧面、弯腰劳动的人形，伸出胳膊在干活的样子。

一个人只有到了成年才能站立劳动，能干活，小孩子能干活了叫“长大成人”，所以这个“人”本身也指成年人。

金文和石文与甲骨文的字形基本一致，在金文中有的字体画得更形象，不仅把人的头部画了出来，还画出了手脚。

到了小篆以后，汉字笔画逐渐开始从象形往线条化、符号化方向发展。

小篆的“人”字就画得很工整。到了隶变的时候，“人”字有了更大的变化，探出的头和胳膊画成了一撇（丿），整个身子和腿部变成了一捺。楷书进一步规范，使字形美观，书写流畅。

至此，其形态从侧面弯腰劳动的人变成了正面站立的人，也体现了人类从弯腰进化到直立的过程。

人本身有头、有手、有胳膊、有腿、有脚，但文字用两笔就画出来、写出来了，其中还有更深厚的文化意义。

有人说，“人”字左边的一笔长，右边的一笔比较短，它符合一阴一阳。又按照中国传统习惯为“男左女右”，那么左边这一撇属于男性，右边这一捺是女性，于是“人”字的两笔又代表了男女。

也有人讲“人”字之所以一撇一捺，说明人和人之间需要互相支撑、支持，等等，都很有文化内涵。

女

女

古代“人”字泛指男人，但“女”字就是特指女人。在甲骨文中专门有一个字体非常像女性的形态。

女性和男性的区别，我们在今天可以从服装上或者是发型上区别，但古人造字时不是这样的，古人用了另一种方法来表达，抓住了本质。

造“女”字的时候，甲骨文的特点很明显，先把她的两个胳膊交叉起来，然后整个身体画成一个弯曲的形状。

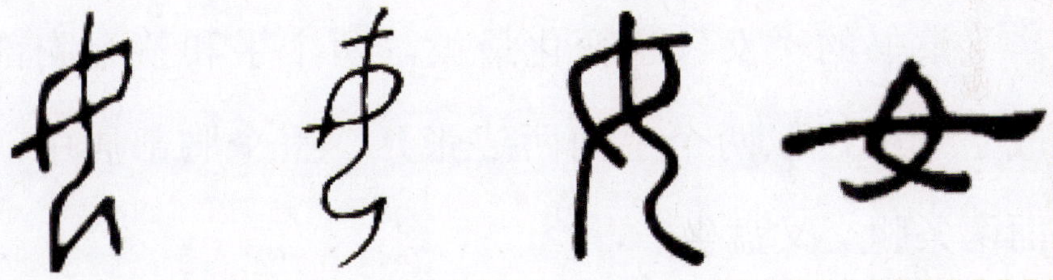

甲骨文　　金文　　小篆　　隶书

这个弯曲的形状有两个意义，一是表达女性基本上不是在外面从事体力活动，而多是从事家务，所以盘坐、跪坐的情况比较多；另一个内涵是，男性比较野性，女性比较温柔，所以画了一个女子双手于胸前交叉，似曲身盘坐或施礼的样子。

甲骨文的“女”字，确实画得很有女性温柔的特点，似一个女子双手在胸前交叉，然后身体下蹲，腿部弯曲，正在低头施礼。

我们今天看戏曲时，仍旧可以看到古代女子欠身施礼的样子。

金文变化不太大，小篆时字形变化较大，字体端正了很多，小篆主要是为了使上下左右对称，看着匀称。

隶书的“女”字变化最大，两个手和整个胸部变成了一横，似两个手向两边张开，整个胸部居中，下面两条腿交叉盘坐。

楷书根据隶书演变而来，基本不再变化。

所以这个“女”字，从今天的楷书形体来看，仍旧像一个女性，两腿交叉、两手展开正在做着什么家务似的，如做针线活、纺线、缝纫等。

汉字的延伸

母

母亲是非常伟大的。当女子变成母亲时，“女”字也跟着成了“母”字。母亲的母就是由一个“女”变化而来。

“母”字在甲骨文中和“女”字整体上没有区别，写法一模一样，不同之处是在女性的胸部位置多了两个点，表示乳房。

古时一个女子成年之后要结婚，要生育子女，所以母亲的乳房对一个新的生命关系极大。在原本“女”字上面加上两个点来区别，这就是母亲的“母”字，既简单又实际。

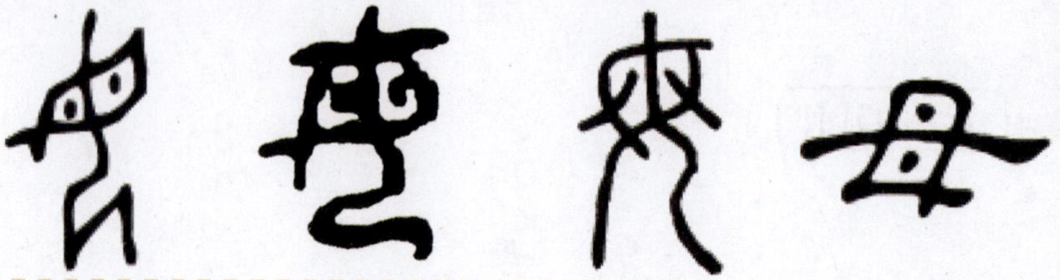

甲骨文　　金文　　小篆　　隶书

金文时，在甲骨文的基础上多了一横，表示女性成熟出嫁后，头发就要梳起来，横着有一根簪子，表示成熟已婚。

石文中那两个点稍有偏差，大概是因为在石头上刻字不容易，怕把石头杵坏了，所以石文把两个点刻在了两个胳膊上。

小篆仍旧是根据这个形体进行了线条化；隶变时“母”与“女”字非常相似，更强调了胸部，两个点不合适左右改成上下放置；楷书时“母”字基本没有变化。

身

我们今天看到的这个身体的“身”字，实际上是一个孕妇的形象。

“身”最初指身孕，后泛指身体。今天人们在关心孕妇时，依旧会询问她们：“身子沉了吗？”

甲骨文的“身”字是一个侧面站立的人，腹部突出。金文时，和甲骨文字体相似，但突出的腹部中间还有一个点，更加明确表示在腹中怀有胎儿——怀孕。

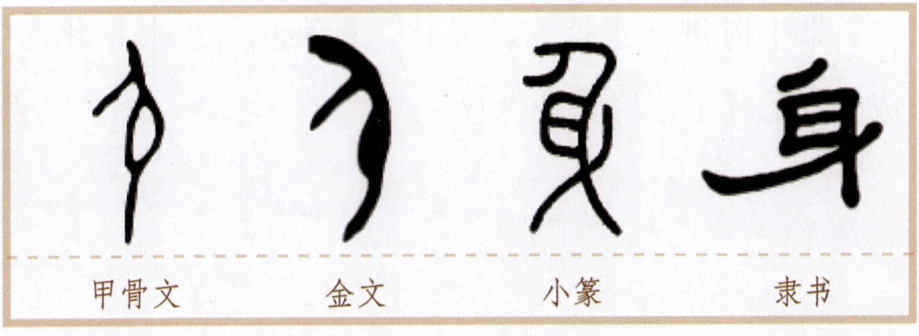

到了小篆进一步突出了孕妇的身体。小篆时尽管线条化，但还是表现了一个孕妇的样子。

大家要知道孕妇怀孕以后，身体是比较笨重的，走路时不方便，所以小篆的“身”字，除了她身体的突出和一条腿以外，还特别强调了孕妇托着比较沉重的身子，另一条腿向前迈，一只手臂扶着腰部。

隶变时的变化比较大，顶部加了个点代表头部，整个身体最突出的部位仍然突显出来，还有她另一条迈出的腿，和护腰的手臂。

孕妇站着不是像我们平常人可以立正站着，那样站着太累，她往往另一条腿要叉开，这样便于平衡和托着身体，所以隶书的变化也是有道理的。

楷书时进一步把它符号化、标准化，隶书楷化而成今天的样子，这就是“身”字。

人文小科普

男耕女织的时代

男耕女织是一种自然分工，最早可上溯到父系氏族社会时期，即原始社会中晚期。它充分体现了我国古代社会家庭的分工方式：男的种田，女的织布，全家分工劳动。

采集经济时期的原始农业，本来都是妇女的事，男子只是森林的主人，从事狩猎和打仗。人类文明的发展，使得人们开始懂得制作各种工具来改善生活条件。

在传统生产工具中最重要的有两种，一是男人的犁，二是女人的纺车。于是，原始的锄耕农业逐渐发展成为传统的犁耕农业，同时也有了纺织。

这种转变，也引起了原始社会由母系社会向父系社会过渡。

nán gēng nǚ zhī
男耕女织

以铁犁牛耕为主要方式的精耕细作是我国传统农业的一个基本特征，以家庭为生产、生活单位的“男耕女织”的小农经济是我国传统农业社会生产的基本模式。

因此，“男耕女织”长期成为农业与家庭手工业结合的基础，成为自然经济的标志。

老

第二节 老少

解字小课堂

老

人都是会慢慢变老的，这是不可逆转的自然法则，所以我们要学会接受它、尊重它，并且认真地对待这一过程。

“老”从甲骨文来看，非常像一个头发比较长，弓着身体，手里还拄着一个拐棍的老年人。

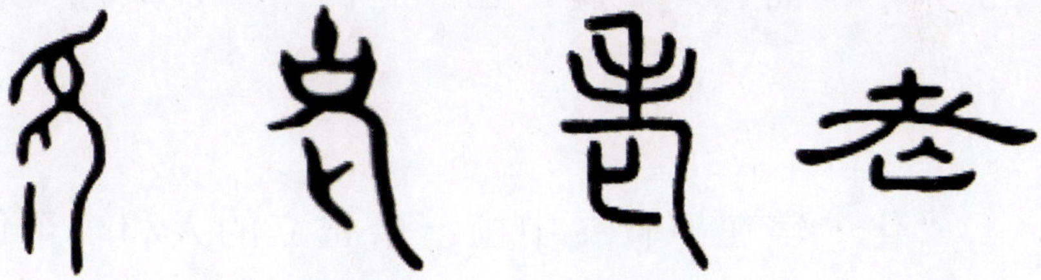

甲骨文　金文　小篆　隶书

金文更是突出了老年人头顶的长发，古人发髻飘散时，往往就是这个形象。下面整个身体弯曲前倾，前方有一个手杖。

这个手棍也像一个变化的“化”字中的“七”，更有画成“止”的，这是为何？

这都是强调人老了以后主要是先从脚上开始老，走路时抬不起腿，步态龙钟。“老”的古文字是个象形字，很简单就几个笔画，但是它的含义很深刻，很丰富。

石文大体与金文相同。小篆时也没有多大变化，而隶书变化较大。

隶变时把上面的字形写成“土”，然后一大撇（丿），下面像一个脚，也像腿的弯曲，又像变化的“化”。

“化”字在甲骨文中由一个正立的人和一个倒立的人构成，人倒过来了，正是“变化”之意。隶书按照小篆的形体规范化、简单化，进行了一些改造。

随后是楷体字，上半部为“耂”，“半截子入土”，说明人一半入到土下了，右下角原来腿的弯曲就变成了“化”字，省略为“七”。楷书确定字形，沿用至今。

自古有俗语“女七男八”，是指女子大体上是七年一个周期在变化，男子是八年一个周期。

为什么“老”字下面用“七”不用“八”？有人认为，这是因为“老”主要是指的老年妇女。“老”字再加个“女”字是外祖母，即姥姥的“姥”。老年男子则写成“考”。

父称考，母称妣，古为生前通称，今改为死去的父母为考妣。

有一个成语“如丧考妣”，考为已亡的父亲，妣为已亡的母亲，考就是老，老也就是考。有了“考”和“妣”之后，“老”字就概括成了老年的男女。

在文字的使用过程中，今天的“老”基本上泛指老年人。

“老”字刻画了一位老年人，从甲骨文开始一直到楷书，都有中国人对老年人的一种观察，对人类的一种认识，千百年来虽不断变化它的字形，但一直与老年人身体变化和文化寓意相结合，不断完善这个字，这就是中国汉字的魅力。

hē chá

喝茶

汉字的延伸

长

“长”字，在甲骨文中很有特点，画了一个人并突出了他头顶特别长的头发。

小孩刚生下来是不会有很长的头发的，头发是一点一点地长出来的，所以画一个人头发很长来表示岁数大。

古代人不像现在要理发，古人认为头发天生是父母给的，不能轻易剪掉。所以一个人头发长，胡子也长，被称为“长者”。甲骨文、金文基本上都是一个头发很长的人。

到小篆时“长”字变得较为复杂，上面是头发，下面进一步在人下画了一个类似脚或衣服的样子，体现了长者年纪大腿脚不便，或人穿长衣等。

隶变时下半部趋向于衣服的“衣”，楷体字“長”就是根据隶变而来。

“长”有两个读音，简化汉字的时候，因为“长 zhǎng”和“长 cháng”在生活中都很常用，书写的时候它笔画比较多而不便，所以就根据它的草书形体，进一步楷化、标准化，成了现在的简化字。

“长”的简化字书写需要注意，第一笔是右上角的一撇（丿），第二笔是一横（一），然后整个是一个竖长提（𠄌），最后是右边那一捺（㇏），一共四笔。人们有时经常就把它写成两段了，那样是不对的。

子

子

解字小课堂

“子”是一个小孩的样子。在甲骨文中，关于孩子的“子”，有两大类画法，样式很多，但是特点很明显，就是画了一个头顶有毛发，但囟门未合的样子。

小孩生出后不久，头顶长出毛发，但囟门还没有闭合，所以在头顶的地方特别打一个叉或者加一个点，表示它的囟门尚开。

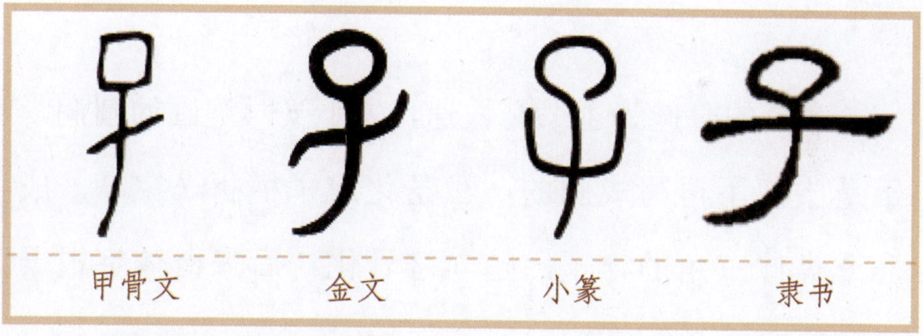

在中国传统生活中，小孩生下来以后，还不会走，就用这块布把他一包，包成整体，但不包住头，两个小胳膊露在外面可以活动。

所以“子”字有个“大头”，然后两个胳膊，下面是被包着的身子和两条腿。如今，这一做法在城乡依然常见。

到了金文时画得比较简单，其中一个字形就干脆画一个大头。小孩的头总显得比较大，所以金文突出了头部。下面略弯的一竖是身子和腿，然后有两个胳膊。这是一个襁褓中孩子的样子。

小篆就是沿用金文的形态，只是在头和脖子处留了一个口，表示孩子还可以张口说话、哭闹，更有细节性。

隶变的时候为了书写快速，去小篆时笔画的圆润，于是头部不再写成圆的，线条化成了横折（乛），成一个类似三角的样子，趋向符号化。后来楷体字根据隶变的样子书写。

今天，楷体字的“子”字上面还略能看成是一个孩子的大头，一横是两个胳膊，下面的身子和两条腿依旧包在一起，整个字就是一个典型的襁褓中小孩子的形象。

大约从春秋时代起，人名除了正式的姓名外还盛行表字，沿用古代“公、侯、伯、子、男”的爵位等级给自己表字，也用“子”字，例如孔子、孟子等。

汉字的延伸

儿

婴儿、儿童的“儿”字，甲骨文中特别画了一个人不能站立，身体是弯曲的，腿也弯曲的，头顶是敞开的样子。

婴儿最大的特点就是在头顶前额上方囟门的地方。大家注意观察，会发现初生的婴儿头部囟门处，会呼沓呼沓地动。

古人认为婴儿的囟门没有完全闭合，是有灵魂可以从这里出来进去，一直到儿童阶段才慢慢趋于合闭。现在科学解释，这是还没有发育成熟，尚未钙化的骨骼。

中国古人在造字的时候，就已经注意到了这点，甲骨文的“兒”字，特别突出了婴儿、儿童头部未闭合的囟门，下面是人形。

甲骨文　　金文　　小篆　　隶书①　　隶书②

一直经过了金文、小篆，到隶书形象都没有多大变化，只是把未闭合的囟门在隶书（隶书①）时变成一个“日”或“臼”（隶书②）字，其实还是表达一个头部的轮廓。

楷化的时候，用了一个开口的“臼”字，表示脑袋上的囟门。

“臼”就是石臼，舂米用的，这个字在随后的器物里我们也要专门讲。楷书时儿童的“兒”就是典型的一个儿童的形象，后简化为“儿”。

关于“儿”字，其实它自古就有的，并非简化而来，但并不指儿童，而是跟人有关，例如在见、元等字中可寻。

人文小科普

我国古代对不同年龄的称谓

现在人们根据不同年龄段把人统分为儿童、少年、青年、老年。但在中国古代对不同年龄段却有着不同的称谓，这些称谓都来自著名的诗篇文章。

古人对于未满周岁的婴儿叫“襁褓”；二到三岁的幼儿叫“孩提”；“垂髫之年”指未成年的小孩子；而常用的“豆蔻年华”，实际上是用来形容十二三岁少女的青春年华，不可错用到男孩身上。

我们常说的“吾十有五而志于学，三十而立，四十而不惑，五十而知天命”，就出自《论语·为政》。即“志学”为十五岁，要确定学习方向；“而立”为三十岁，要有所作为；“不惑”为四十岁，不再有疑惑；“天命”为五十岁，明确命运是自己造就的。

到了老年六十岁，就借用古代立法，一甲子六十年循环，雅称“花甲之年”。老年七十岁就雅称“古稀之年”，出自唐代杜甫《曲江》中的“酒债寻常行处有，人生七十古来稀”。

《礼记·曲礼》中写道：“八十九十曰耄。”《尔雅·释言》则说：“八十为耋。”人们根据这个解释，把“耄耋”两字连用，代称八九十岁的人。

lǎo shào tóng lè
老少同乐

第三节 鬼神

男女、老少是对人类生命中性别与年龄的概括，但生命总有结束的一刻。那么死后的人，他的肉体腐化了，但他的生命去了哪里？

这个问题在科学发达的今天尚不能回答，那么古人是如何阐释的呢？

古人比我们更懂得敬畏天地，即敬畏自然。因为自然界的各种变化直接影响了古人的生活与生存，关乎性命——天命。

所以，历史上各个民族都有祭祀天地的习俗，即祭祀神灵。同时，各个家族也都有祭祀祖先的传统。

那么死去的祖先到底去哪了呢？

西方世界认为，人死了以后去了天堂或地狱；中国人则认为，人死了以后成了鬼，肉体腐化归于自然，生命依旧存于天地，即为天神、地鬼——鬼神。

在这种世界观下，中国古人形成了关乎生命与敬畏自然的鬼神意识，神是天神，鬼是地鬼，共同维系天与地的自然发展规律。

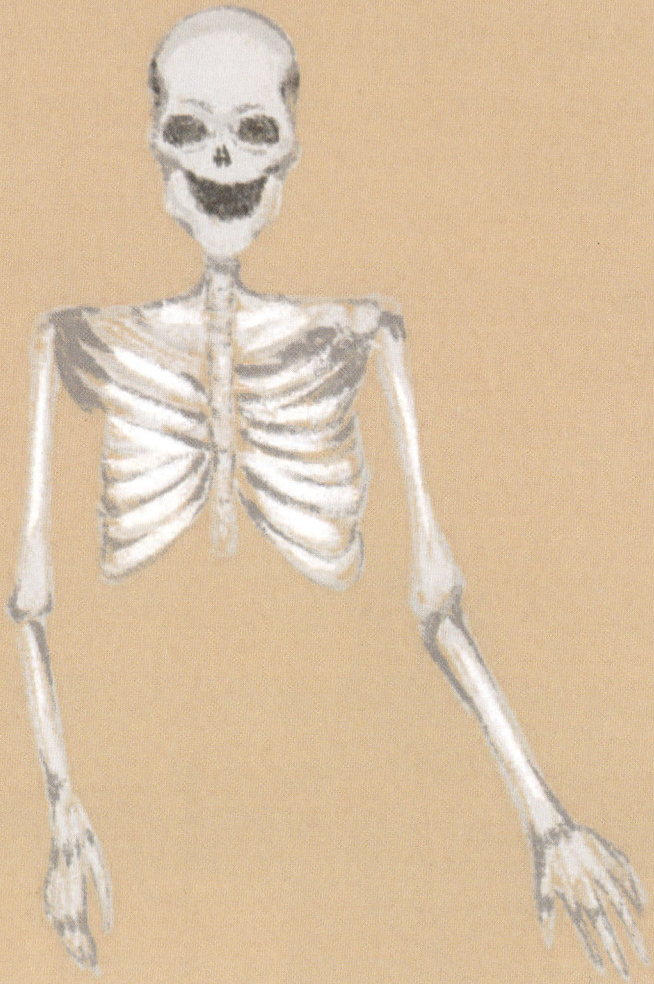

鬼

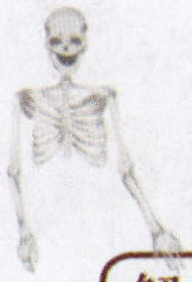

解字小课堂

鬼

关于“鬼”，千百年来在中国民间有很多说法来形容它，但人们谁也没见过，大家见到的都是人死了以后留下的骷髅。

骷骨的特点就是一个骷髅头，两个眼睛都是大窟窿，鼻子和嘴又是两个大窟窿，下面是骨头架子，古人就根据一具死人的骨头架子造了“鬼”字，一个顶着大骷髅头的人。

甲骨文画了一个大头鬼跪坐的人形，这就是古文字的“鬼”。

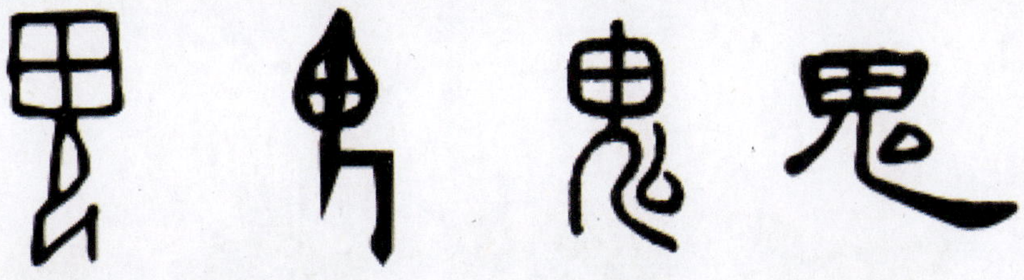

甲骨文　金文　小篆　隶书

金文时，有时在左边加了表示敬神的供桌“示shì”，表示给它上供、烧纸等。

小篆则根据甲骨文的形象进一步把上面的头部突出，同时体现了古人对鬼的认识。

鬼还要逃生，头不能变成封闭的“田”字，于是在头部有一个尖，下面仍旧是一个“人”字。其右下角一个“厶”，表示鬼在白天是看不见的，比较隐私的，它只在黑暗中，所以加“厶”表示。

隶变的时候，头部依旧突出大和窟窿，下面是个“人”字，“厶”“鬼”字的变成一个小圈，写成圆

圈使意义更加灵活，可以理解为再次逃生，再归回来。

楷体字是根据隶书和小篆进行了楷化，上面在头上加了一撇，表示头顶的尖，下面是个人字，右下角的“厶”字非常清晰，这就是楷书的“鬼”。

人老了，死后变成鬼，等待下一次的回归。这是中国人古老文化中的鬼，跟我们现在意义说的神鬼，或者西方文化的神鬼并不一样。

古人认为神和鬼都是我们的祖先，所以中国人表达的是一种敬畏之心，敬神、敬鬼，敬的是祖先。

jì zǔ
祭祖

尸

“尸”字，我们现在往往把这个字当作尸体的“尸”，其实尸体的“尸”字下面有一个死亡的“死”字，写作“屍”。

“尸”本身的意思不是死尸，而是人的身体，所以“尸”字和身体的“身”是一码事。“身”是一个孕妇的身体，怀有身孕叫“身”，平常时一个人端坐的身体叫“尸”。

从甲骨文和金文来看，“尸”就是一个人蹲坐的样子。

小篆画得更加正规，一个人正正规规地在那坐着，两个胳膊在前面搭着。那么这个人是在干什么呢？

原来这是古人敬祖的习俗。敬祖最早的时候并没有雕像、牌位可摆，也没有祖先的画像可挂。在没有这些文化之前，古人是怎么敬祖的呢？

古时一般由长孙代替祖先接受敬礼、祭拜等。“示”是敬神祭祖用的供桌的样子，后面器物家族里我们会讲到。

古人认为孙子是爷爷的转世，是人的循环与轮回。人死了，归到地下为鬼，从地下逃生，再轮回成子孙后代，这是中国古人的思想，是一种圆满。

所以，要敬一个人的祖先，就让他的长子、长孙毕恭毕敬地坐在祭台上代表祖先，大家按照一定的习俗来进行祭拜、祭祀。

“尸”就是一个人端坐的样子。人们在对他进行祭祀的时候，他不能移动，不能说话，只能坐在那里。人们把这个形象画下来就是“尸”。

用它再造的字，都跟人的身体肉体有关。

“屍”才是今天所说的尸体，小篆中就有这个字。

一个人的肉体没有了自己的灵魂，但仍旧是活的，正所谓“行尸走肉”。当一个人死了，尸字下面加一个死亡的“死”字，这就是不能动的“屍”了——死尸。

两个字本身自古就有，各有各的用处。简化汉字的时候，由于表示接受祭拜祖先的“尸”字不常用，而尸体的“屍”字常用，就干脆把它俩当作繁简字来处理。在汉字的发展中，这样的例子还有很多。

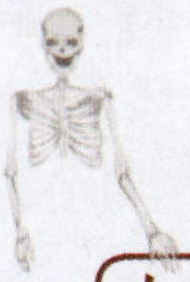

人文小科普

中元节敬鬼神

农历七月十四日是中元节，又称为“鬼节”，是中国传统的纪念性节日，从古至今，一直被中华民族世代传承。

究其原因，这不得不谈谈中国人对鬼神的态度。

历代君王对鬼神的态度体现在对祭祀的态度上，凡是大事、重事都会举行庄重而崇高的仪式，实际上更多的是想通过祭祀将其神化以便于巩固自己的权力。

而普通百姓则通过中元节来祭祖和超度亡灵，他们相信这一天死去的亲人会通过特殊的方式回家与自己相聚，以此保佑生者。

现代人的中元节继承了古人的一部分传统习俗，如烧纸钱、放河灯等。但在形式上有所改进，剔除了一些不合理的，保留下来的是对已故亲人的怀念与追思。

这种带有浓厚神秘色彩的传统节日，实际上承载了中华民族特色文化——“孝”文化。

fàng hé dēng

放河灯

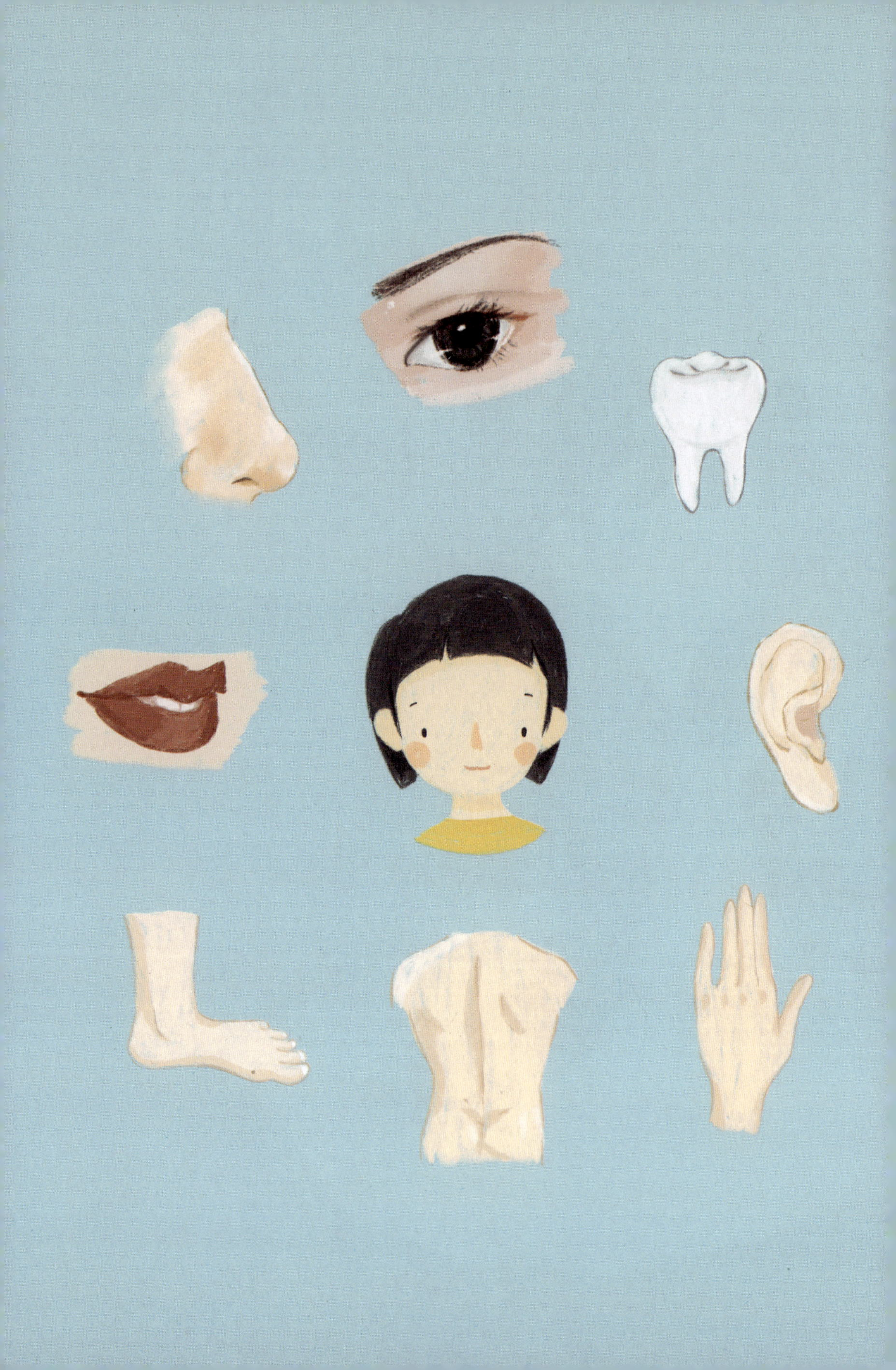

第二章

人的肢体

“人的肢体”包括三部分，分别是五官（首、目、自、耳、口）、器官（心、市、胃）、四肢躯干（手、足、躯干）。

首

第一节 五官

解字小课堂

首

“首”字的甲骨文中，有一种是画了一个大眼睛，眼睛外边有个轮廓像一个头，头上边有头发，旁边还有耳朵，是一个头侧面的形象。

甲骨文的“首”字，有人说不像个人头，而像个狗头，还有人说那是猴头，但不管怎样都是一个头颅的样子。

金文大体上是上面画出了头发，下面画出了人脸的部分，脸的部分还特别突出了鼻子的形象“自”。

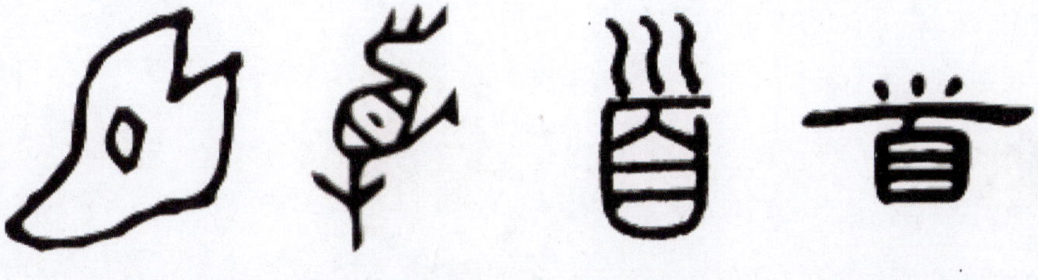

甲骨文　金文　小篆　隶书

小篆比较规整，上面三根头发表示多，一头浓发，接着发际线与鼻子表示人的脸面。

到了隶书、楷书，发际线独立成为一横，上面两点表示头发，下面是自己的“自”字，一个鼻子的形象。

首就是头，后引申有首先的意思，也有很重要的意思，比如首脑。

汉字的延伸

面

“面”字在甲骨文中是一个人头发盖下来的样子。这是甲骨文的一种画法，用了写实来表示虚。

上面的头发大家看到了，头发下面肯定是脸面，没有空悬的头发。

金文则有多种画法，和“首”字很相似，于是有人认为金文的“首”和“面”是一个字。到了小篆时它俩的区别就很清楚了。

小篆的“面”字，画了脸庞，但是没有了头发。一个自己的“自”字，然后加上一个圈。鼻子周围不就是脸面吗？这就是小篆的“面”字。

隶书时有两种表现，第一种（隶书①）是画一个眼睛，并指明眼睛周围“皕”叫面。最早的甲骨文中也有这一写法。

隶书的第二个写法（隶书②）则更接近原本“面”的本意。上面一横表示发际线，说明头发以下才是面部，下面一个自己的“自”字，鼻子的形象，再外面一个大框（囗）是整个人面部边缘的轮廓。

楷书沿用第二种书写方法，这就是今天的“面”字。

今天常说的“脸面”一词中，“脸”和“面”是不一样的。

“面”指的是整个面部，“脸”则是指眼睛周围的部分，实际上隶书“皕”的这一表现应为“脸”。

我们今天吃的白面、面粉的“面”，为什么和人的脸面的“面”是同一个字呢？这两个事物之间会有关系吗？

其实，从整个文字发展史来看，你会发现脸面的“面”和我们吃的白面的“面”有着密切的关系。

古人也爱美，很早就知道化妆。而古人化妆的时候，就是用小麦粉来增白的，也就是今天的白面。

古人最初是怎么发现小麦粉可以化妆的，这个过程早已不得而知，但是如果我们去观察一下在磨面机旁工作的人，就会发现他的整个面部肯定是白的。

古人大概就是在生活当中发现磨面的这个现象，于是好美者开始使用。白面来化妆，实际上，这种白面就是小麦面。

所以，“面”字逐渐有两个意义，即脸面和小麦面粉。但毕竟面粉和脸面是两种事物，为了区别，古人就在“面”字的左边加了一个小麦的“麦”字，造了“麵”来表示小麦磨出“麵”，白麵、麵粉。

这个“麵”字出现的比较晚，仅有隶书，它对中国农业文化历史考古有一定的提示。虽也能看到“麵”字的小篆，但多认为是今人造假而来。

汉字简化时遵循去繁化简，“面”与“麵”在经历了 5000 多年的分化后，再次合二为一。

囟

“囟”指囟门，甲骨文时只画了一个人的头部，并在里面打一个叉（乂）表示有缝隙，指囟门尚未合并。金文时，则在头上专门有一竖特指头顶部位。

甲骨文　　金文　　小篆　　隶书

小篆时则用另一形体画了一个圆形的头部，带一点尖顶，也是表示在头顶的位置，里面仍旧是个叉，指明是有缝隙的。

隶书在书写时趋于田地的“田”字形，这一书写形态在最后的造字中多有出现。比方说粗细的“细”，就是绞丝旁（纟）加一个“田”字，右边的“田”就是“囟”的隶书形体，指缝隙。此外，还有思想的“思”。

“心之官则思”，是我们一句古语。

中国古人认为思想除了跟大脑有关，和心也是有关系的，“思”就是心、脑共生的字。“思”字上面的“田”是“囟”字变形，下面是个“心”字。

目

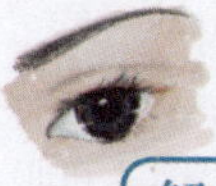

解字小课堂

目

眼睛对人来讲太重要了，它是我们感知这个世界的媒介。眼睛的甲骨文画的就是一个人眼的样子，金文更像。

书写甲骨文是用一个坚硬东西在骨头上刻划，笔画不可能圆润，只能大概像外表的形就可以了。而金文主要是铸在金属器物上的文字，模具事先做好修缮，金水浇铸，所以，金文往往都比较圆润，显得更生动，但笔道较粗。

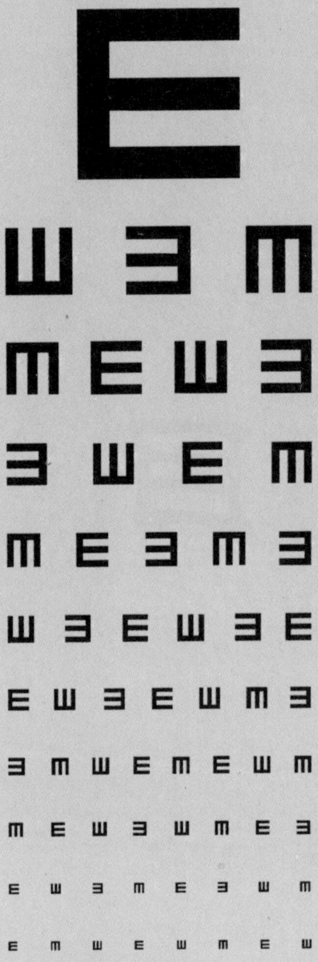

金文的“目”字就像一只眼睛，而且眼仁可见。

到了小篆时有两种写法，一种写法仍旧是一只横着的眼睛的样子（小篆①），另一种则是把它竖起来（小篆②）。

隶书根据小篆的形体变过来，仍旧外面是眼眶，里面是眼球。

“目”字里面的两横是代表原本眼球的圆圈。楷书根据隶书进行了楷化，“目”字就是人们完整的一只眼睛的样子。

古人最初对眼睛的概念就是一个“目”字。目中的眼仁称“珠”，另有成语“有眼无珠”。

“目”字，我们说本是横着的眼睛，由于书写的限制古人改成了竖写。

关于竖目，古人还真创造了一个“臣”字。

古代大臣上朝拜王时站于宫殿两侧，都不能直视帝王，所以只能低头侧目。于是帝王在高台上看到的官员都是一个一个竖目——“臣”。这就是“臣”字的来源。

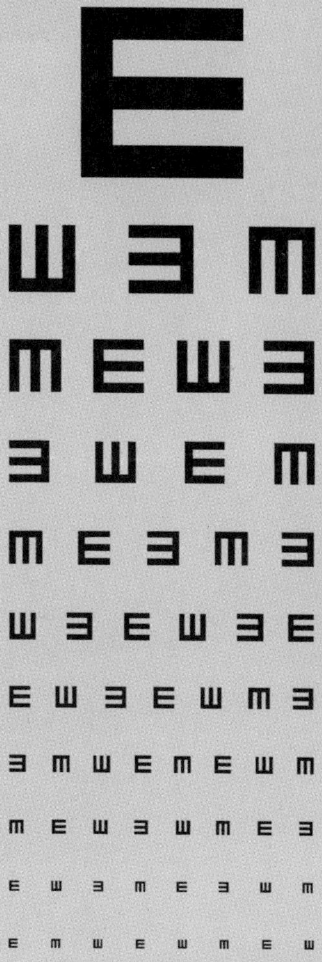

chén zǐ
臣子

自

自

我们多次提到自己的“自”是鼻子的形象，现在一起来看看。

甲骨文画的“自”非常像一个人的鼻子，鼻梁上横有鼻纹，鼻子两侧有法令线，还有眼睑的线条。这个人的鼻子还很肥，很有福。

甲骨文　金文　小篆　隶书

在金文和小篆时，把鼻梁部分和鼻子的两个鼻孔画了出来，画成了上下结构。除了在书写上类似于“目”的变化外，也融入了文化，类似“二”字。

人有一个鼻子，但却是两个孔，所以两横既表示鼻梁也表示两个鼻孔。

隶书没有多大变化，书写时下面写成眼睛的“目”

bí zi
鼻子

字，上面一个点表示鼻梁的顶端，眼睛与鼻子确实离得很近，所以下面是个“目”字。

不管古人在对汉字进行变化时是怎么想的，总之有一定的缘由在里面。一直到楷书，自己的“自”就是一个鼻子的形象，并确定下来。

那为什么把鼻子当作自己呢？

我们日常说话的时候往往问对方，你说的是我吗？

一边说的时候，一边指着自己的鼻子。长此以往，就用一个鼻子来表示自己，今天这一手势尚用。

当“自”被用作自己后，人们又加了“畀”字再造了“鼻”来表示鼻子。“畀”念“bì”，除了表声音之外还有通气的意思，本指蒸笼的箅子。

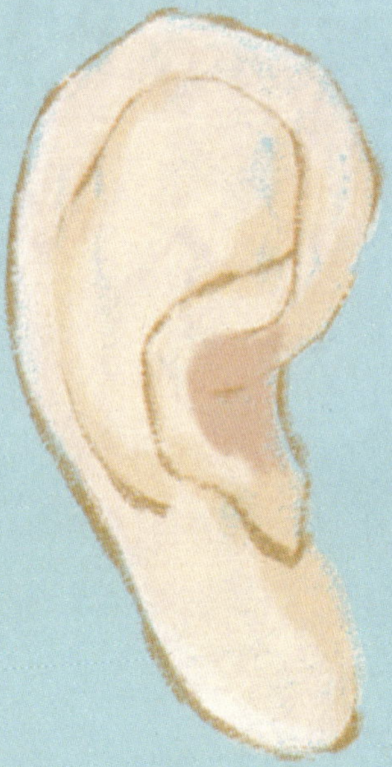

耳

耳

人有两个耳朵，那么要画左耳还是右耳呢？

从甲骨文、金文看都是画了一个耳朵的样子，但甲骨文画了左耳朵显得更有道理。为什么我们一定要强调画个左耳朵呢？这有一定的文化背景。

在古代部落之间的冲突中，把敌人打死以后要带回首级以示英武，证明杀了几个敌人。这一习俗在今天现存的原始部落中依旧存在。

部落战争慢慢演化成国家战争，长途奔袭背着人头实在不便，于是古人就统一把敌人的左耳朵割下来以便携带和报功。

汉字中夺取的“取”字就能体现这种手段，夺取的“取”，左边是个耳朵，右边是个表示手的“又”字，就是手拿了一个耳朵的意思。

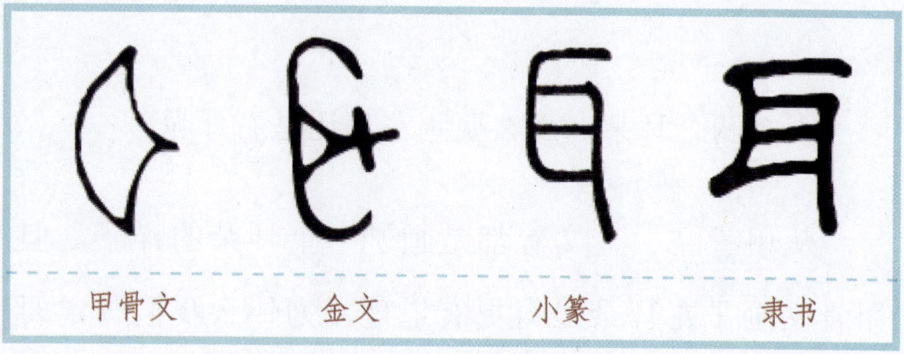

金文不管左耳右耳，画得更形象，除了耳轮还有耳孔。

到了小篆时，“耳”字被线条化，不像耳朵的样子了，大体画出来一个耳朵的轮廓，耳孔和人脸的侧边。

隶书根据小篆的形体进行了稍微地变化，楷化为“耳”后沿用至今。

汉字的楷化，尽可能地把每一个字标准化，古人是经过认真推敲的，而不是随便定形。

楷化后耳朵的“耳”，外面是耳朵和人脸一边的形象，中间则是一二的“二”，读音也取“二（èr）”谐音。

“二”在这里即表了读音，也表了数量，两个耳朵。

人们在学习汉字的过程中，既能发现汉字背后有着丰富的生活实践与深刻的文化背景，也能体会到古人造字时的顽皮与灵动。

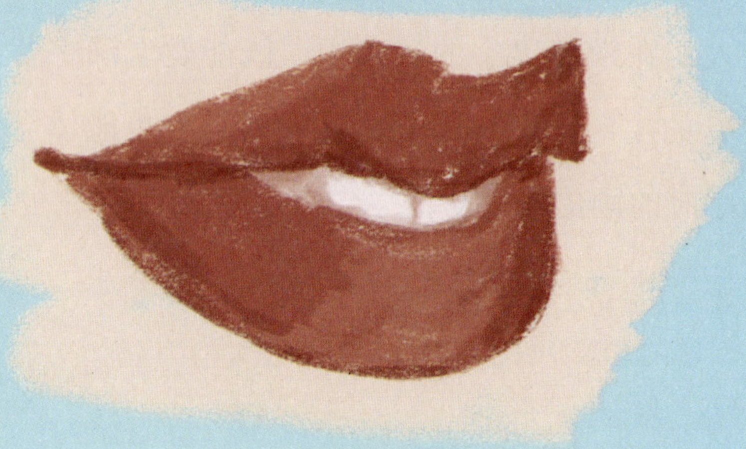

口

口

人要说话、歌唱，这些语言的交流都要用到嘴巴，欢笑哭喊也要用到嘴巴，哀伤叹气也要用嘴巴等。

于是人们给嘴巴造了一个字——“口”。“口”字画得很简单，就是一张口的样子，也就是人的嘴巴。

从甲骨文到金文、小篆、隶书、楷书，“口”的字形基本没有什么变化。

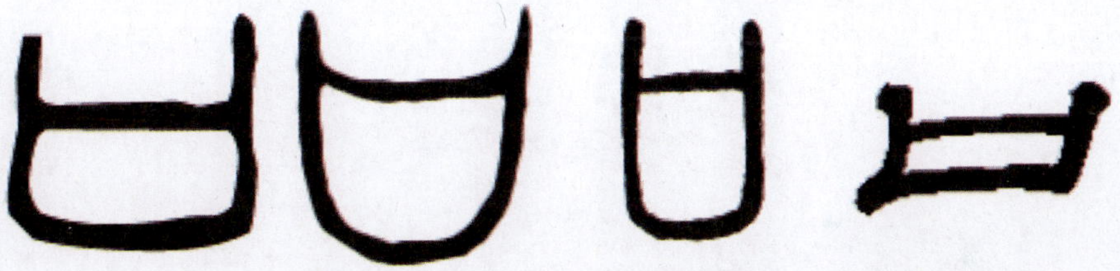

甲骨文　　金文　　小篆　　隶书

“口”是嘴巴，那“嘴”字又是什么呢？

“嘴”和“口”一早是有区别的。在古代，人们把鸟类的口叫“嘴”，人的口才叫“口”。甲骨文画

的是人的嘴巴，是口的形象。

“口”字就是人张口的形象，由于人的口可以呼吸空气，吞吐食物，可以张开、闭合，所以它引申的意义也很多。

比方说一个门进出的位置叫门口，门开着人能出能进，也把它比成像人吃饭的口一样，食物能出能进；两山之间的山谷，可进出大山，就叫山口；水井也像一个口一样，从里面系下水桶打出水来，能出能进，所以也叫井口；还有关口、缺口等，都是普遍使用了“口”的形象和意义。

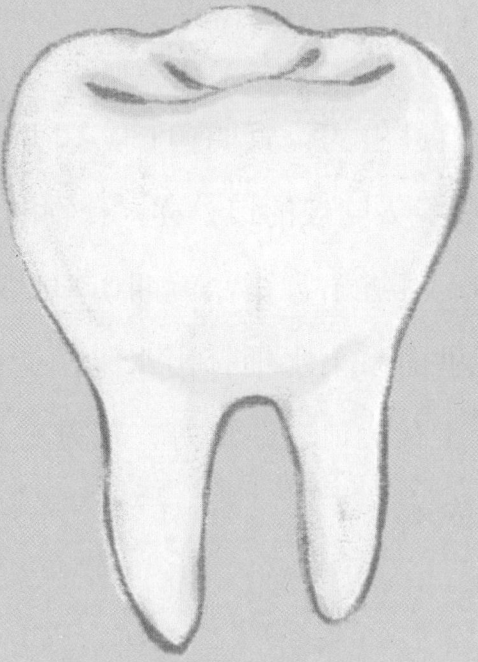

牙

汉字的延伸

牙

我们今天常说牙齿，貌似是一个概念，其实牙和齿是不一样的。古人把牙和齿分得很清楚，牙是牙、齿是齿。

从古文字看，“牙”指的是恒牙，也就是我们嚼东西时用的嚼牙，也叫大牙，主要是帮我们吃东西的时候磨碎食物，这是牙。

金文　　小篆　　隶书

从金文来看，就是上下牙嚼合。“牙”的金文没有刻成上下结构，而是左右结构，这完全是因为书写工具和书写材料的限制。小篆没有多大区别。

隶变时变化较大，下面的一笔拉得很长，它更强调了不是门牙而是大牙，像是今天所说的犬牙，我们往往又称“虎牙”。

楷化的“牙”字，今天看来更像一颗恒牙完整的样子，还带着牙根。同时还有的研究者认为，这被拉长的一笔是受象牙的影响，因为大象的两个大牙非常长。

总而言之，“牙”主要是指大牙、恒牙，也就是人们俗话说的后槽牙。它主要是帮助人们挤压食物，便于咀嚼，而不是前面的门牙。

齿

“齿”字画的则是门牙，古人把门牙叫“齿”。

甲骨文画了一个人张开大口露出前面的门牙的样子，也许哭，也许笑。字形中上下各有两颗门牙，正是“齿”。

“齿”字到了金文时，除了画出门牙的部分外，还把口上面一横改成了“止”字。“止”是一个脚印，还有停止的意思。

人的口腔，上颚是不动的，下颚也就是下巴是能动的。吃饭也是下巴频动，上面静止，所以用一个“止”表示静止不动。

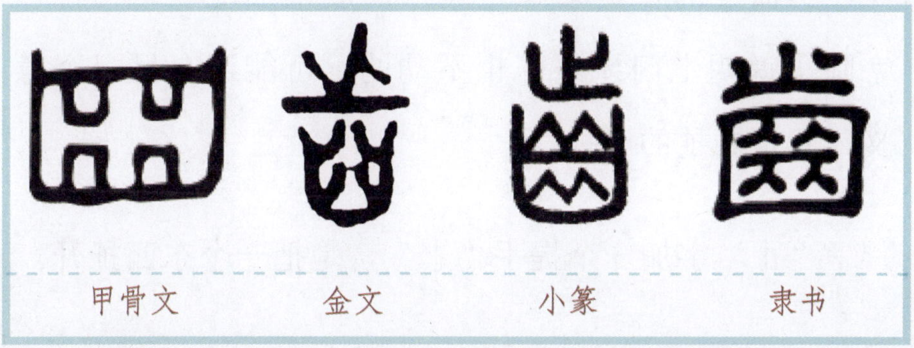

小篆沿用金文，隶书时“止”字稍有变化，变成三个点。

到了楷体时为了规范，就把上面的“止”字清清楚楚地写出来了，下面四个小人字形，表示上下门牙的排列，中间一横为区分上和下，周围一个口的轮廓。“齒”字标准地呈现出来了。它虽与“牙”都在口中，作用相近，但二者的字形却相差甚远。

汉字简化的时候，上面部分没动，把下面不管是多少个牙齿，都用一个人形表示。

“齿”的古文字本是象形，后来加上一个“止”字除了说明上门牙是停止不动的，可能还有另一个意义，就是撕扯的“扯”。

“止”字加一个提手“扌”，是把一个东西扯开。

人的门牙，实际主要的不是用来咀嚼，是吃东西的时候用门牙把它叼住、撕开。所以“止”在“齿”中除了表示上牙不动以外，还可能是扯开的“扯”字的省略，也有道理。

人文小科普

脸谱艺术

脸谱是中国戏曲艺术中独特的一环，其色彩绚丽，对比强烈，样式复杂且寓意分明。

历代民间戏曲艺人常常从民间传说、评书、讲史出发，采用写实与象征相结合的夸张艺术手法，以极具民族特色的图案形式来表现戏曲人物的年龄、性别、品格等综合特征，让观众能够第一眼最直观地感受到这些戏曲人物的内在表现。

脸谱具有强烈的伦理道德色彩，五官特征也都进行夸张变形处理，将最能表现人物神态的特征花纹化。比如大家较为熟悉的几个人物形象——几道黑纹线条的白脸曹操、双眼俊秀的红脸关羽、额头有白色月牙的黑脸包公等，其中红色为主色，表忠义勇敢，黑色表刚正不阿，白色则表奸邪狡诈。

脸谱不仅是戏曲演员们在舞台上的妆容，更是一种内含中国传统文化精神的装饰品艺术，深受世界各国戏曲爱好者的喜爱。

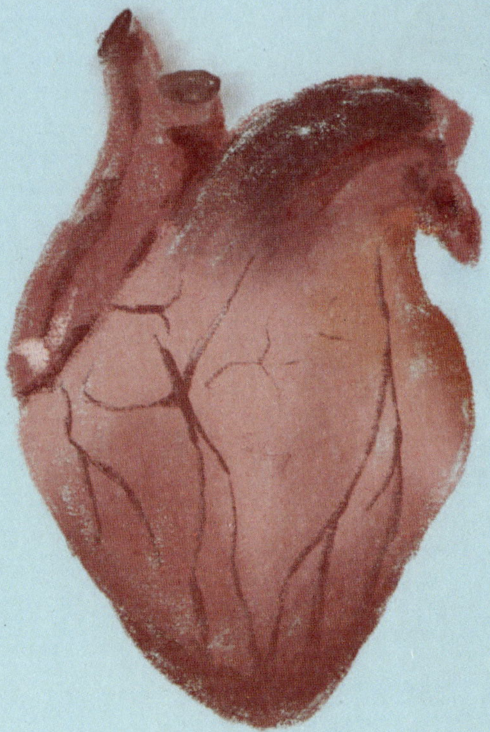

心

第二节 器官

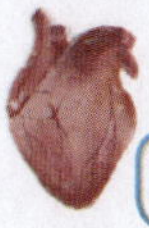

解字小课堂

心

心脏对一个人十分重要，如果心脏停止跳动，整个人就完了。

古人对心脏有独特的体会，发现“心”不仅仅能供给身体各部位血液，“心”本身还有思想在里面。

甲骨文的“心”是一颗心脏的形象，上面开口往外供血。

甲骨文　　金文　　小篆　　隶书

到了金文和小篆时，把心脏的形象画得更准确了，两边还画了粗大的血管，动脉和静脉，中间一点指心房。

古人在造汉字的时候，潜意识感觉到心脏是身体的中心点，它是身体机能的控制点。这个点是按照大自然的时间、节奏，来启动和调节心脏的跳动。

心字中间的一点“、”对中国古人来说有着非常深刻的内涵。

古人认为心脏的跳动不是我们主观意识上的决定，所以不论我们睡觉，还是醒来，心都在不停地跳动。

除了大修行的人才可以控制心跳外，一般人是控制不了的。控制哪里呢？那就是心脏中间的核心——“、”，或者说就是“心灵”存在的地方。

据现代科学实验报道，这个看不见的“、”，敏感得就像电子元器件一样，控制着心跳的节奏。它会因日照光线、自然声响等的影响，不断调节各种变化，以满足身体整个机能的需要。

“心”字到了小篆继承了金文的字体，仅在下面又引出了一个大血管。

隶变时“心”字写得很有特点，猛一看不像一个心脏，但意义还是非常清楚的。一个比较长带有弯勾的捺笔，大体表示了心脏的轮廓，上面三点分别是左动脉、右静脉，和中间的冠状动脉。

楷书规范笔画，就是今天的“心”字。

“心”组成的字很多，在组字的时候它有三种写法，它们所起的作用和“心”字是一样的。

一种是正体的“心”，如思、想等；一种是因为与其他字进行左右结构的组合时，写成的竖心“忄”，如情、怀等；最后一个是上下结构时的“⺗”，如恭敬的“恭”、羡慕的“慕”等，下面是“心”字的变形，不是大小的“小”字。

心脏是内脏中最主要的部分。后来的汉字发展中，内脏除了心脏之外，还有其他脏器，人们对此也都造了字，命了名。

人们对内脏的解剖认识比较晚，所以很多内脏的字都不为象形字了，都使用合体字造出来。

巿

“巿”字读音为“fú”，指古代朝觐或祭祀时遮蔽在衣裳前面的一种装饰，即今天的服装、服饰，因字形与“巾、布、市”相似，后被“服”字所替代。

“巿”字的金文像一件展开挂着的大衣，左右宽大的衣襟展开，可使衣服没有褶皱。小篆时字形与金文相同，和今天的一样书写。

金文　　小篆

“肺”字表器官指肺部，是人体的呼吸器官，形状为两片宽大的肺片于胸腔之中，像一个“市”字，于是人们取“市”字之形加肉月旁表示肺。

肺部主管呼吸，一呼一吸时肺叶不停地煽动，似飞翔的翅膀，于是变音为“fèi”，表呼吸煽动之意。

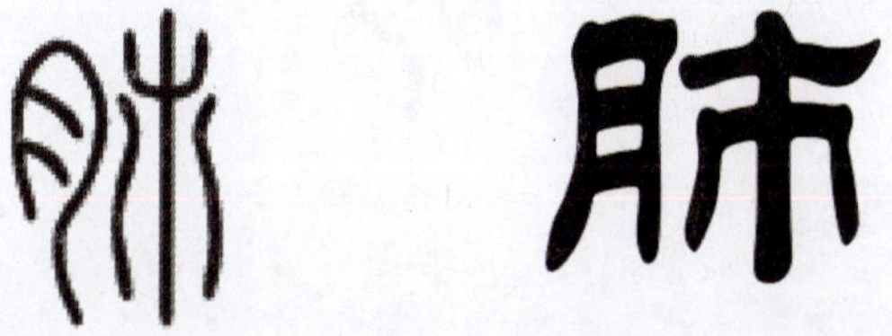

小篆　　隶书

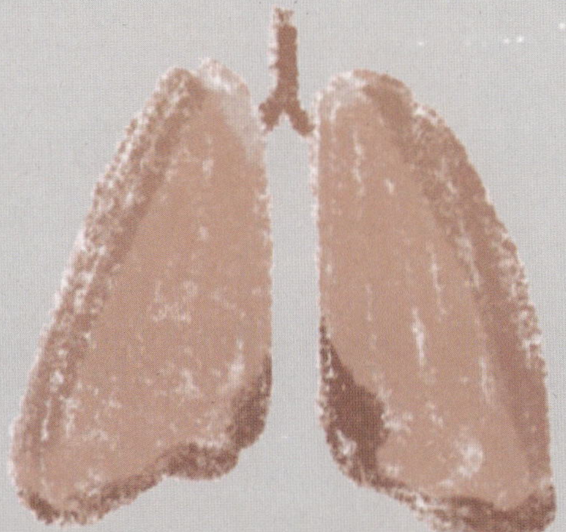

胃

“胃”字最初的古文字写作“田中四点”，像一个胃袋的样子，里面四点便是经口腔嚼碎的食物，古释为人体内容纳五谷之脏器——谷府，俗称“肚子”，有喂养之意。

后因其字形与“田、由、卤”等字相似，于是在小篆时加肉月底，写作“胃”，表身体的器官——胃部。

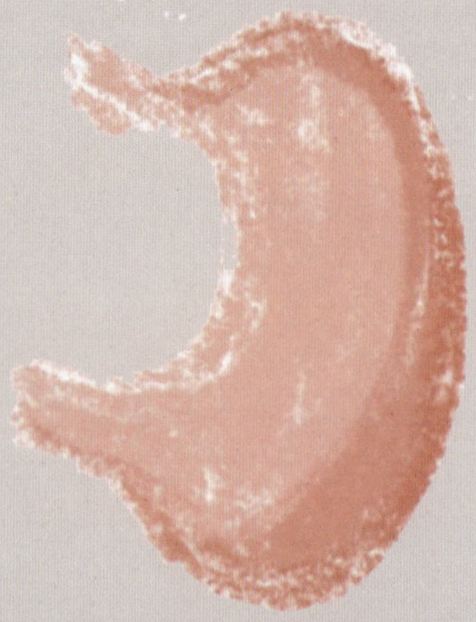

人文小科普

五脏六腑和五行

我国有个成语叫作“五脏六腑”，即人体内部器官的统称，也常比喻事物的内部情况。其中“五脏”即为心、肝、脾、肺、肾，而“六腑”为胃、胆、三焦、大肠、小肠、膀胱。

将人体内部器官分为“五脏六腑”的做法，实际上是传统中医根据脏腑组织的特征，再结合“金木水火土”五行学说类比联系而形成的。

因为古人将金、木、水、火、土五种基础元素视为构成万物的基础，这些五行元素之间的相互联系，相互制约构成了自然万物的发展规律。

“五脏六腑”的提出，正是五行学说在中医中的体现与应用。

肝
相生
膀胱
水
肾
相生
肺
金
大肠

胆
相生
小肠
火
心脏
相生
脾
土
胃

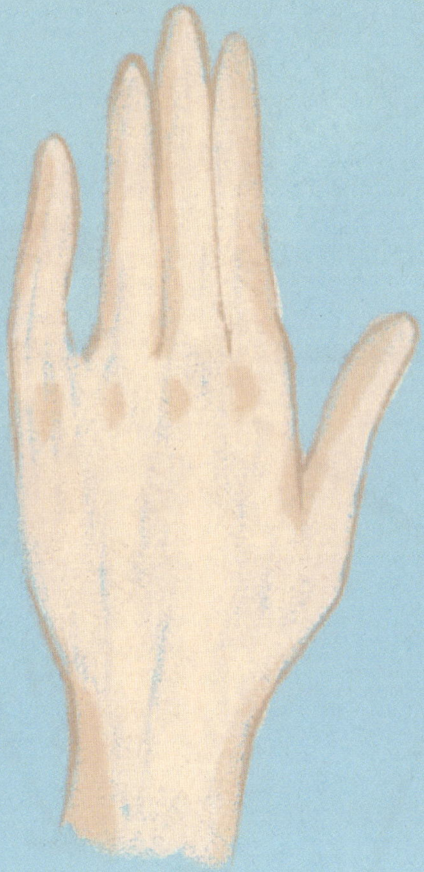

手

第三节 四肢躯干

解字小课堂

手

人类所有的创造都是由手来完成的，双手制造工具和进行劳动更是人有别于动物的重要标志之一。

“手”字在金文中就是画了一只手的形象，有五个手指头，还有整个的胳膊。

到了小篆时，五个手指的中指向一边歪斜，表示指头可弯曲。汉字的每个笔画是直还是弯，都是有讲究的。

隶书时，把上面弯曲的那个手指变成了一撇

shǒu gōng

手工

（丿），其他两侧的四指变成两横了，然后一竖勾（亅）是手掌和胳膊。

楷书沿用隶书字形，没做变化，就有了“手”字。

我们在讲动物部分的时候，讲到过“毛”字，那里提到过“手”。

手心向上，看到的是手掌，反转过来看到手背，手背上有汗毛。于是有解为反“手”是“毛”，这个解释亦很有趣味。

生活中人们的劳作离不开手，所以用“手”作偏旁造了很多字，表示用手劳作。如打、扛、提、捞、推等，都是需要手的劳作。

因书写的发展，古人对此进行了必要的简化，在隶书时就出现了今天的提手旁——扌。

汉字的延伸

又

人的手灵活多变，所以古人对它所造的字形就不单一。

但这只“手”究竟是代表右手还是左手，在我们看到它时就有很多争议。

今天的人们已经不再关心汉字从何而来了，自然左右的争议也随之不见了。但古人造字时却是很重视的，因为左和右可以帮助人们判定方向，对我们的生存有着重大的意义。

左右是非常有意思的一对，人们时常说不清，特别是两个人面对面的时候，彼此的左右正好是相反的。

但中国古人还是非常重视地造了“左”“右”二字。但在这之前，我们要先看看表示右手的“又（yòu）”字。

从甲骨文来看，“又”就是一个右手的形象。如果把我们的右手举起来，成自然抓取东西的状态，从侧面看， 那就是其甲骨文的形象。

甲骨文　金文　小篆　隶书

甲骨文的字形非常像人的一个右手侧面的形象。金文也是这样，线条很清楚，画得更长了一点，为什么就画三个手指头呢？

古人以三为多，而且造字不是写真，五个指头画五个，个别畸形的有六指，难道还要画六个不成吗？所以象形中兼有会意，笔画繁简适当，画三个就已经说清楚了。

人的右手非常重要，人们做很多事情都主要靠右手来完成，用右手反过来造字又产生了“ナ”。

“ナ”作为手的形象随后又造了“左”“右”二字，以及有没有的“有”。

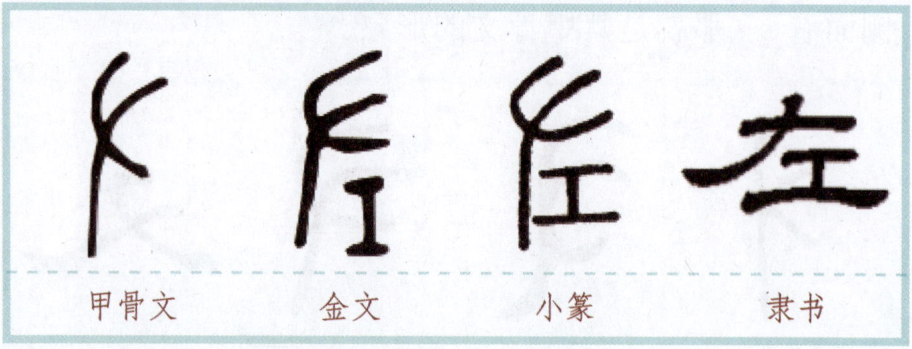

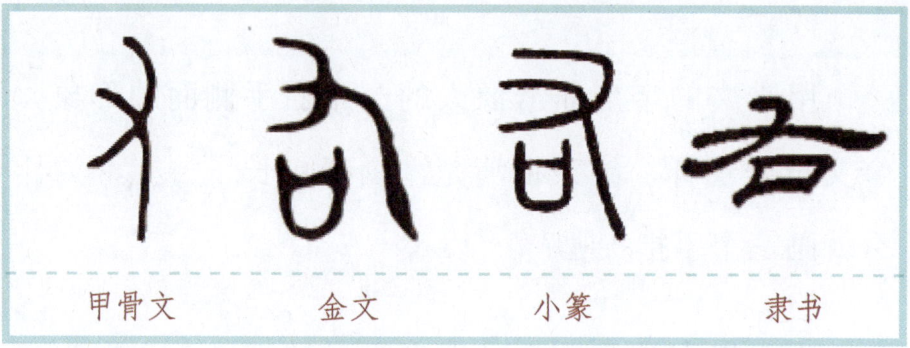

“左”字为手中拿一工具的样子，下方一个工具的“工”。而“右”字为手下一口，表示呼喊，今天人们呼喊远处的人依然是这一动作。

古人在劳作时，需要呼喊他人协作或稍有休息时，工具就托于左手，空出右手呼喊他人或纳凉喝水。于是，人们根据这一简单的分工造了“左”“右”二字。

从古文字的发展来看，我们依旧可以看出，在古人的小篆字形中，明显分了左右的方向。随着书写的统一，隶书时统一使用了“𠂇”形的书写。

寸

寸是中国古老的长度单位，今天人们已经很少使用这一单位，仅在裁制衣服时用到。但“寸”字其实来自“手”。

“寸”字就是画了一只手，并用一点（丶）指示这里就是寸的位置。

小篆　　隶书

寸除了是一个长度单位以外，也是一个名称，指手腕处的一个地方。中医中，把脉的地方就在“寸关尺”处。但今天人们几乎已经忘记了它的本意。

廾

人的左右两只手一起做事的样子，就是一个“廾

gǒng”字，这也是最早共同的“共”字。

甲骨文中，就发现了左手和右手一起的字，表示双手一起。

金文时，把中间的一笔拉长了，表示两手还拿着一个东西，不光是说两只手，而是表明两只手共同在做事情。到小篆时，仍旧是两只手。

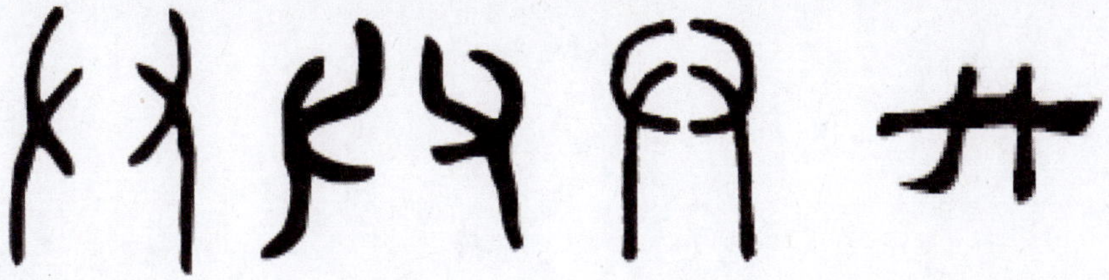

甲骨文　　金文　　小篆　　隶书

隶变变化比较大，两只手的手指连成一笔的横（—），把两只手各写了竖的一笔，就有了“廾”的字形。

“廾”一般不单独使用，它和其他汉字或汉字部件组合在一起来造字使用。比方说，我们摆弄东西的“弄”。

什么东西是古人经常爱用两只手摆弄呢？那就是一块美玉。中国人对玉有独特的文化情结，一个人如果得到一块美玉，就会经常拿在手里摆弄。

所以，摆弄、玩弄的“弄”上面是一个“王”字，其实就是一串美玉，下面的“廾”是两只手。于是，“廾”又叫作“弄字底”。

共

“廾”与共同的“共”字读音相似，“共”就是四只手的样子，两个人一块儿抬东西，使得四只手就成了“共”。

从金文看，字形像两只手抬一个盒子（口）。

小篆时，被抬的盒子写成了“廿”形，似人们以杠相扛，双手相托，四手合力。

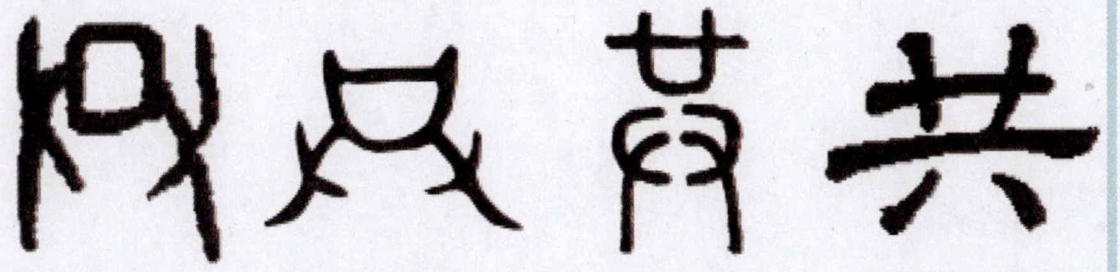

甲骨文　　金文　　小篆　　隶书

隶书去小篆笔画的圆润为今天的“共”形。楷书沿用，为“共同”之意。

此外，古人行礼亦是双手合十抬起，因强调手势，故加提手（扌），就有了拱手的“拱”；行礼必然内心敬重，故加心字底（⺗）为“恭”；等等。

我们讲了表示一只手的“手”，表示一只右手的“又”，以及由“又”衍生出来的“𠂇”，由此造了代表左右手的“左”和“右”。然后是表示两只手的“廾”，表示四只手的“共”。由此可见，几千年前的古人早已“心灵手巧”了。

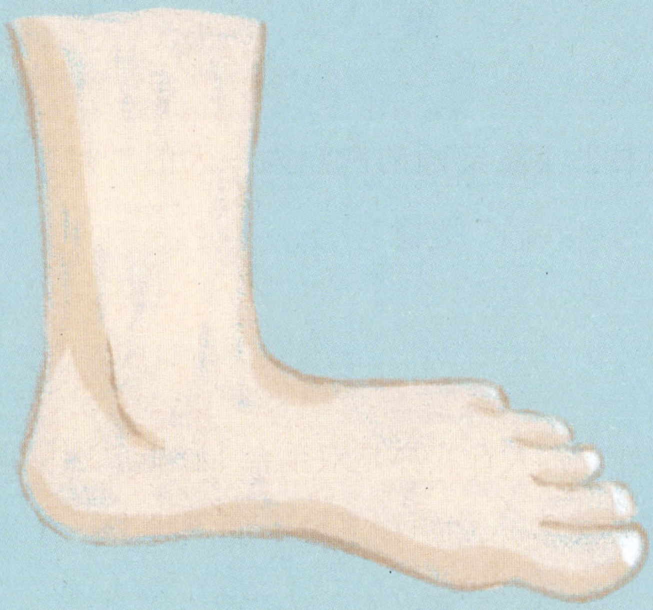

足

解字小课堂

足

我们现在一般认为“足”就是脚，但在古代却不是这样。

“足”本意是指小腿以下的部分。现在楷体字的“足”上面是个“口”字，下面其实是个“止”。这个“口”是什么意思呢？

在甲骨文中，我们可以清楚地看到画有小腿，下面是个大脚丫子，这条腿在膝盖处打弯。一个人走路的时候腿不能直着，是在用力走路的腿。

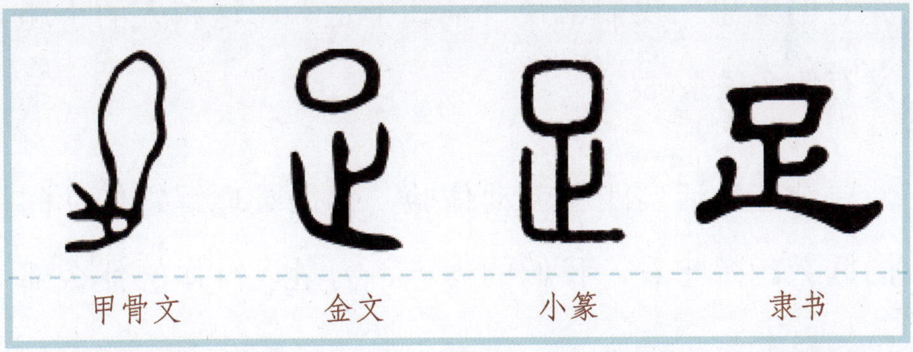

到了金文和小篆时，把膝盖部分画成了一个圆圈，下面就是一个“止”字，就定下了从膝盖到脚的这段

肢体叫“足”。

所以，我们在看到“足”字时，要知道是指人的小腿部分。后来，足下指脚下，并演变成对对方的尊称。

汉字造字的时候，有很多跟走路有关的字，往往用到“足”字，例如踢、跑、跳等，这些都是用了“足”做偏旁——足字旁“𧾷”。

此外，表示小腿以下的“足”字还有十足、满足、充足的意思。我们常说“干劲十足”，这和人的小腿又有什么关系呢？

没有生活实践和劳动体验，你很难理解它们之间的联系。想想看，我们的力气、力量以身体的什么部位为根本？

一个人就是一口气，当你负重扛起重物，身体哪个地方首先感觉到有劲没有劲？凡是负过重的人一定能够深深感觉到，首先是腿肚子承受力量。

俗话说的“腿肚子”就是指小腿，如果去尝试下举重，你一下子就能体会出“足”与“不足”了。

所以，古人的造字与用意是十分考究的，字与意有着必然的联系。

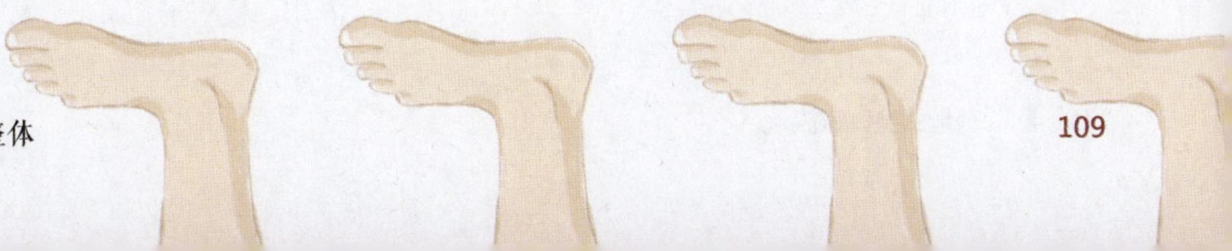

汉字的延伸

止

“止”，今天我们用作停止一词。

从甲骨文来看，就是一个大脚印的样子。脚印上三个向前的脚趾头，古人以三为多，画三个脚趾就代表五个，脚趾后是脚后跟踩的大印。甲骨文画得很清楚，特别突出了大脚趾。

手的甲骨文画的是一只右手，那么脚画的是哪只脚呢？

古人画的是一个左脚印，因为人在走路时，先迈出的往往是左脚。古人在造字时是根据仔细观察实际生活创造文字的。“止”的甲骨文是一个左脚端正的脚印。

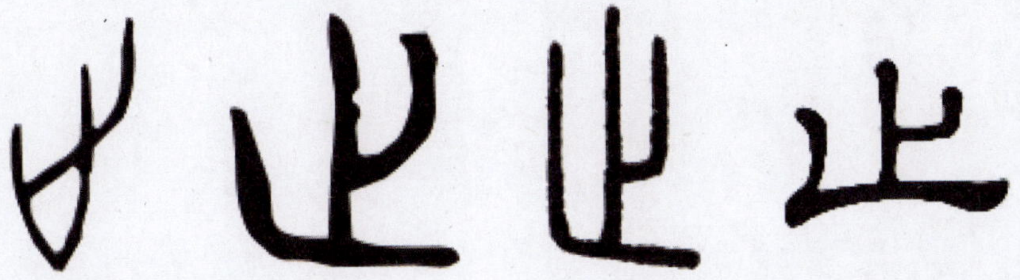

甲骨文　金文　小篆　隶书

金文、小篆中是把中间脚趾和整个脚掌写成竖直，小脚趾和脚后跟连成了一竖一折，右边仍旧是一个大脚趾的样子，进行了形象的线条化，字的整体形态没有多大变化。

在楷体规范化时，持笔者引入了新的想法，使“止”字与正确的“正”字相互有所关联。

正确的“正”，是在一个脚前面画一个方块，或者画了一横，表示正对着的意思。脚正对着前方，或对着前方的一个物体，一个人正对着它走。

当“止”再造字的时候，为了美观，往往书写在字体结构的左边，为了和另外一个字体配合，横（一）被写成一个提（㇀），例如此、歧等。但当为上下结构时，书写方式依然不变，例如步、肯、齿等。

一个脚印在那放着是停止不动的，所以“止”又有停止的意思。当“停止”这一意思不断使用时，古人就另造了“趾”字来专表脚趾。

一个脚印停止在那里，可那位留下脚印的先贤古人早已走了过去。所以后来，古人又造了“祉”字——福祉。今天我们正寻着汉字这一古老的文化脚印，探寻祖先的文明。

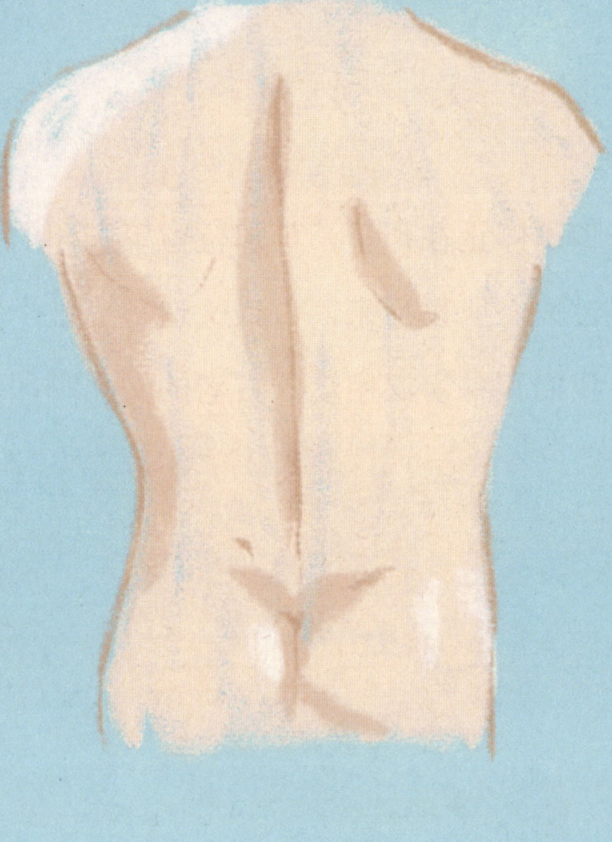

脊

解字小课堂

汉字中，代表人的躯干的是“脊背”，我们将分别介绍“脊”“背”二字。

脊

人的躯干支撑就靠脊梁，它是我们能够站立的重要部分。

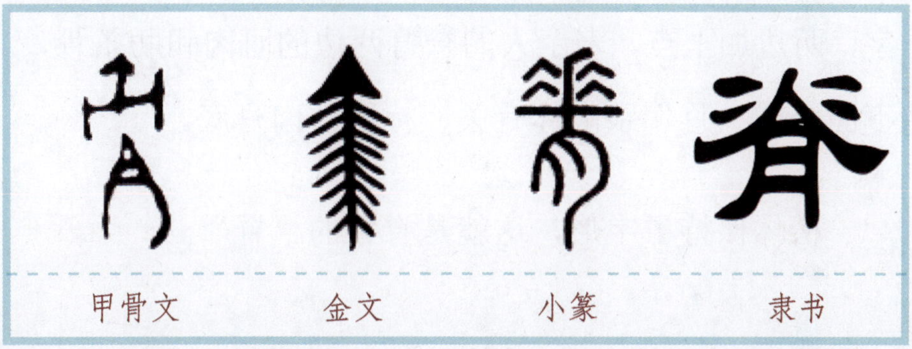

“脊”字在古文字中，画出了人的一根脊椎骨，两边还有肋条骨。

画出来以后，字形看着像植物的树叶或者花朵向两边分着开放的样子，不易看出是脊背来。所以，金文时在下面又加了一个肉月。

小篆则更加清晰，并有两种写法，一种写法同金文，另一个写法的主要区别在下面，画了两个圆圈相连的样子，这就是“吕”字。

“脊”字的小篆形体为我们引出来了另一个字——“吕”，今天我们简化写作“吕”，这个字紧接着我们就要讲。

在隶变的时候，“脊”的上半部就写了一个“人”字，两边加上点，表示人的脊背两边的肌肉和肋条骨，下面一个“月”跟肉体有关，标准的肉月底。

楷体保持了字形，这就是脊背的“脊”。

汉字的延伸

吕

在脊梁的“脊”字的小篆里，引出了“吕”字。如果说“脊”是人背部肌肉与肋骨的样子，那么“吕”就是纯粹的脊椎骨的样子。

“吕”字今天读音为“lǚ”，但原来的楷体当中写作“呂”，上下两个口，中间由一椎间盘连接，表示不是两个口，而是相连的两块脊椎骨。

所以从甲骨文、金文来看，画的都是长长的脊椎当中的两块，像两个“口”。

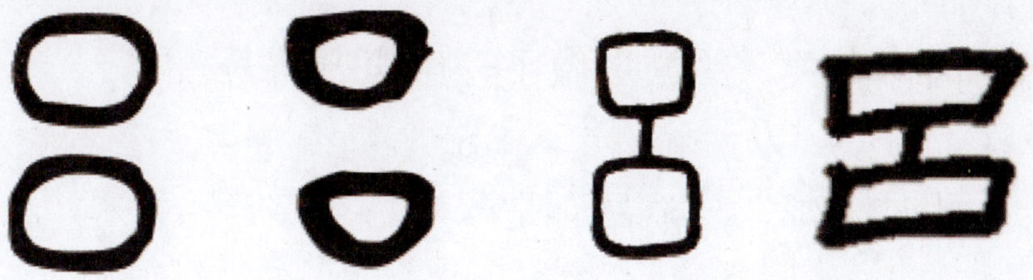

甲骨文　金文　小篆　隶书

在小篆中，特别强调了两块脊椎骨是连在一起的，隶书没有改变。隶变时，确定了两个“口”字中间一定要连起来，楷体定成“吕”。

简化汉字的时候，为了减少笔化，就去掉了中间那一点，又成了两个“口”字来表示“吕”，这也使字的本意表达不明了。

简化以后的“吕”字按照这一通俗的写法，我们常说是“双口吕”，尤其在说吕姓的时候。吕不是双“口”，而是说脊椎骨有“吕力”的意思。

这个字后来被做了姓氏，古人又重造一个表示脊椎骨的“膂”字。旅行的“旅”下面一个肉月表示与肉体有关，“旅”做了一个声音符号。

此时“膂”与“吕”是一对古今字。

商周时期，姜太公帮助周文王打得天下后，周文王封他为“肱吕之臣”。所谓“肱吕之臣”，就形容他如同周天子的臂膀和脊椎骨一样，对周天子帮助非常大。

姜太公原名姜尚，本姓为姜，因为被天子封号为“肱吕之臣”，所以就把本姓“姜”改成了“吕”，今天人们有时仍尊称他为“吕尚”。

古时天子赐字封名可是件大事，这就是吕姓的来历之一。

背

解字小课堂

背

讲“背”字，就必须认识“北”，不然理解起来有困难，你就找不到北了。

“北”就是两个人背靠背的样子，后来意思转移成了南北的“北”，它最早实际楷体就是脊背的“背”。

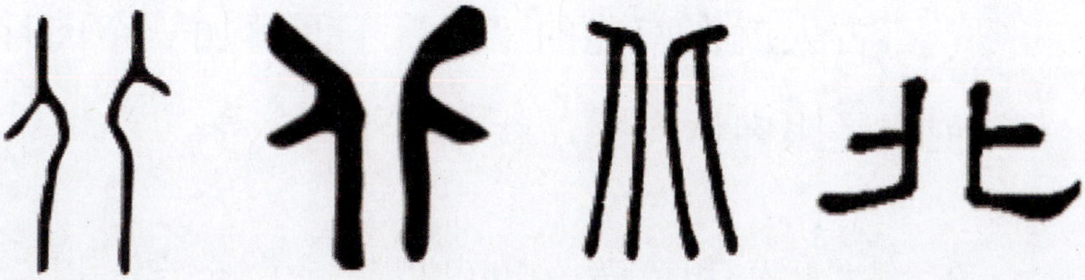

甲骨文　金文　小篆　隶书

从甲骨文来看，“北”是两个人背靠背的样子，金文也是这个意思，小篆仍旧是两个人背靠背。隶书还是人背靠背，不过不是站着了，好像两个人坐着背靠背。

后来的楷体字“背”就根据隶书楷化而成。左边一半写成“丬”，右边好像匕首的“匕”一样，它起了读音作用。“匕”和“北”声母同为“b”。

人的脊背对着的方向表示北方，使原本表示背部的“北”逐渐成了方向的指示，那脊背、背部怎么表达呢？

古人就在南北的“北”下面再加一个肉月，说明是跟肉体有关，就有了“背”字。

“北”和“背”也可以算是古今字。以后在遇到“东南西北”的时候，我们还专门来讲四个方向的字，它们各自是怎么变化而来的，后面就会讲到。

“背”指脊背，人们经常用脊背扛东西，就又有了背负的意思。

背部在身后，人们看不见，于是又把记在脑子里不用看的东西称为“背”，如背书，而且背书也是件辛苦的事情。

汉字每一个字往往有多种意思，其实都是从本身原有的意义一步步衍生出来的，唯有知道了它的本意，才能进一步理解和使用它的其他意思，才能感受到汉字文化的博大精深。

人文小科普

人类的直立行走

你是否有听说过这样一个谜语——“什么东西早晨用四条腿走路，中午用两条腿走路，晚上用三条腿走路？”

这就是传说中的斯芬克斯之谜，而其谜底就是人本身。

小时候，我们用双手双脚去爬。长大了，我们开始直立行走。年老了，我们借用拐杖行走。

实际上，这个谜语生动形象地描绘了一个人的一生，告诫我们要认识自己。

长久以来，人类的直立行走一直被看作人类出现的标志，这也是古人区别人和动物的原则。

而对于人类为什么要直立行走，学界对此众说纷纭。

科学家认为，直立行走消耗能量更少，更加高效；哲学家认为，直立行走是人类活力的表现，是人类自身意愿的体现，人类通过直立行走来创造一切；艺术家则认为，人最原始的审美冲动便是直立行走。

根据白双法专著《双法字理》改编

6

汉字大家族

实用的器物家族

白双法 著

江苏凤凰文艺出版社
JIANGSU PHOENIX LITERATURE AND ART PUBLISHING, LTD

图书在版编目（CIP）数据

汉字大家族 . 6, 实用的器物家族 / 白双法著 . --
南京 : 江苏凤凰文艺出版社 , 2020.2
ISBN 978-7-5594-4575-9

Ⅰ . ①汉… Ⅱ . ①白… Ⅲ . ①汉字 – 通俗读物 Ⅳ .
① H12-49

中国版本图书馆 CIP 数据核字 (2020) 第 014333 号

汉字大家族 6
实用的器物家族

白双法　著

出 版 人	张在健
责任编辑	刘洲原
特约编辑	陈忠坤
装帧设计	丁　瑶　孟　迪
责任印制	刘　巍
出版发行	江苏凤凰文艺出版社
	南京市中央路 165 号，邮编：210009
网　　址	http://www.jswenyi.com
印　　刷	厦门市竞成印刷有限公司
开　　本	787 毫米 ×1092 毫米 1/16
印　　张	51.5
字　　数	332 千字
版　　次	2020 年 2 月第 1 版　2020 年 2 月第 1 次印刷
书　　号	ISBN 978-7-5594-4575-9
定　　价	220.00 元（全七册）

江苏凤凰文艺版图书凡印刷、装订错误可随时向承印厂调换

目　录

古代器物门类复杂，包罗万象，有衣、食、住、行、文、武、礼俗等各个方面。我们这里所讲的汉字的器物家族，正是从与古人生活息息相关的各种器物进行讲解，包括衣食住行和文武杂用两大类。其中包含了衣、食、住、行、武用（武器）、文用（文器）、杂用（农具）等七个小类。

第一章

衣食住行

“衣食住行”家族与人们的日常生活密切相关，共包含布衣丝巾（丝、匹、衣、巾、带、冒），饮食器皿（鼎和鬲、酉、豆和壶、斗和升、匕和勺），房屋居住（宀、高、户、门），车船同行（行、车、舟、凡）四个方面的汉字。

丝

匹

巾

衣

第一节 布衣丝巾

解字小课堂

丝

古人用皮、革、麻、丝等各种材质做成衣服。早在 4700 多年前，古人就有了丝织品。丝指的是蚕丝，在人类历史上能够把自然物简单加工后使用的就是蚕丝。

甲骨文刻画的是两股丝线，金文和甲骨文基本相似，小篆只是做得更规矩了。

到了隶书时，不管上半部分了，把下面的丝绪写成了四点。整个字形，甲骨文、金文、小篆和隶书，写法一致。

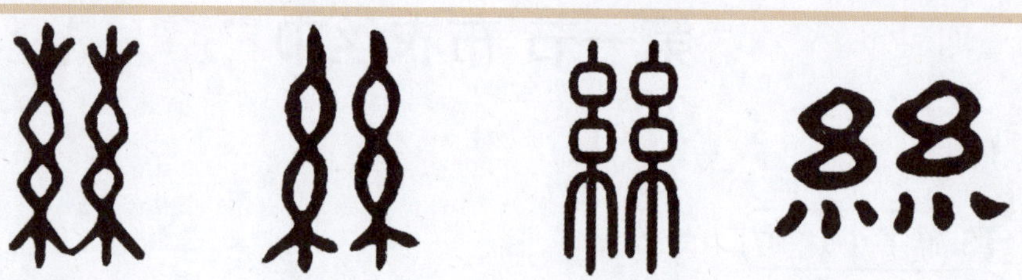

甲骨文　金文　小篆　隶书

到楷书时，丝绸已经很成熟，文字也更具文化的概念，在象形的基础上补充了文化。楷书时将一侧下面的丝绪写成三点，一侧写成小，表示一股、一股细小的丝穗或绪。楷体字“絲”，有形、有意、有音。

汉字简化时，为了书写方便，参照隶书做了改写，下面的丝绪写成一横，这就是今天的“丝”。

“糸”在今天表示一根或一股丝线的意思，读音为“mì”，是丝的二分之一。糸与分泌的“泌（mì）”同音，指蚕吐出的一根丝，古有“蚕者为丝、麻者为缕”之说。另，糸古音为“sī”。

古人在造字时通常把需要集群出现的事物用两个来表示多的意思，丝就是这样，于是画两个单股的糸。

两股糸拧到一块才叫丝。此外“艸”“竹”也是这样造的。

丝绸在人们的生活当中占有极为重要的地位，人们的衣服为丝、麻所织，所以用丝旁归类，简化为单股的“纟”代表丝线。实际上“纟”不仅是“丝”字的省略，也是“糸”字的简写。

早在新石器中期，中国古人便开始养蚕、取丝、织绸了，桑树和蚕的养殖方法曾在黄河流域广泛流传。传说中，黄帝的妻子嫘祖发明“养蚕取丝”。

我国考古学家曾在河南荥阳青台遗址中，发现了距今约5500年的丝绸碎片；世界上最具影响力、距今5300年的大汶口文化考古中，也发现了丝绸织品。

如今四川蜀锦、苏州宋锦、南京云锦等丝织品中的优秀代表，仍在世界上享有很高盛誉。

匹

量词“匹”最早是指中国丝绸的布匹。人们制出了丝，丝可以直接编织衣或帽子，也可以织成布对折卷起来存放，待需要时再裁剪。匹就是丝织成布存放的样子。

“匹”的古文字像把布的两边折起来，卷成一层层的样子。小篆变成了一边展开，中间为卷的样子。隶书、楷书根据小篆形体规范为“匹”。

所以匹最早为布料两边卷起，对折起来的样子，两部分大小一致相配叠起，故有匹配的意思。

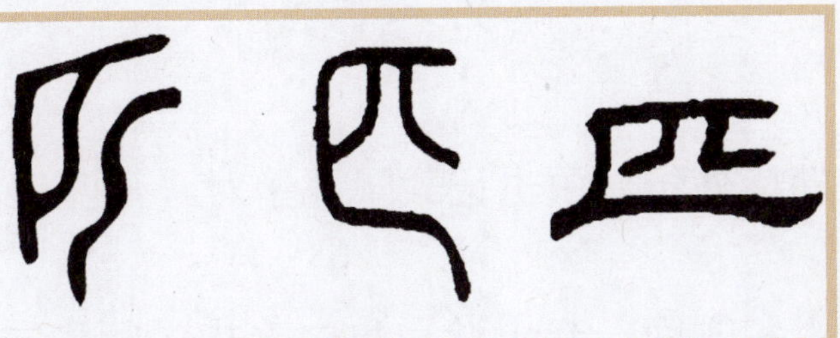

金文　　小篆　　隶书

一匹有多长，每个朝代都不一样。布织出来很长很长以后，在交换的时候，不容易测量它，于是人们就把它按一定的长度从两头对折卷到中间，称之为一匹布。

今天，我们在绸缎店依旧能看到一匹匹折好的布卷。需要用的时候，人们翻转任何一边都很容易将它展开。

一匹匹布躺在柜架里，你就能看到一个个的“匹”字。

表示马的量词也称为“匹”，是用了匹配的意思。单独的马没有马鞍，要使用马就必有鞍辔，二者匹配在一起，才是一匹马。马鞍垫正好两半，就像布匹叠起的样子。

《韩诗外传》中也记载了孔子对“马匹”的解释。

孔子和颜回一起出游登鲁之泰山，师生二人向东南眺望，极目千里。孔子问颜回能否看到苏州阊门（阊门是苏州古城的西门）。

颜回远眺答道：“门外有一匹练，前有一束生蓝（练是洁白的熟绢，生蓝是草料）。”

孔子听了大笑道：“那不是一匹练，是一匹白马在吃草。”孔子继续解释道：“在阳光下，马的影子有一匹长，也就是长达四丈，故此称马为马匹。”

衣

衣服是布匹最好的呈现方式。

“衣”的甲骨文画了一个上衣的形象。有领子，两个袖子，还有对叠的衣襟。

到了金文以后，字形有变化，但大同小异。小篆线条化就做得更像了，把衣领上的头部突出，线条更标准，有着长长的衣襟。

隶书、楷书规范为“衣”。自东汉后期楷书定形直到今天，“衣”字再没有变化过。

甲骨文　金文　小篆　隶书

衣服有很多分类，如裤子、棉袄、袍子、裙子、内衬、长衫等，这些都用“衣”字做偏旁归类，就有了衣字旁——“衤”。

此外，衣服打开了还能包东西，最典型的就是包裹的“裹”字，还有褒义的“褒”等，古人造字时，很形象地把衣服的用途表达了。

“衣”的样式曾流传千年，在新中国成立初期人们还能看到。但今天衣服样式早已更替，它原本古老的样子只能在古装戏剧中才看得到了。

巾

巾就是一块布，戴在头上叫头巾，拿在手里叫手巾，挂在腰间叫腰巾。

从古文字的形状来看，“巾”很可能就是放在身体前面的一块遮羞布。

金文、小篆、隶书没有任何改变，一直到今天还是这个样。巾是一块腰间的佩巾，常常系在腰间伴人出行做事，于是时常的“常”字下面为一个“巾”字。古时“常”与衣裳的“裳”的音近、意近。

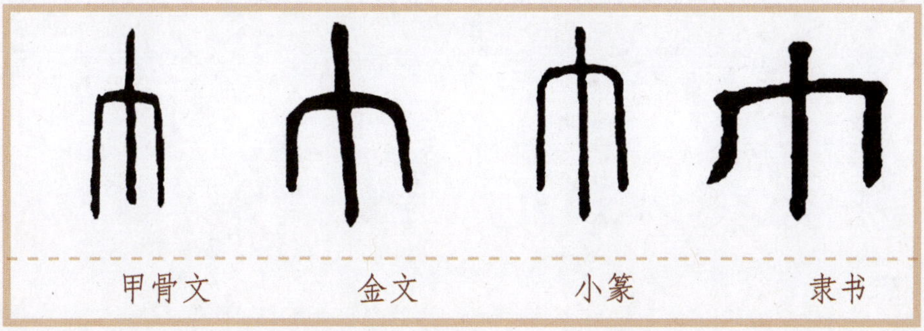

今天，人们手拿一块小布也称为“巾”。其实，“布”字就是由此而来，巾上一只手“𠂇”，最早“布”为金文。

钱币的“币”下面也是个巾，表示与布有关。“币”字原来写作“幣”，上面为“敝（bì）”表破烂的意思。这一块坏布怎么就能是货“幣”呢？

原来古时布匹、丝绸是可以做货币来等价交换的，因布匹可以裁切，便于结算。“幣”字上的“敝”字其实是“撇”，“撇”就是撕的意思，表示将布匹裁切作为货币结算，后在书写上“幣”字笔画烦琐，汉字简化时用一撇“丿”取代了上面的“敝”，简化写成了“币”，仍表明与布匹有关。

带

巾常系在腰间，随后逐渐演变成了腰带。“带”是今天的简化字，实际写作“帶”。

金文似一根带子来回穿插的样子。小篆时怕表示不清楚，下加了“巾”。在腰间用一根带子系住宽大的衣襟，扎起的衣服似字形中的皱褶。

隶书时书写趋于工整，楷书再次进行了规范化，这就是繁体“帶”字，今稍做简化为“带”。

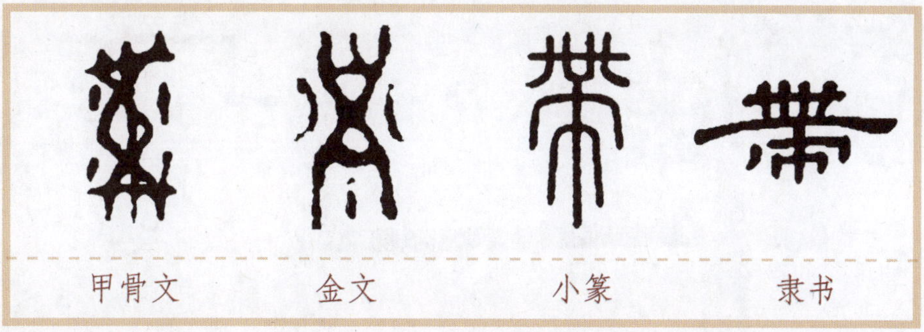

今天人们所穿的上衣和裤子都已是现代的衣裤了。老式的衣襟和裤子都十分肥大，要扎腰带或裤带，俗称裤腰带，其多为布带。扎好腰带的衣服须经打理，不然看上去会有很多褶皱，影响美观。

这种需要系大带的衣裤，在边远的山区也许还能看到。

冒

最早的帽子就如金文所画，像一个盖子，就是今天流行的套头帽，后写成了“冖”。今天把它叫“秃宝盖”，因为与之对应的有宝盖头“宀”。

金文

“冖”读音为“mì”，其形状像帽顶，两侧像帽子下垂的边缘，古代人用“冖”来表示帽子的样子是十分形象的。也是数学中几次幂的“幂”字省略。“幂”就是帽檐一次、一次再往上翻。

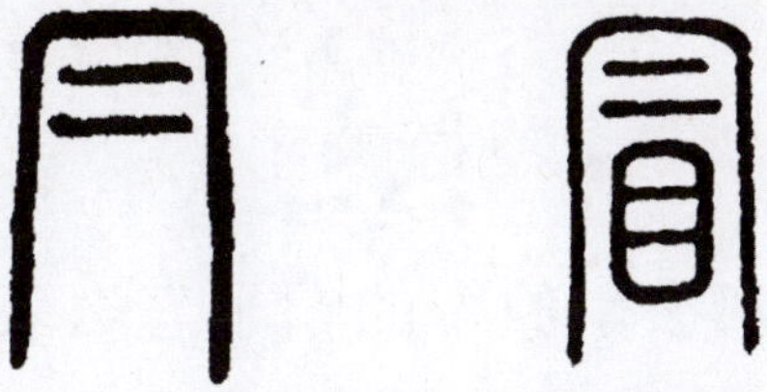

小篆①　小篆②

小篆时给“冖”加了叠痕，就是“冃（mào）”字

（小篆①）“冃”在古代表示帽子的意思，从形象上说，与帽子更加相似了。但它与“曰”或“日”字很相似，容易混淆，于是小篆的另一写法在下面又加个目（小篆②），说明眼睛上面的一个东西。眼睛上面的一个盖子是什么呢？那不就是帽子吗！小篆时就有最早的“冒”，这便是帽子的“冒（帽）”。

隶书

隶书中依旧“冃、冒”二字通行，都指是头顶所戴的帽子。

今天“冒”已经没有帽子的意思了，专指露头冒出的意思。一个人从低处起来一定是先露出头上的帽子，所以把它借用于冒头，冒出。

那么，原本的帽子怎么表示呢？帽子多用布做，于是再加个“巾”表示布做的为头上戴的帽子。“帽”的字形最早出现在隶书中。

人文小科普

丝绸之路的形成

西汉时期，为了平定西域各国的战乱纷争，弘扬汉朝国力，汉武帝两次派遣张骞出使西域。

第一次出使西域使汉朝对西域的地理、物产、风俗习惯有了比较详细的了解，为汉朝开辟通往中亚的交通要道提供了宝贵的资料。

第二次出使西域时，张骞带领浩浩荡荡的使团，牛羊、金帛等价值“数千巨万”的货物来到西域各国，受到了西域各国的热情欢迎，并且由此建立了汉王朝与西域各国的交通网。

可以说，张骞通西域开辟了中外交流的新纪元，正式开通了这条从中国通往亚、欧、非大陆的陆路通道。

我国古代的丝绸、瓷器、茶叶等商品是最具代表性的出口物资，其中尤以丝绸的出口量大。因此，这条陆路通道被称为“丝绸之路”。它最早来自德国地理学家费迪南·冯·李希霍芬（Ferdinand Von Richthofen）1877年出版的《中国》中的描述。

这条东西通路，将中原、西域与阿拉伯、波斯湾紧密联系在一起，它是中国与西方世界相互了解的最早窗口之一，也是中国古代西域少数民族接受先进文化、了解外部世界的重要通道。

shā mò xíng tuó

沙漠行驼

第二节 饮食器皿

解字小课堂

鼎和鬲

鼎和鬲既有相似之处，又有不同之处。

它们都是烹煮食物的锅具。不同的是，在构造上，鼎为四足方形，而且足是实心的；鬲为三足圆形，足是空心的。在材质上，鼎为青铜器铸造；鬲在古时主要是陶器。

鬲的三足这种设计主要是为了提高锅的加热效率，空足煮水的效率也提高了很多。

后来，鼎与鬲混用，但四个腿有一个弱点，四点一个平面并不容易掌握，而三个腿就容易多了。于是陶鬲也好、铜鬲也好，多为三足。铜鬲流行于商代至春秋时期。

在历史上，也出现了“三足鼎立”这样的成语。

鼎

人类生存最主要是要解决吃饭的问题，吃饭首先得有锅。人们没有锅做不熟粮食，吃不成饭，所以我们先说说古代最早的锅——鼎。

器物鼎从甲骨文来看非常形象，有耳、有腿，突出了一个大肚。金文时，字形依旧，还多画出了鼎身的花纹。

实际上鼎既有圆的，也有方的。到了小篆，比较规整对称书写为方鼎，下为鼎的腿。隶书、楷书依形而画未做修改。

甲骨文　金文　小篆　隶书

“鼎”在中国文化中有着十分深远的含义，被认为是古代王权的象征，古有成语“问鼎中原”就出自《左传》。

传说古代夏禹铸造九鼎，代表九州，作为国家权力的象征。夏、商、周三代以九鼎为传国重器，为得天下者所据有。九州乃豫州、冀州、兖州、青州、徐州、扬州、荆州、雍州、幽州。又有成语“一言九鼎”。

鬲

鬲是古人做饭的一口锅，主要为三足圆形。“鬲”的甲骨文字形画的就是一个圆的锅。

鬲的甲骨文和金文，非常像一个圆的、三足的器物。到了小篆变化较大，把粗粗的三足，线条化变细了，中为鬲肚，上有盖。隶书基本上根据小篆规范，楷体时书写为“鬲”。

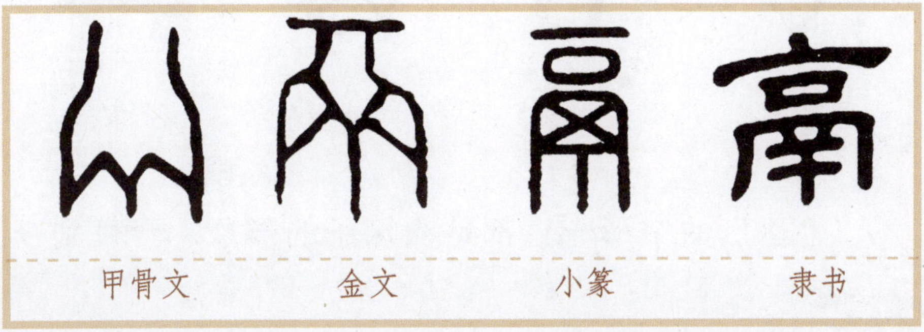

酉

酉的形状像一个酒坛子。

甲骨文画了酒坛子的样子。金文也明显画的是一个酒坛子，上有盖，下有一个大肚，还有一个细长脖子，和现在的酒坛子区别不大。

到了小篆时，字形线条化，隶书有好几个形体，都特别画出来了盖子，且肚里有酒水。

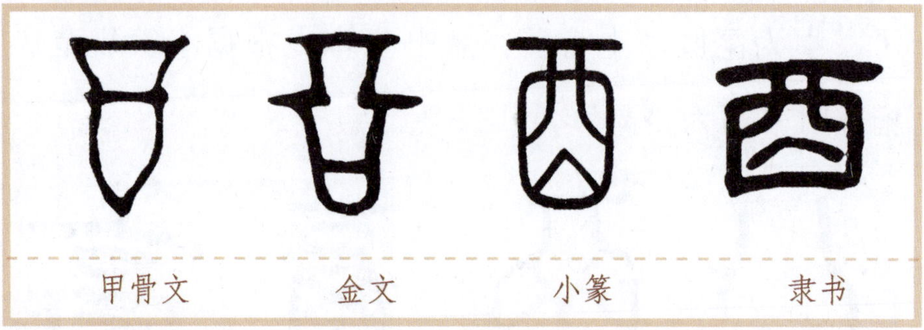

“酉”的字形一直都是酒坛子的形象，一直到今

天，我们仍旧可以看出字形上头有盖，下面为酒坛子，坛子的那个细脖子，以及酒坛中的酒水。

另外这个“酉”字和东南西北的“西”字，非常像，区别在哪？区别就在里面有没有一横，没有这一横就是东南西北的“西”字，有这一横表示装有酒水的酒坛子，就是“酉”字。

中国汉字为象形字，很多字容易形近，形近就容易混淆，这里是有秘密的。为什么“西”“酉”二字形体接近呢？难道古人造字的时候，就不知道这两个字太相似了容易混淆吗？

原来，十二时辰中的酉时，就是太阳落山的时候。古人在酉时收工回家，喝上点儿酒，然后热乎乎地睡下。倦鸟归巢，鸟也落到了窝里。所以，“酉”和“西”字形是相似的。

我们学习汉字的时候，不能只从表面上看字形，光说它们怎么之间很相似，易混淆，而不明白为什么，这样只能使汉字更无规律可循。我们要理解汉字接近、相似的原因，明白其中的文化，这样字形字义就明朗多了。

豆和壶

豆和壶都是一种容器。古人祭祀时，盛肉用“豆”，盛酒时则用“壶”。

豆

“豆”在今天指豆子，但一开始却是指一个大口的器皿，是人们吃东西用的。

“豆”在甲骨文里很像我们今天的高脚杯，敞口无盖高托。

到在金文时加上了盖子，或像个盖子的东西，高脚依旧。

小篆、隶书保持字形，仍旧表示的是一个器皿。

一直到楷书，演变成今天的字形——豆，底下两点和一横是高脚与底座。

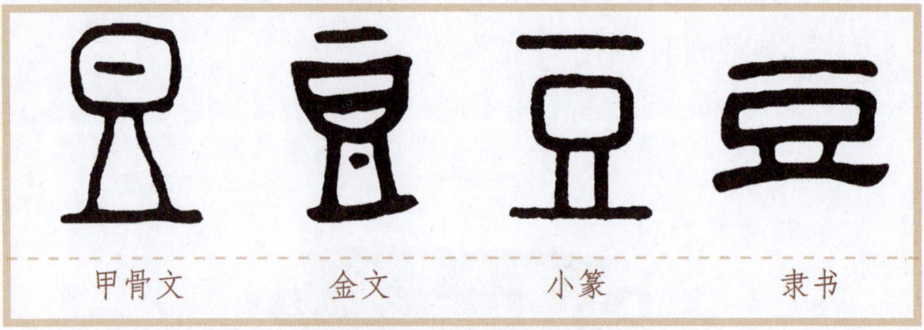

“豆”本是个容器，为什么今天用来表示食物这个概念，成了咱们吃的黄豆、黑豆、豆子的豆呢？这也与古代祭祀有关。

古代祭祀时要使用“豆”这一器皿。在祭祀时，杀牛、杀羊、宰鸡、屠猪等，都不是一般的人能做到的，那得是天子、诸侯、大夫等阶层的人。

祭祀哪一级是杀牛，杀几头牛，哪一级是杀羊，哪一级是宰鸡，都有严格的规定，不能随便。

那平民百姓要祭祀祖先，怎么办呢？就用了豆制品。豆制品在今天被认为是具有高营养价值的食品。

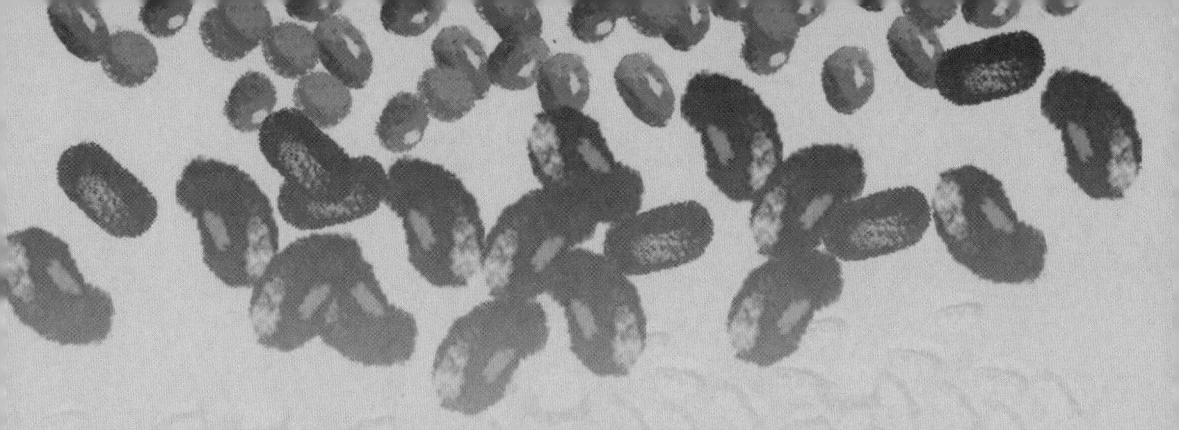

今天很多提供素食的菜谱都是用豆制品做的，例如常见的素鸭、素鸡等，以此相当于肉。百姓祭祖常用豆器盛豆制品表示恭敬，久而久之，豆就代表了代表豆制品。

古人用一个字表示两个概念，已不新鲜。后来人们怕混淆，又在“豆”字上加了个草字头“艹”造了“荳”字来区别。这才是原本植物的荳子，“豆”还是表示器皿。

随着岁月的流逝，人们逐渐忘了这一经历，为了简化书写，“豆”被沿用下来，就成了黄豆、黑豆的豆。

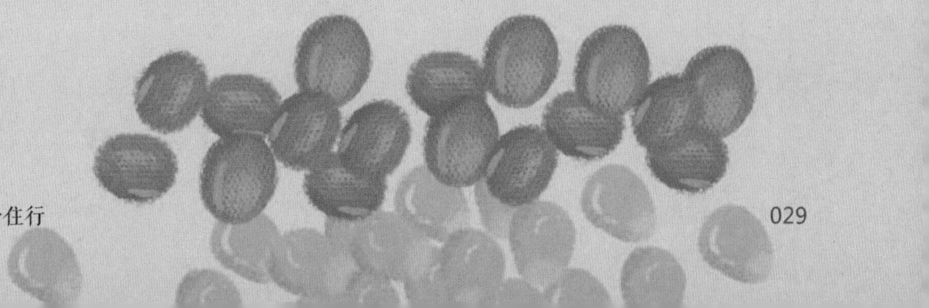

壶

古人盛肉用“豆”，那么喝酒就得有一个盛酒的器皿——酒壶。“壶”就是酒的容器。

“壶”的甲骨文非常像一个古代青铜器做的“壶”，上面是盖子，两边还有耳。这个壶的肚比较大，以便盛酒，上头比较细，下面有个座儿，放着很稳当。

金文画得更像，和甲骨文相比，既简单又形象，那个盖儿很明显。小篆时把盖子突出，壶盖儿像个“大”字。

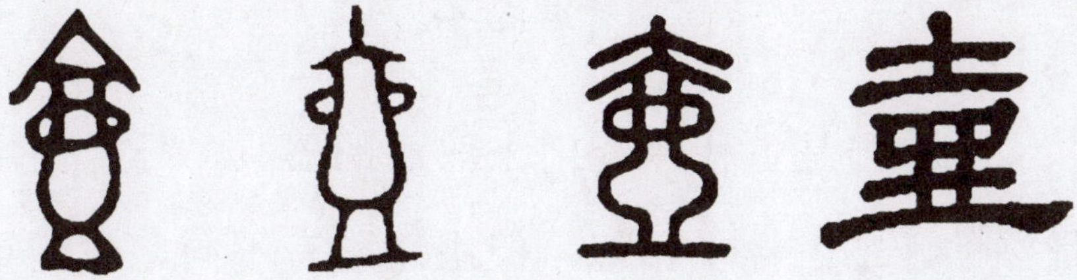

甲骨文　　金文　　小篆　　隶书

到了隶书经过了隶变，字形变化比较大，但是仍旧不失盖子、壶耳、壶的中间肚子和下面的底座等形象。

到了楷体字“壶”，唐人书写时将上面的盖子变成了像个“土”或者“士”，又因为壶有两个耳提，所以强调的两个耳子的部分在，还是这个壶，中间是肚子，底部是壶的底座，这就是楷体的“壶”字。

楷体仍旧和甲骨文、金文、小篆一脉相承，还是画了一个两边都有耳提的，由青铜器做成的“壶”字。

简化汉字的时候，字形上面的盖子没有变；下面表示两耳子的，也没有变；只是下面肚子的这部分，因为笔画曲折较多，进行了简化，这就成了今天的“壶”字。

斗和升

斗和升是古代两个用来取酒的器具，是专门用来量酒的。二者样子相似，但用途稍有不同。斗侧重于取酒，升也许侧重于饮酒。

古人喝酒是很讲究的，从存酒到取酒，再到喝酒，都有规定的器皿，且能确保喝酒的量。

斗

甲骨文的“斗”字是一个有着长把、大头的勺子，跟今天舀水的瓢相似。

在金文中，似乎是个方头的斗，依旧有一个长把手。

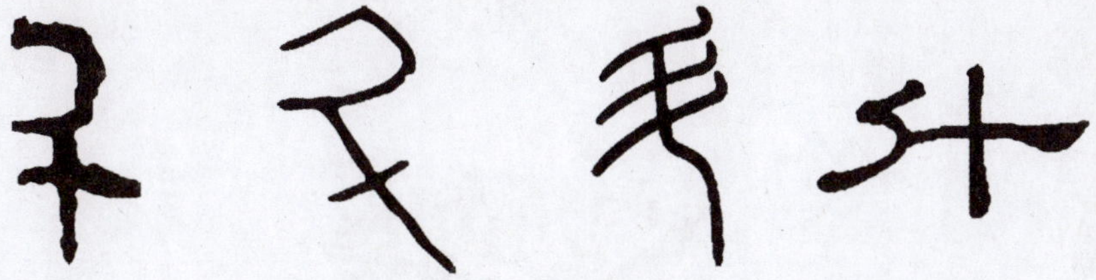

到了小篆以后，不怎么像了，变成了上头为三个斜线，中间一个拐弯。

隶书写得更清楚，与甲骨文、金文一致，还是长把儿长勺子的样子。

草书楷化，就是今天“斗”的字形了。左上两点也许暗指是少许的酒水。

这个“斗”的本意没有别的，就是古代的一种盛酒的器皿，也是量酒的一种量器。所以，古人喝酒时说喝几斗、喝几升。

这种沉重的青铜酒器多为王侯贵族所用，后逐渐被淘汰，仅作为权力的象征。但它的样子和用途被保留了下来，用于盛放和称量粮食，成一种常用、耐用的量器。

升

关于“升”字，有的人认为，甲骨文的斗也是升。

甲骨文、金文、小篆，“斗”和“升”二者的字体很相似，小篆时似乎升的勺头中多了一横，但总体上还是一致的，因此，可以认定都指同一个东西。

但是到了隶书以后两个字字形就区别开了，斗是带着长把手的，升是无把手儿，似有足。升没有把手，饮酒时需两手捧起。

所以从隶书开始，“升”下面似两个手“廾”字隶书后定型，楷书依旧。

那么从今天的考古发现，具体的器物升和斗多少有点变化。早期的“升”确实没有把手，必须两手捧起，所以有高高升起的意思。

升和斗的命运一样，后来逐渐成为粮食买卖的必备用具，用于盛放和称量。这和古人的劳动生活有着紧密的结合。

悠久的文化在历史的长河中有着多次的变迁，斗和升从贵族的酒器演变成百姓的量器，不能不说是一次变迁。

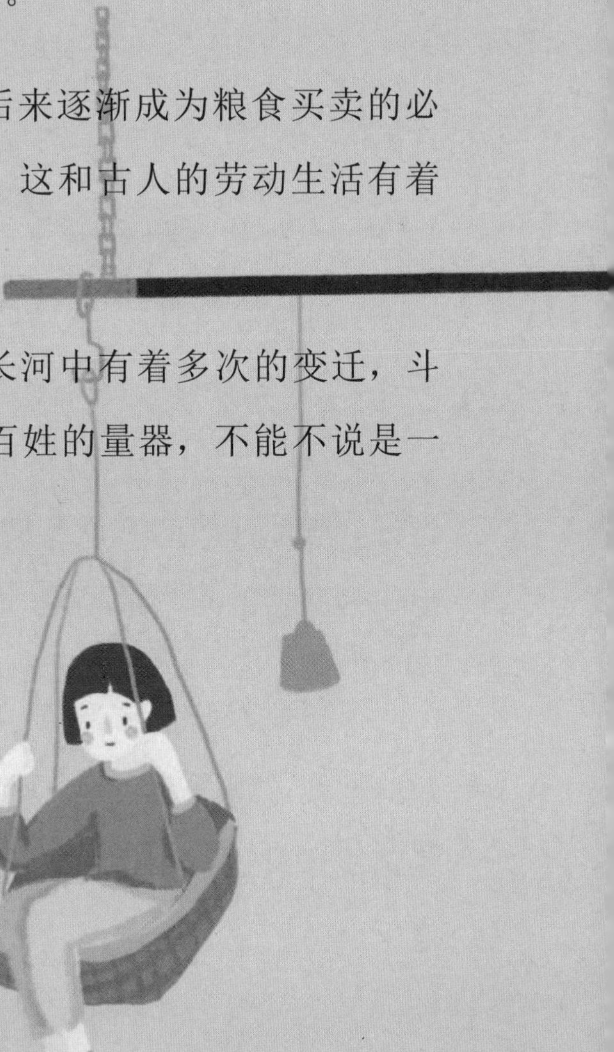

匕和勺

“匕”和“勺”都是古代的餐具，是古人吃饭时用的。

匕

“匕”字，今天大家常说“匕首”，是一种短小带尖、短把儿的武器，主要以头部为武器，故叫匕首。但作为武器的它，最早是一种餐具——勺子。

在甲骨文中，匕就是一个小勺的样子，有个比较长的把儿。到了金文时，就画了大口的勺头。小篆中，头部线条化了。到了隶书，则更像一个人平坐着，不像一个勺子了。

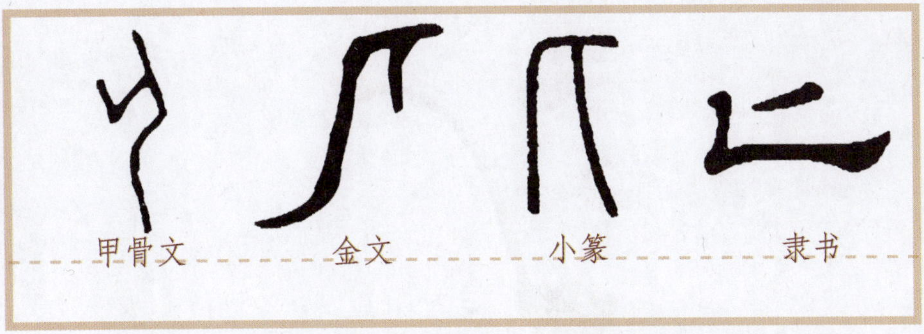

但是从古文字的使用来看，匕一直就相当于小勺，这个小勺有尖。楷书时就是今天这个样子。

古代餐具“匕”有个特点，它既是勺子的样子，又有小刀的功能。所以，它既可以舀汤喝，还可以当刀子来割肉。

古人很聪明地做了这一餐具，不过随着人们使用箸（筷子）以后，这种餐具就很少再使用了。在今天的西餐中，依然能找到这种餐具，如鱼刀、黄油刀、奶油刀等。

“匕”作为餐具，既能舀汤，又能割肉。后来，人们觉得它既小又方便割肉，可以在袖里揣着用它的头部防身，就给它起名叫“匕首”。于是，“匕”也逐渐演变成为一种武器，专门指这种尖头的武器。

勺

“勺”就是指勺子。

勺子在甲骨文当中就是一个勺子的样子，勺子头还舀有东西。金文书写也是，勺子上有东西，与甲骨文大同小异。

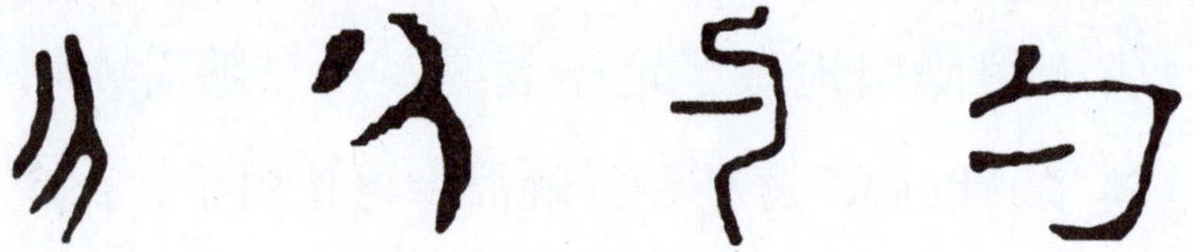

甲骨文　金文　小篆　隶书

到了小篆，这个勺子好像是两边都有把儿，中间是勺子，一边是长手把儿，一边可能是端把，大概这个勺子比较大，一只手不易拿稳，就得在一边有把能端，这是个大勺子。

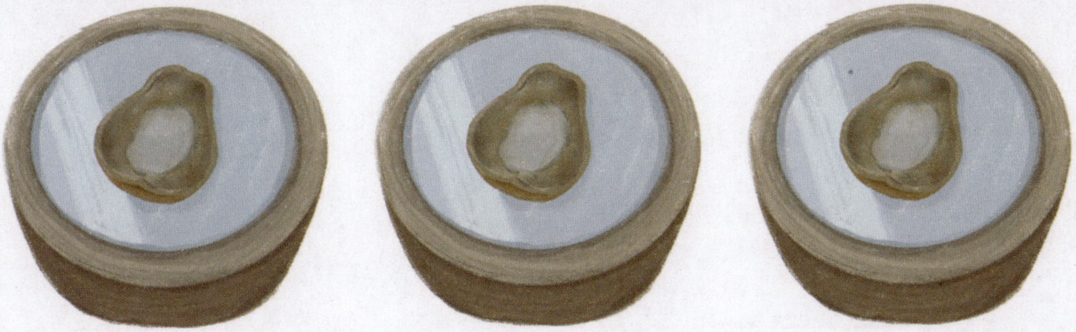

古人造字都不是随便造的，现在我们发现舀水的大瓢，就有一边是把手，一边是端把的。

“勺”的隶书和楷书，就都是根据小篆形状演变来的，只是把上端省为一撇。古人造字时，在勺上留有一点，这一点儿仍旧表示这个勺子中舀有东西。

今天勺子依然存在，并与筷子成为人们饮食中必不可少的器物了。

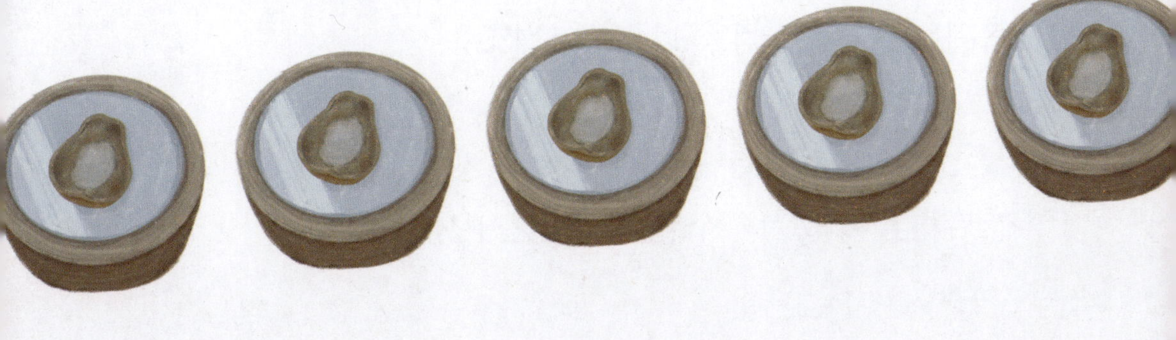

人文小科普

镇国之宝——后母戊鼎

鼎是我国青铜文化时期的代表，它在古代被视为立国重器，是国家和权力的象征。

后母戊鼎（原称司母戊鼎），是商王祖庚或祖甲为祭祀其母“戊”而作，造型厚重典雅，气势恢宏，纹饰美观，铸造工艺高超，亦是已发现的最大的商代青铜礼器。

后母戊鼎于1939年3月在河南安阳出土，出土后，为了防止被日本人抢走，多次被重新掩埋，甚至险些被肢解。幸而因大鼎重达832.84公斤，十分庞大坚固，不易搬运才得以保存下来。

铸造这样大型的青铜器，首先要分别铸出部件，然后再合铸成为一个整体，工艺十分复杂。

后母戊鼎的铸造，充分说明商代后期的青铜铸造不仅规模宏大，而且组织严密，分工细致，显示出商代青铜铸造业的生产规模与杰出的技术成就，足以代表高度发达的商代青铜文化。

后母戊鼎曾被存放于当时南京的国民政府“中央博物院”，现藏于中国国家博物馆，被称为“镇国之宝”。

宀

高

户

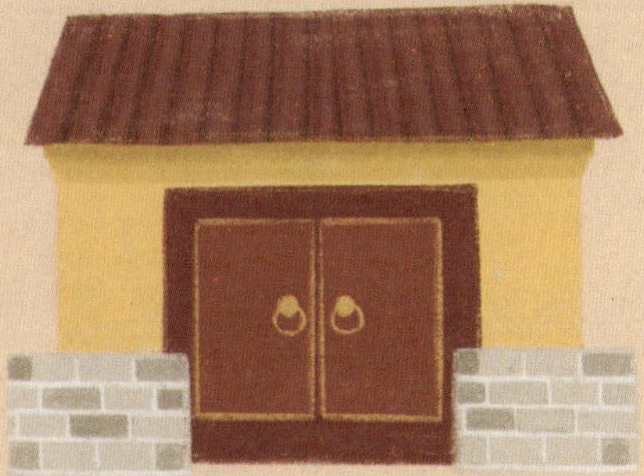

门

第三节 房屋居住

解字小课堂

古人早期的居住比较简单，可能就是山洞，后来逐渐从山洞里出来，开始搞建筑——盖房子。

从现在考古来看，古人穴居有“半坡遗址”，在那还能看到“半穴居”的样式，一半人住在下头，一半人住在上头，上面的房盖也很简单。

古时候的房子是在一个坑里头，竖起一根棍子来，不是现在四梁八柱，而是人居住的坑里头，中间就靠一根柱子支撑。古人围绕这根柱子搭上一根一根的木头，上面盖上草。

房子的半截在地面上，解决了照明问题；半截在下面，就解决了取暖问题。我们祖先把这个房子画成了一个图。

甲骨文就画了房子外面看上去的样子，金文画得没了房檐，是一个大概的样子，到了小篆线条化比较规整，上头还有一个点。隶书和楷体都是根据这小篆来的。

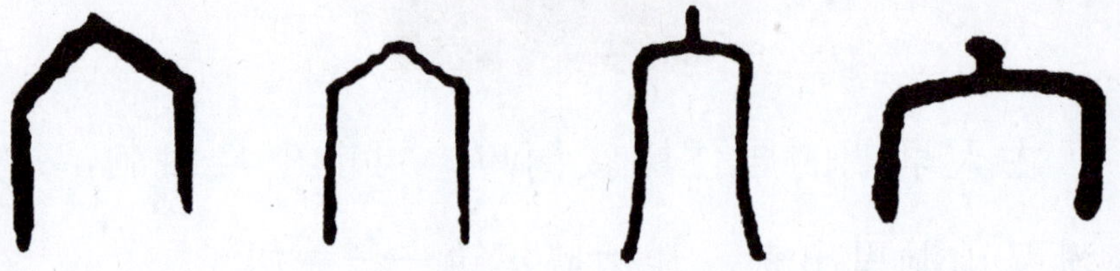

甲骨文　金文　小篆　隶书

我们今天称它为“宝盖”，简写为“宀”。宝盖是“宀”的俗称，宝贝的“宝”字常用，且顶部相同，所以才有了宝字盖或宝字头的叫法。

但实际上它有自己的古音，念“mián”，与冠冕堂皇的“冕”同音意近。也可以理解为像人的冠冕（帽子）一样盖在屋顶。

它的作用跟帽子很像，使人们下雨淋不到，刮风刮不到，下雪冻不到，就像戴了帽子保暖一样。

“宀”是古代居住的最基本的一种房屋，古人在随后的造字中，凡是跟居住的房屋有关的字，多都带有“宀”头，例如室、宫、牢、家等。

还有一些稍有变形为“亠”，例如亨、享、高、京等。这些我们将在汉字家族中逐一介绍。

高

古代的城门都有城门楼，到了晚上城门就要关起来，你就进不去了。白天也是要按时间开门，人们才能进出城。

进城门的时候，除了城门口有士兵看守，在城门楼上面还站有士兵。当你到了城门下抬头看城门楼时，就会感觉它很高大。

所以，这个“高”字，就是古代一个城门楼的形象。

我们看它的甲骨文非常像高高的城门楼，上面是箭楼，下面是城门的整个门，有宽大的门垛，下面有的是出城的大门，有的是护城河的楼影。

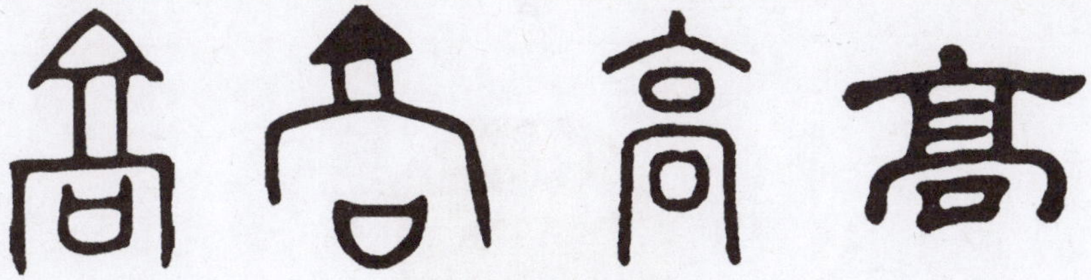

甲骨文　　金文　　小篆　　隶书

金文就和今天的“高”字一致了，小篆、隶书，一直到楷书都是这个样子。

汉字中与“高”相似的字还有享、京等，它们不仅仅是字形相似，因为它们本身也是指一种高大的建筑。

户

一扇门叫户，又称单门独户。

甲骨文中，就只画了一扇门的样子，金文、小篆、隶书、楷书都是一扇门的样子。

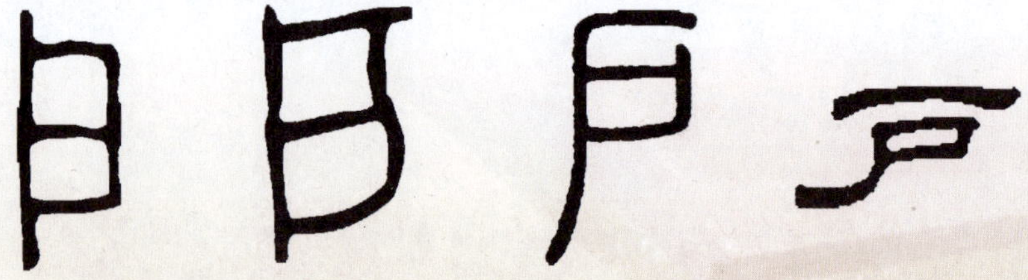

甲骨文　金文　小篆　隶书

和半个门字的画法没有区别，仅仅是它画了左边那一扇门板，所以叫“单门独户”。

门

门户的“门”则是两扇门板。门最早不是指城门，而是一般的柴门，那时古人的建筑能力还比较差，门都是用些树枝子编起来的柴门。

甲骨文的“门”字有好多种写法。有的上头有横杆，两边有立柱，中间是两扇门板，有的没有横杆，就是两个立柱与两扇门。

总之，“門”字的甲骨文非常清晰，是两扇门的样子。

金文、小篆、隶书、楷书基本没有变化，它们就是两扇门，且是两扇门关着的样子。

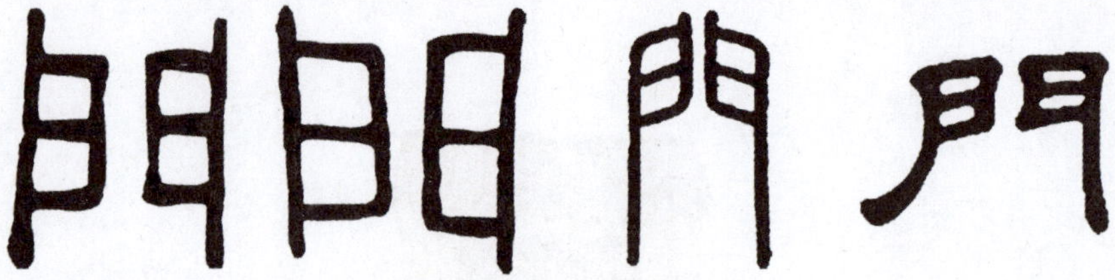

甲骨文　金文　小篆　隶书

楷书已经很完备了，但在汉字简化时，人们根据其草书形体做了省略，简化为“门”。

这门是关着的门，相反打开的门也有一个字，就是“卯”。“卯”是门被打开，门板向外的样子。

随后，用“門”造了很多字，因结构的方便就把门轴拉得长点，有空间便于书写其他。例如關、閉、問、聞、闊、閃等。

所以，用门再造字时，都是写在“門”字里面，后也都随之简化。

人文小科普

门、户之别

中国传统文化中，人们很讲究家族观念，门户的大小则代表着一个家族的兴旺，在社交与婚姻中，更讲究“门当户对”。门和户都是古时的门，它俩有很大的关系，但是又有所不同。

门大多高大，为大户人家，建有两扇朱红大门。户往往指的是小户人家，小户人家盖不起那么大的门，通常就是一扇单门。

另外，古人还有一个概念就是“家”，但与我们今天说的夫妻二人和孩子，或者还有两位老人这样的一家也是不一样的。

古代“家”的概念往往是家族性的，这个家有张家、李家、王家，家家都有祖庙祠堂，往往这一片村庄住的都是同一“家”。

山西平遥的乔家大院、王家大院就是这种性质。那是能住一个大村子上百口人的大家，其中住所的规定十分复杂，但也是必需的。这些大户人家的门才是真正意义的“门”。

大家院中有很多小家，这些小家就是户。所以，古时登记人口的时候，像乔家这样的大家住着几百口人，就要一户一户地来登记，所以叫“户口”，而不能叫“门口”。

dà hù rén jiā
大户人家

行

车

舟

凡

第四节 车船同行

解字小课堂

行

甲骨文的“行（xíng）”字，画的是一个十字路口的样子。十字路口往往人来人往，每个人都在行走。

古人在这种细致的观察中，用十字路口来表示“行”走。甲骨文、金文都是如此；到了小篆，线条化了，但还是十字路口的样子。

隶书时，又接着甲骨文和金文的样书，楷书时根据隶书的样子进行改革，就是一个今天标准的“行”字。

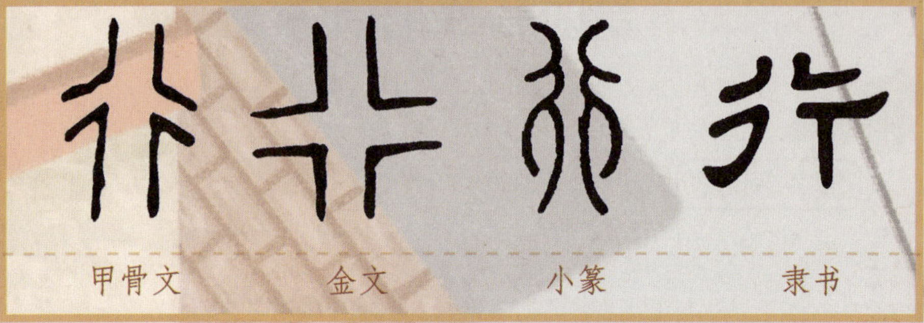

“行”字除了表示“走”的意思，还表示“行（háng）列”“阵列”，是为什么呢？原来，在古代，十字路口因为人多，好做买卖。古人做买卖都排成一行，其中卖饭的在一行，卖布的在一行，你不能卖饭夹在卖布的一行里，那布匹绸缎就全是饭菜味，这可怎么卖啊！

今天，城市中的路口依然是繁华地带。但做买卖不能乱摆摊，要排成行，所以画一个十字路口即表示行走，还表示行列，这就叫行市。

干同一种买卖的就成为同行，相同的业务就是行业。那么，各行的买卖人在一起就形成一个市场，每一行的又是一个市，这就有了行市。

在这个行市里，你干的时间长了，你就知道了行情，你就有了道行。所以，古人用一个行走的“行”字又表达了另一种概念。

行字的左边“彳”，我们今天称双立人，是相对于单立人的“亻”而言。但“彳”实际有自己的读音“chì”，它的另一半“亍”则念“chù”，二字合在一起表示人慢步行走，边走边徘徊。

十字路口有东西走的，也有南北走的；有来的，也有去的，就像人们在犹豫的时候反复来回走似的。于是古人就把“行”字拆开，以表示来回相向而走。

又因为“彳”跟单立人“亻”很像，所以在做偏旁时称为双立人。于是，用“彳”做偏旁造字时就多与行走有关，例如征、徒、徘徊、彷徨等。

车

车这种运输工具，古人很早就发明了。

最早的时候，人们搬运只能自己扛，扛不了多少，也走不了多远。后来发现圆形东西自己容易滚动，于是受到了启发，发明了轮子。后又在轮子上摊上木板放上更重的东西，可以推动前行，这就发明了车。

甲骨文的“车”有很多种样子，我们选择比较典型的形体，既有车轮，又有车辕和轭（卡牲口的物件）。

甲骨文中还有四个轮子的车，金文多为两轮，旁边一个车辕，驾两马。

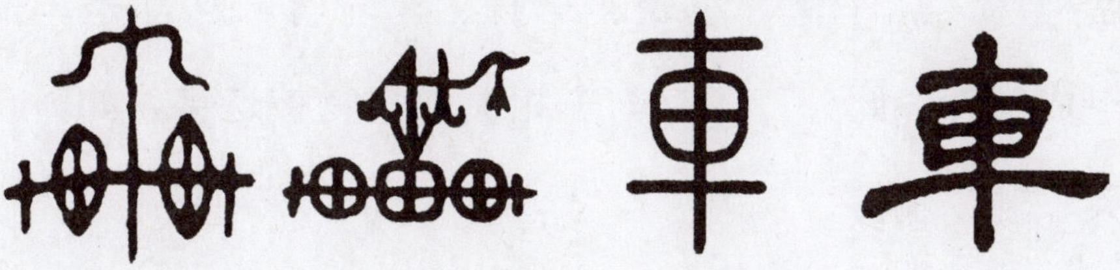

甲骨文　　金文　　小篆　　隶书

到了小篆，因古文字画得太麻烦，就把它整体简单化，就画了中间一个车轮，上面横有车辕。也有人认为，小篆是车的俯瞰图，中间是车厢，上下两横是车轮。

因甲骨骨片大，所以甲骨文多为横刻。小篆时，则多书写在竹简上，竹简的宽度很窄，“車”字横刻不如竖的好刻。把“車”字横转九十度，便与古代车的样子相同了。

这个“車”是人们常用的交通工具，今天亦是如此。常用便要常写，后在汉字简化时根据它的草书形体进行了简化，就有了今天简化的“车”。

后来古人又造了很多与车有关的字，多用它本身做偏旁，如车辙、车辕、车轩、车轮等，这都是车的组成部件。此外，还有与车相关的事物被造字，如轿、舆、轧、输等。

舟

古代运输工具中，在陆地上是车，在水里则是船，所以古人还造有一个“舟”字。

“舟”的甲骨文和金文像一只小船的样子。古代最早的小船，就是一根独木所做，称为“独木舟”。

古人把一个大木头中间挖空了，两头实木保留堵着，这个东西在水里面就能承载、划行。“舟”字指的就是一条独木舟。

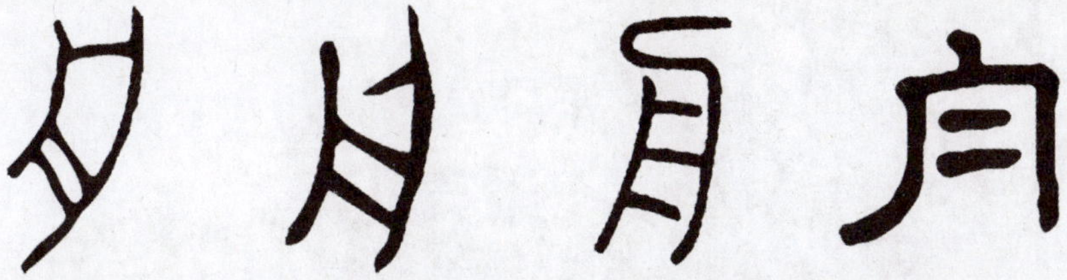

甲骨文　金文　小篆　隶书

到了小篆，强调了独木舟的前端可拴绳子。篆书时，前端绳索画得非常短，表示那有个拴绳的地方，还是一个舟的样子，而那一横强调出这舟不一定用船篙，也可能是双桨横在船中间。

所以，后来到了隶书的时候，字形把那一横变得长了，表示可划的两个桨，荡起双桨，这就是个“舟”字。

到了楷书，基本上和隶书形状没有多大变化。

用“舟”字再造的字，也都与船有关，如船、舰、艇、艨艟、舸等，船的结构有船舱、船舵、船舷等。

凡

随着人类文明的发展，舟不再是独木舟，慢慢演变出了船。

古人行舟或行船时发现，当逆风时划船费力，顺风时就轻松。于是人们就想办法借用风力，这就造了一个“凡”在船上使用，以借用风力。

“凡”在古文字中，从其他字形来看，有的像个盘子。盘子的“盘”上面就是一个舟字，其原本为“盤”上面的“般”，一般的“般”。

但是从“凡”的小篆来看，绝对不像盘子，左边非常直，右边弯曲部分似乎是一根绳索，中间有一点，特指那是风吹的地方。从小篆来看，它就是古代的风帆。

甲骨文　　金文　　小篆　　隶书

“凡”字的隶书没有什么大的变化，隶书不再像小篆那样多圆润的曲线。楷书基本上在隶书的基础上完成字形，像一块船帆的样子，中间带有一个点。它在这里是特指，指示风力作用的这块布，就是凡。

此后有“凡”的船就成为帆船。“凡”古同帆，因是布制，后加巾字归类造了“帆”字。船帆本就要来回翻转，所以同音于“翻”，且近意。

今天船帆的“帆”早已另造，而“凡”字则多为平凡、凡是来用。

一个人行驶帆船要有本领，不管是哪个方向的风，我都能借力，就有囊括的意思。但这块船帆又没有什么特别，用来用去就是一块平时常见的布，又引申为平凡。

一块平常的布做成一面常见的船帆，再平常不过了。它在本领高的船家手里能借来八面风，凡是风都能用，这人也算是个不凡之人了。

人文小科普

水密隔舱的造船技艺

隋唐时期，福建泉州是全国主要造船基地之一，造船业已有相当规模，造船技术也十分发达。水密隔舱技术正是在这一时期发明的。

所谓水密隔舱，就是用隔舱板把船舱分隔成彼此独立且互不透水的一个个舱区。因为舱与舱之间被严密分开了，在远洋航行中，如果有一两个舱区破损进水，也不会影响其他舱区，这大大提高了远洋航行的安全性。著名旅行家马可·波罗也曾赞誉过这种设计的便利和实用。

福建所造的船多为海船，船身巨大，结构坚固，载重量大，抗风力强，被称为“福船”，是我国古代远洋航行的主要船型。

1974 年，泉州湾后渚港出土了一艘宋代远洋货船残体，其舱位保存完好，已具有极为完善的水密隔舱结构。这表明，最迟于宋代，泉州所造海船已采用成熟的水密隔舱结构。

2010 年，水密隔舱福船制造技艺被联合国教科文组织列入“急需保护的非物质文化遗产名录”。

第二章

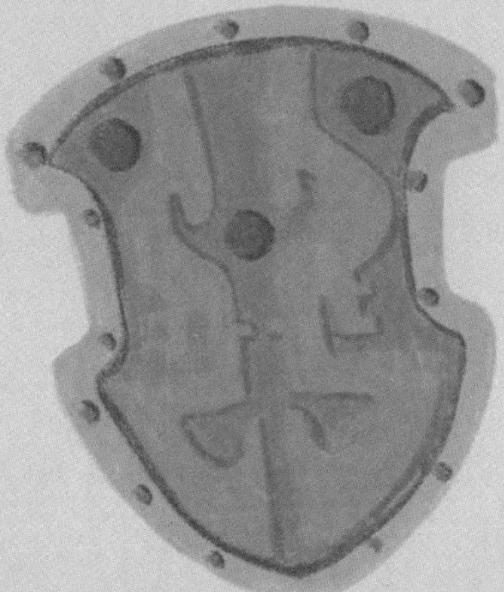

文武杂用

“文武杂用”家族包含与古人生活相关的武器、文器和杂用三个方面的汉字。其中武器有刀、戈、矛、盾、巾、弓、矢，文器有鼓乐琴声中的鼓、南、声，祭祀文化中的册、卜、示、且，农具有生活用具中的几、帚、其、午、臼、主、丁、网、伞，耕织工具中的工、巨、耒、力、予。

第一节 古代兵器

解字小课堂

刀

刀是重要的使用工具，其样式有所不同，使用方法也多样。

所有古老民族都创造出来了刀，有直的、有弯的，特别像蒙古骑兵使用的就是弯刀。元朝为什么能够打遍天下，就是依靠战骑弯刀，当然更有蒙古族骁勇善战的草原精神。

甲骨文的“刀”字，似一把带把尖的小刀子。

金文和甲骨文是相似的，它更粗壮了一些，刀头更大。

甲骨文	金文	小篆	隶书

小篆依旧是对称圆润的线条，下面是刀身，上面为刀把，线条弯曲了。刀把和刀之间会有一定的弯度，这个弯度使刀用起来更易发力。小篆中顶部长长的弯曲似一段红绸。

刀有红绸、剑有剑穗，除了平时装饰的美观以外，在对敌打斗时还能干扰敌人视线，影响敌人的注意力。在中国武术中，人们使刀舞剑时能用好刀绸或剑穗也是一门了不起的功夫。

“刀”字到了隶书就简单了，隶书本身就想简单些，提高书写速度，所以隶书时强调重点，保留了大大的刀头。现在的楷体字是根据隶书演化过来的，已经看不见刀把了。

戈

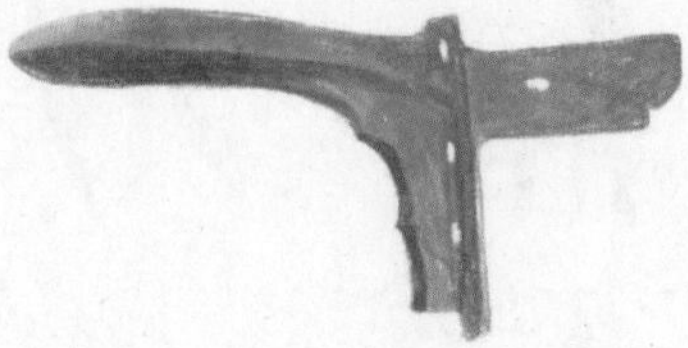

“戈”是古代中国特有的一种武器，在全世界各个民族的武器发展史上，唯独中国有这种武器。

其他武器，比如刀是用来砍的，长矛是用来刺的，弓箭是往远处射的，这些大家都懂，但唯独戈这种武器只有中国有。所以，“戈”字背后有着中国特殊的文化内涵和地理因素。

从甲骨文到金文，一直到小篆、隶书，“戈”的字形都变化不大。甲骨文、金文都是上面的一个横援，有一个把，后面一个墩座。

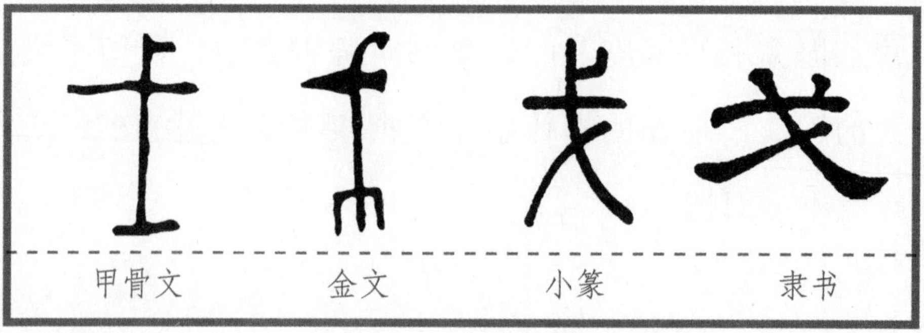

戈头横着的部分是杀伤敌人用的武器头部，然后竖的部分用于捆绑，通过“穿”捆在长长戈把上。

武器在不使用时常杵在地上，另外这个墩把也能作战，武器很长不能及时撤回时，可以回过头来用带刺的墩把戳出去。

金文的字形并不是很像了，直杆弯曲了，但右上的一点还是保留了。小篆更规整了一些，隶书、楷书基本上没有多大变化。

矛

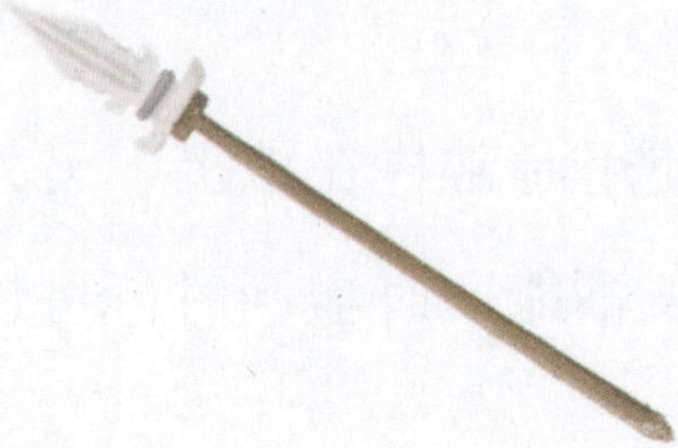

矛也是一件很古老的武器。矛的特点跟戈不太一样，它就是一个长尖，我们今天叫长矛，也叫枪或长枪。

在古文字中，其甲骨文字形没有找到，金文就是一个长杆，强调了上头的尖，似乎还绑有红缨。

这红缨子很有用，它虽不能杀敌，但能迷惑敌人，起到击杀的效果。人的眼睛对有颜色的物体有注意力，如这个物体还不断在眼前晃动，能有效干扰敌人。

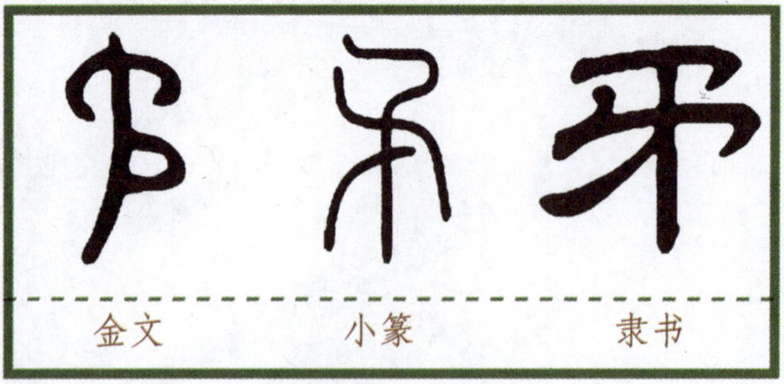

小篆时，上为矛头，中间的一个横折（乛）实际是红缨，下面是枪杆的部分。那么杆的部分为什么还要加一大撇“丿”呢？

这大概与“戈”字下面的一撇是一样的道理，木头枪把的一边插上了枪头，另一边为防止劈裂，就插有枪鐏或镦。这个枪鐏或镦是必要的，刺枪回手时还可以当武器来顶撞对方。

隶书时，书写成“子字头”，依旧强调了矛头的尖，红缨部分更扩大，下面是枪杆与枪鐏。

今天的楷体字由隶书而来，上部是一个“子头部”，而且依然强调了红缨，这就是长矛的“矛”字。

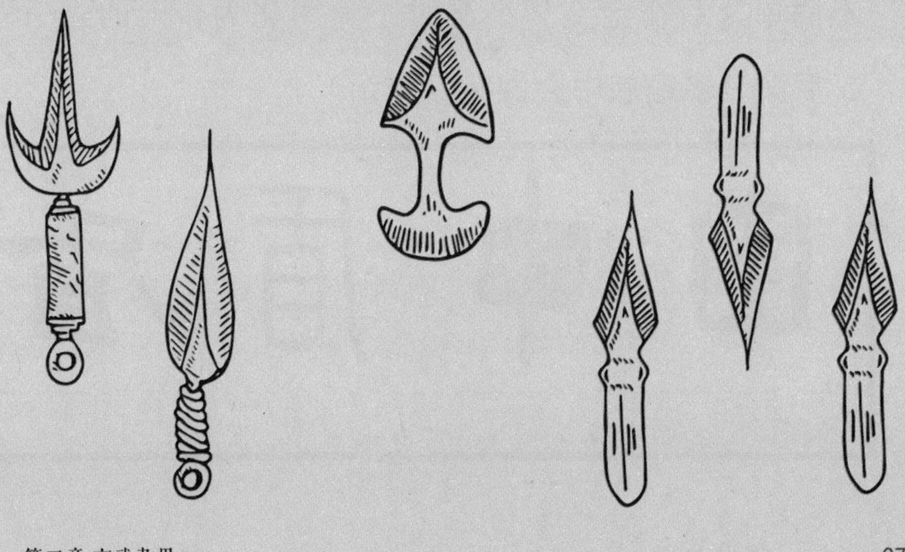

盾

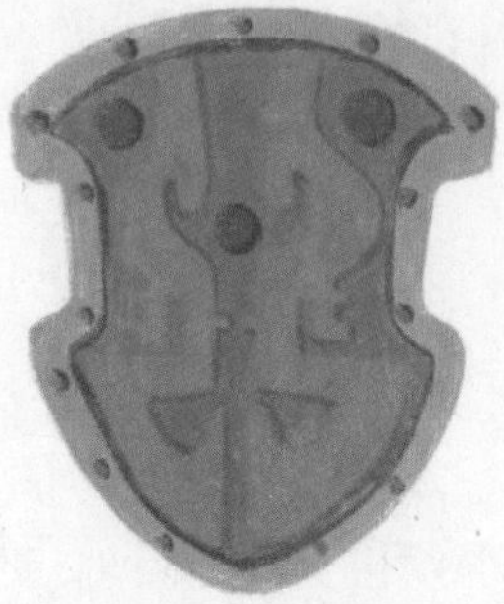

中国有一个成语叫“自相矛盾”，“矛盾”一词比喻一个人言行自相抵触。那么“盾”又是什么呢？

盾指“盾牌”，是防御敌人刀枪箭矢的一种手持装备。有人认为它就画了一个盾牌的样子，但古文字中最早用于防御的装备不是盾，而是“干”。

此时的“干”可不是个简化字，但它的甲骨文也不简单，后在金文和小篆时不断简化为今天的“干”（后面汉字家族中会做专门介绍）。

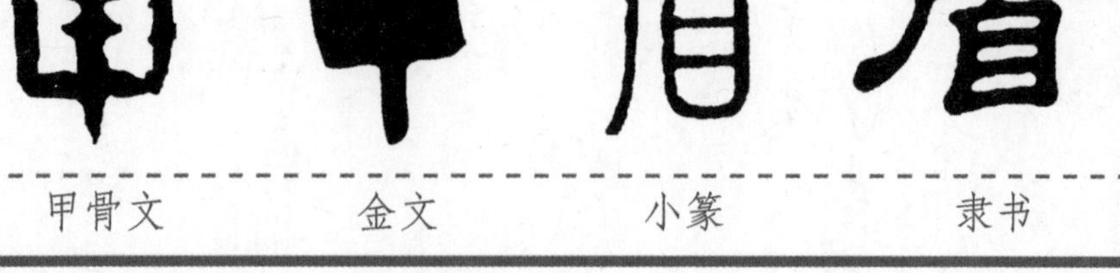

甲骨文　金文　小篆　隶书

“盾”字在小篆时出现，小篆字形明显是一个“目”字，以头首最为重要，故先遮蔽头目，使身形隐于“厈”后以求安全。后来“干”作他用，盾则专称于武器装备。

斤

斤，在今天是一斤二两的斤，是重量单位，貌似与用具没有关系。

但斤最早就是“锛子”——木匠的锛子，但现在我们已经不常见到了。

甲骨文中，“斤”被画成一个弯头带尖的东西，金文比较规整，到了小篆时不怎么像，但大体上还是这个意思，它是为了线条化好看。

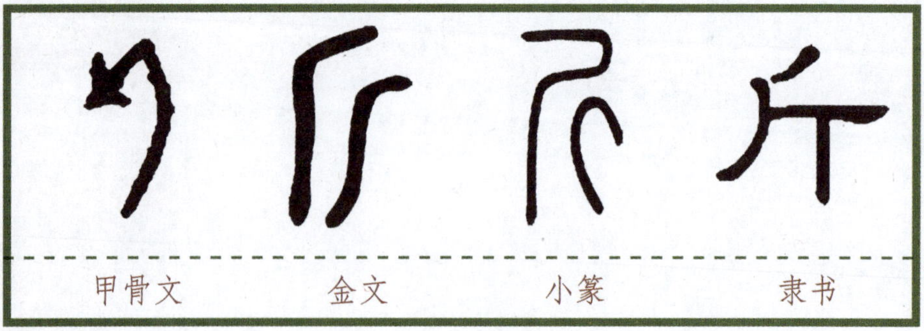

小篆的这个字形同时也有一定的文化内涵，它与小篆中表皮的“皮”字相似，古人用锛子去掉树皮，用锛刀剥取动物的表皮，都是剥皮使用的。

然后到了隶书、楷书依形而来，这就是今天的“斤”字。

这个锛子除了木匠，一般人很少去用。那这个锛子究竟是什么呢？

木匠的斧子一面是斜面，一面是直面，它为一面砍。木匠的锛子也是一样，但有区别。斧头的特点是纵刃，锛子的刃是横刃，而有点像锄地的锄头。

当木匠把一整根原木用锯锯开以后，原木表皮部分扔掉可惜，再使用的话并不好锯，这时就要用到锛子。

这个锛子就是用来把木头的表皮，也叫半皮的部分锛掉。锯好木头放在地上，沿表皮的边打上墨线，木匠就用锛子开始锛了。这个锛子的使用只能往近处

锛，用脚踩住以后从上方锛下来，往近处向自己的方向挥。

与刀枪相比，其他都是往外头砍的，唯独这个锛子是往自己的方向砍。

所以锛子这种工具在学木匠活中不能先学，学不好容易把自己脚锛了，使自己受伤。因为它往近处砍，所以念“jīn”，给它加个走之底“辶”，就是远近的“近”，可见古人造字都是有道理的。

bēn zǐ
锛子

弓

“弓箭”最早不是用来杀伤敌人的，而是打猎用的。

关于“弓”的发明，在中国有一个传说，更有文字记载。据说是姓张的人发明的，“张”姓，“弓长”也。

甲骨文的“弓”是象形字，画得非常像一张弓，还有弦。

甲骨文　金文　石文　小篆　隶书

到了石文时“弓”字就没有绷着的弓弦了，但字形还是表示弓是弯曲的。只画了一小段弦，表明弓在不使用的时候，弦必须要摘下来，因为长时间紧绷会使木头没有弹性。

所以人们把弓弦拉开叫“张”，把它摘下来松开叫“弛”，如“有张有弛”。

小篆根据石文画的加以标准化，到了隶书就和今天楷书基本一致，画了一张弓，一张弯弯曲曲的弓的形象。

矢

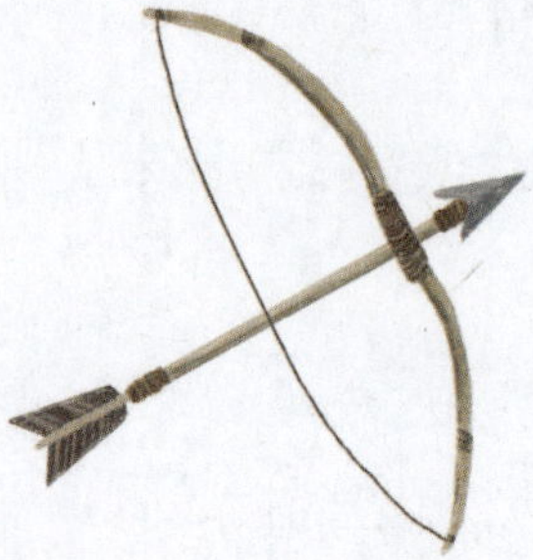

有了弓，有了弹，打猎就更方便了。

可石子弹出去方向不好掌握，人们又发现用一个长物搭在这弓背上，用弦发射更容易掌握方向，这就出现了“矢”，也就是我们今天说的箭（jiàn），古汉语中为矢（shǐ）。

有了弓和矢的样子，造字就容易多了。“弓”人们是画出来了，这个“矢”也一样是画出来的。

“矢”字从甲骨文来看，就是一支箭的形象，还特别突出了箭头，下面有一个尾翼，末端还必须要有个卡着弓弦的部分。

“矢”在古文当中有好多种写法，但都是画得像一支箭的样子。

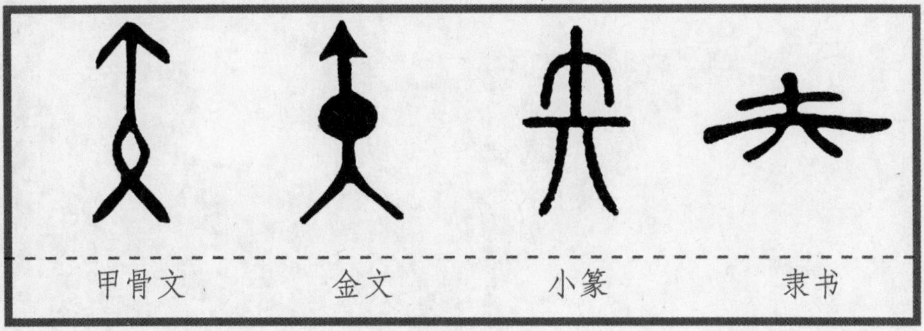

到了金文，字形有一个尖头，还是一支箭的形象，中间加着一点表示箭分两部分，前面是有尖的部分，后面是尾翼部分。

古人发现射出去的箭矢要使它方向准确，可以在后半部分加上羽毛做尾翼，这样它在空气中运动时方向更准确。

所以，到金文的时候，这个“矢”字比较明确地画出了中间一点，表示有前尖和尾翼。

到了小篆时，汉字系统融入许多文化思想。“矢”在金文的基础上进一步演化，上面为一个大小的“小”，又像个尖，下面写成了几座的“几”。箭自己动不了，发射的时候必须把“几座”卡在弓弦上，

这才能发射出去。

到了隶书时，基本上没有什么大的变化了，主要是规范笔画，减少弯曲。

到了楷书，上面的尖不出头，下面是个分叉的形态，金文中的一点，彻底成了一横，总体还是这个样子。

所以汉字的演变，尽管笔画有所变化，它的意思一直没有变。

人文小科普

十八般兵器

在古典小说和传统评话中，常说武艺高强的人是“十八般武艺样样精通”，这“十八般武艺”到底指什么呢？

“十八般武艺”是指使用“十八般兵器”的功夫和技能。这十八般兵器是古代约有四百多种的兵器中，实战时最常用的一部分。

那么，“十八般兵器”究竟是什么时候开始出现的呢？

在中石器时期，我们的祖先为了防身和狩猎需要，就开始懂得制造和使用木棒、石刀、石斧等一类原始的兵器。在我国各地新石器时代的文化遗址中，还发现了用石料、兽骨和蚌壳磨成的箭镞。

liàn wǔ

练武

到了商代，我们的祖先开始使用青铜铸造刀、枪、钺等兵器；战国时代，懂得使用铁来铸造制成兵器；到了汉代和魏晋时期，由于我国南方冶金事业的进一步发展，开始普遍使用铁和钢铸造刀、枪、剑，各种各样的兵器也开始多了起来；南北朝以后，铜制的兵器就看不到了，都由铁和钢代替；到了明代，“十八般兵器”基本上已完备定型。

因为年代、地区和流派的不同，对“十八般兵器”的解说也各异。汇总起来，古今有不下十种不同的说法。

到了今天，武术界普遍对“十八般兵器”的看法是包括了刀、枪、剑、戟、斧、钺、钩、叉、镗、棍、槊、棒、鞭、锏、锤、抓、拐子、流星等这些兵器。

第二节 鼓乐琴声

解字小课堂

鼓

“鼓”字，右边的“支”其实是“攴”字，表示用手拿着棍子在敲打，敲打左边的“壴”。壴才是原本真正的“鼓”。

在其甲骨文时，左边就已经加上了用手拿木棍敲打的符号。

甲骨文、金文，还有小篆大部分都加上了用手敲，因为不加上手敲的“攴”，“壴”则容易和另一个“豆”字混淆。

甲骨文　　金文　　小篆　　隶书①　　隶书②

今天我们看到的鼓多为平放，下面一个鼓架，但古代鼓多被竖放于鼓架上，鼓面竖立着。

所以画出来的样子与“豆”器很像，鼓面画得像个口字，下面支架，不同点在豆上为一横，代表它的盖子，而鼓上的叉则代表装饰物。进而又在“壴”这个文的右边加上了手敲的“支”进一步指示，它是能敲的鼓与豆的区分。

即使这样，还是有一个与鼓十分相似的字“豉”，豆豉的“豉”。

隶书中有一个形体为“皷”（隶书②），因为鼓都是用皮革做的，这一写法也可以。

汉字简化时，规范各种写法统一为“鼓”。

南

南北的“南”也是中国古代一种大型的敲击乐器，后被引申为表示方向、方位的“南”字。

这个“南”是吊着的一口大钟。那么，它又是怎么表示了南北方的“南”呢？

我们在“人体家族”说到过北，北边就是人脊背相对的方向，于是人面对的事物就被认为是“南”，古人找了面对的事物——敲的那口钟来代表。

钟很早就有，甲骨文中就有它。

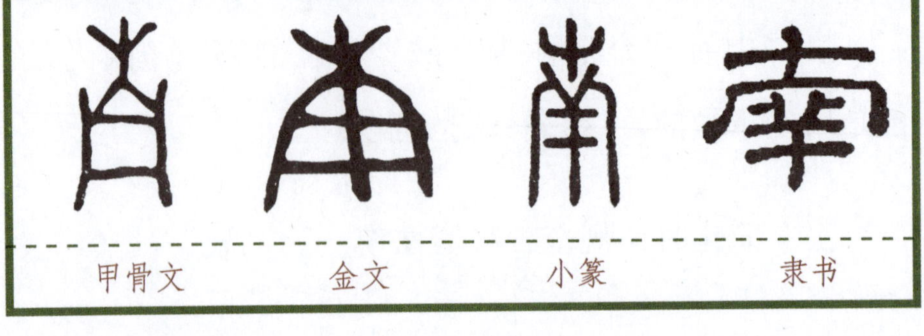

人们面对着去敲的钟就是南，所以画一口钟，表示是你面对的方向。钟就用来代表了南方，人的脊背对的是北方，这都是用实来表虚。

古人在生活当中，借用最常见的行为、事物来产生联想指示，以表达意思。

东、南、西、北都是这样造的。

“南”字甲骨文有钟的挂柄，金文使钟的整体更趋于形象，可见此时的钟开始向宽大发展，并刻有美丽的花纹。

小篆根据金文线条化，优美化，笔画柔美对称。

隶书时汉字笔画横平竖直，把顶部的“中”形笔画规范成“十”形，它依旧是一口吊着的大钟。楷书根据隶书规范而来。

汉字的延伸

用

除了“南”之外，古时还有几个表示大钟的汉字。

在敲打的器物中，还有与钟类似的乐器，就是“用”字。

甲骨文的“用”字，外形像钟的边缘，里面的线条像钟纹理。中上那一横像穿绳之圈，下面则像钟舌。金文、小篆时，字形没有多大变化。

隶书时，笔画变得线条化，写作“用”。楷书沿用隶书的字形。

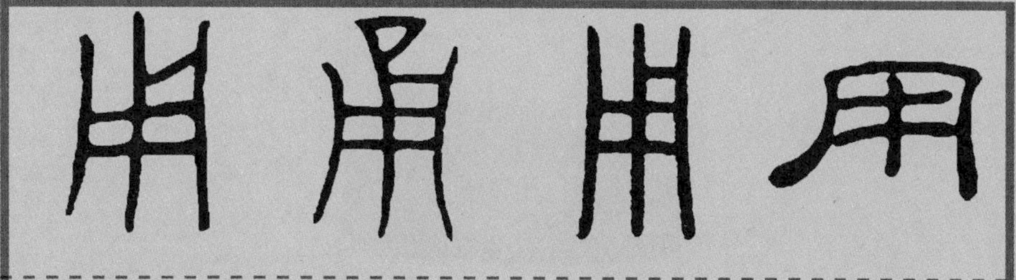

甲骨文　金文　小篆　隶书

关于“用”字也有很多种说法，有人认为它是个牛犄角，牛犄角可以用作号角，还可以把“用”当作酒杯；也有说是古代插兵器的架子，兵器拿走了，架子留在这，回来了还要用；等等。

在多种说法中，把“用”当作是一口大钟比较合适，与它一同的还有“甬”字，它们三个可以组成一组：“南、用、甬”。

解字小课堂

磬

磬，也是古代的一种打击乐器。

磬是用石头做的，所以下面是个石头的“石”字。它大体上如甲骨文左边所画的样子，一个拐弯，上方有个孔，以便用根绳子吊起来敲击，它的声音是“qing”。

这是古代的一种很高级的乐器，多个组合，声音高低不同，用于奏乐。

甲骨文字形中，已有右边是一只手拿着小锤子敲打的样子，小篆时才加了表示性质的石头，这就“磬”字。

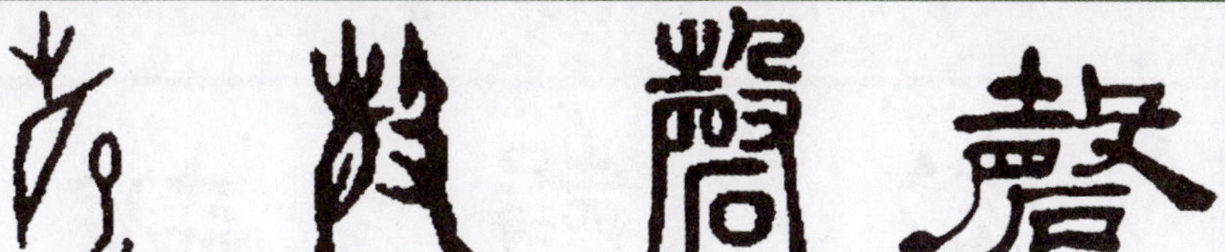

甲骨文　金文　小篆　隶书

汉字的延伸

声

认识了“磬”字我们便能更好的认识“声”。

“声”的甲骨文大体与“磬”相同，不同之处在下面不是一个石头，而是一只耳朵，表达用耳朵来听敲击的声音。

石文左右两边调换，左下角是一个耳朵的耳，表示用耳朵在听敲打石磬发出的声音，这就是声音的“聲”字。其后的字形多以此为准。

甲骨文　　　小篆　　　隶书

简化汉字的时候，人们嫌它书写麻烦，就保留了左上角原本“磬”的样子，这就是今天简化的“声”字。这种简化方法叫“写特征”。

但石磬的“磬”、温馨的“馨”、告罄的“罄”却没有被简化，一直沿用至今。

与此同时，考古出土的古代石磬在今天所敲击出的声音，依旧悦耳清脆，时隔千百年仍能沁人心扉。

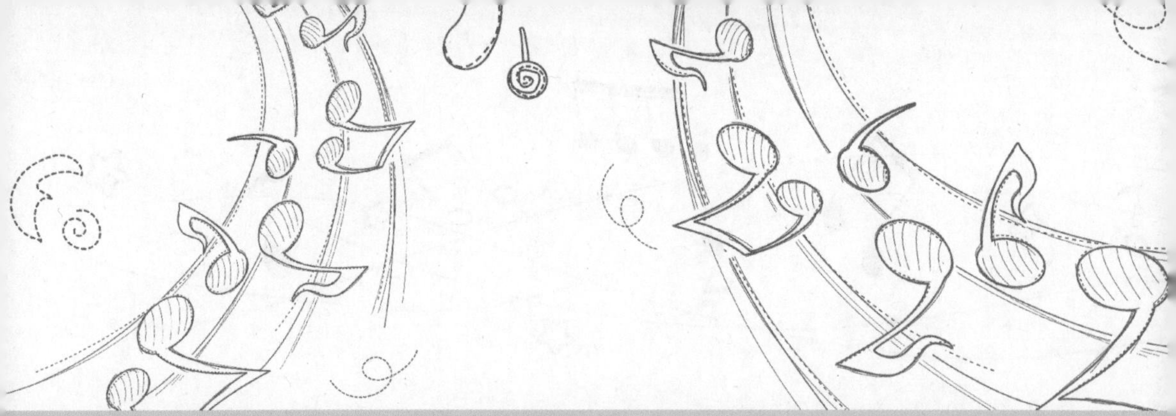

乐

鼓、南、磬等这些都是古代的打击乐器。此外还有琴，琴以玄丝为弦，以梧桐为身，这些就构成了上古时期的主要乐器。

如果我们把这几样乐器摆在一起就又组成了一个字——“乐”。

今天我们很难看出“乐”字跟鼓、琴有什么关系，那是因为它是一个简化字，乐的繁体字为“樂”，是一个比较复杂的字形。

它的甲骨文为一个“木”字上面有两股玄丝，表示这是一种弦乐，抚琴瑟则为乐。

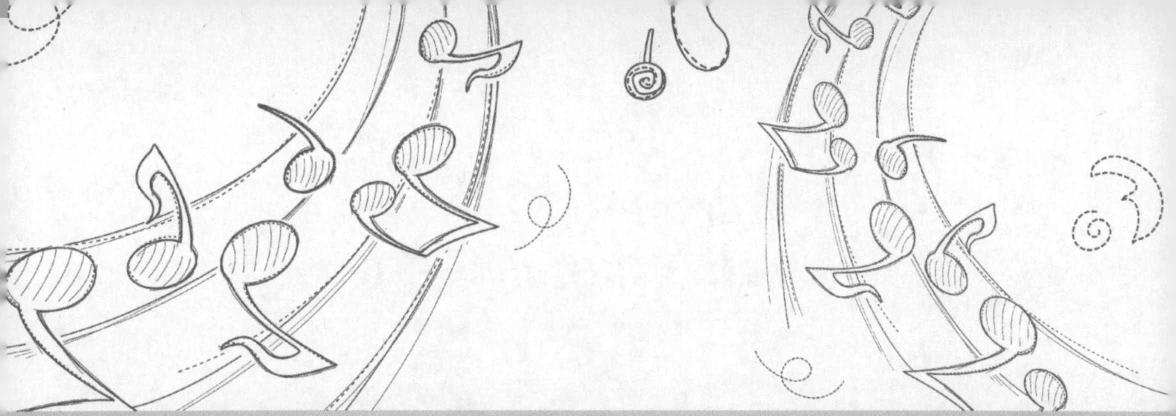

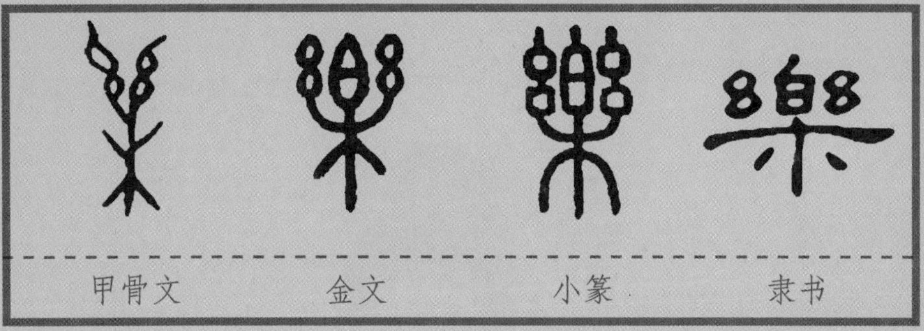

金文时，中间加了一个“白”字，指明以手抚琴瑟。也有人认为金文中加入的“白”为一面小鼓，谓鼓乐声声。

小篆沿用金文字形，至隶书、楷书时固定为“樂”。

gǔ yuè qín shēng

鼓乐琴声

人文小科普

礼乐重器——编钟

编钟是中国汉族古代重要的打击乐器，兴起于夏朝，盛于春秋战国直至秦汉。

编钟由若干个大小不同的钟有次序地悬挂在木架上编成一组或几组，每个钟敲击的音高各不相同。其发声原理大体是，编钟的钟体小，音调高，音量则小；钟体大，音调就低，音量也大，所以铸造时的尺寸和形状对编钟有重要的影响。

1957年，在我国河南信阳市城阳城址出土的第一套编钟13枚，音乐家随即用此演奏《东方红》，并随着我国第一颗人造卫星唱响太空。

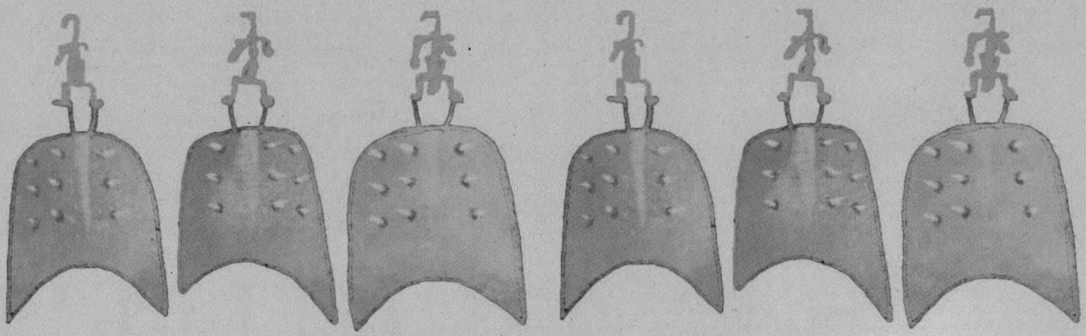

1978 年出土的曾侯乙编钟，是由六十五件青铜编钟组成的庞大乐器，其音域跨五个半八度，十二个半音齐备。它高超的铸造技术和良好的音乐性能，改写了世界音乐史，被中外专家、学者称之为“稀世珍宝”。

在中国古代，编钟是上层社会专用的乐器，是等级和权力的象征。古代的编钟多用于宫廷的演奏，在民间很少流传，每逢征战、朝见或祭祀等活动时，都要演奏编钟，堪称“礼乐重器”。

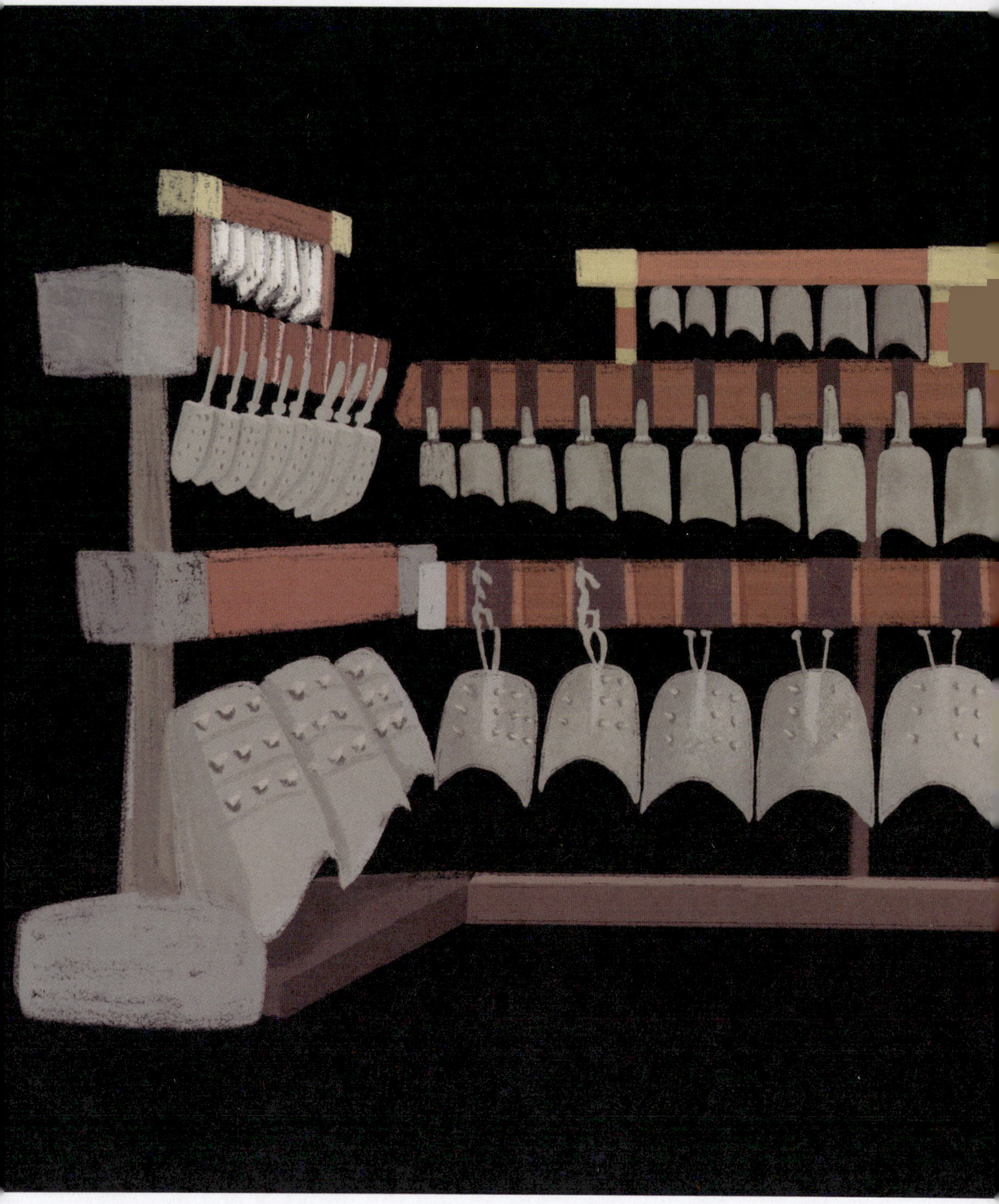

biān zhōng

编钟

第三节 祭祀文化

解字小课堂

册

汉代时，文字开始被书写在竹片上。一根根的竹片被称为“简”，如果“简”比较宽则为“牍”，把若干根简串在一块儿，连在一起就成了“册”。

甲骨文中，“册”就是几根竹简并排，用皮条串起来。

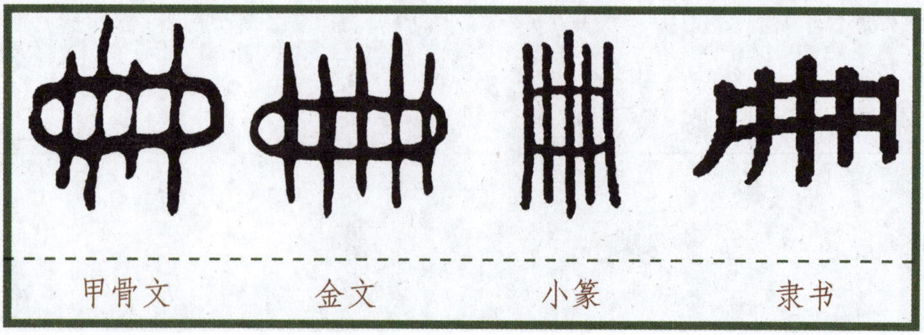

金文、小篆、隶书时，字形都没有太大变化，楷书时确定字体为“册”。

今天的图书也是这样，把一页一页的纸订到一块儿，就是一个册子了。“册”的意义几千年没有改变。

与“册”对应的是字典的“典”，“典”字是在“册”的基础上再造的，下面是两只手的“廾”或桌几的“丌”。

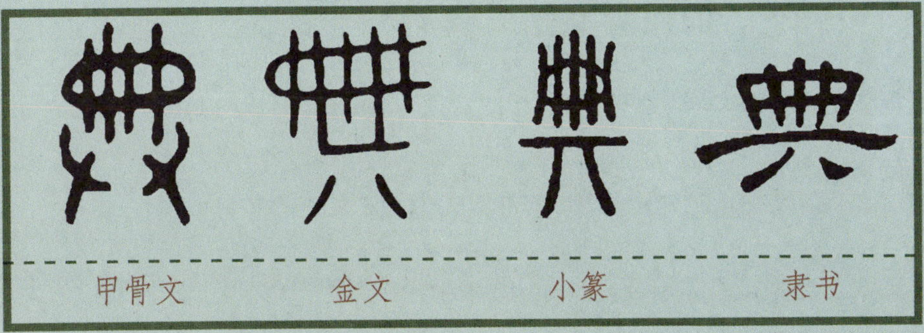

卜

“占卜”今天是一个词，在古代，它们有各自独立的意思。

“卜”的甲骨文是一竖加一个斜着的纹理，是根据龟甲上的裂纹画下来的，专门指龟甲的裂纹。

金文和甲骨文书写形式差不多，都是一个主纹，旁边还开裂一个纹。它的读音就是“噗噗”的爆裂声音模仿过来。

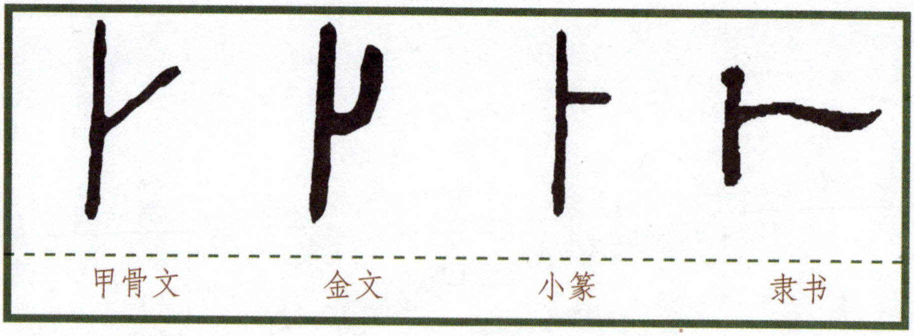

小篆时，字形线条化、整齐化，这一竖就写得特别直；另一横比较短，也比较平。

到了隶书时，字跟小篆样子差不多；但此时已经有了现在书写的感觉，其横画得更长了一点。

到了楷书时，一竖不变，右边一横变成了一点，这就是占卜的“卜”字。

“占”字为“卜”下加一个“口”，所以“占”就是用口说出裂纹的情况。

单个孔爆开的裂纹为“卜”，那么成片的卜纹结合在一起就给出了占卜的结果。

从这些裂纹的整体样式和走向，占卜之人会预测和判断事情的发展方向。它可以用来看出事物发展的端倪，也就是我们常说的征兆。

汉字的延伸

兆

“卜”是一竖，一个裂纹，“兆”就是所有裂纹组合在一起的样子。

从甲骨文来看，“兆”纹路比较多，就是按照龟甲裂纹的样子画的。

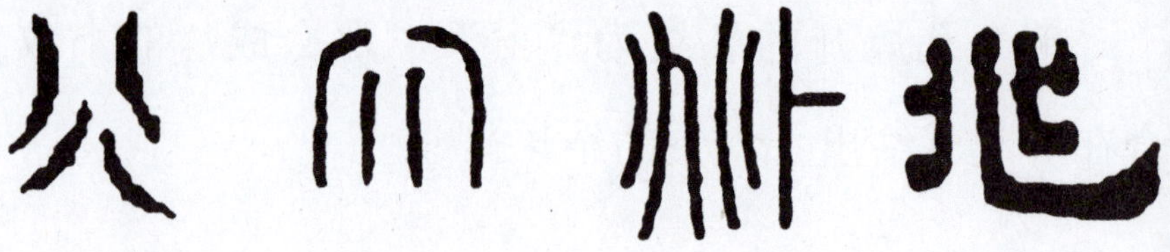

甲骨文　金文　小篆　隶书

金文的写法在外面加了两道，大体是指腹甲的轮廓，里边画有甲上裂纹的图案。

到了小篆以后，有了一个特点，笔道写得比较直，左右对称很像裂纹的样子，而在右边再加个“卜”字进一步说明与占卜有关。

到了隶书，大体上就是分成两边，两个大的纹，大裂纹里分别有小的裂纹。楷书照写，一直使用到今天。

人们看裂纹的走势预判未来，也就有了“预兆”。

解字小课堂

示

随着社会的不断发展，人们进行各种祭祀，就有了供桌、牌位等器物。

“示”字是一个供桌的样子，在甲骨文中有好几种写法，但基本上都是画了一个桌面，下边是支着桌子的桌腿，也可能就是石头垫着。

甲骨文① 甲骨文② 金文 小篆 隶书

我们看“示”的甲骨文形状，基本上就是一个供桌的样子，下面有一竖的（甲骨文①）、有三竖的（甲骨文②），表示有的比较简陋，就是一个大石头支着，有的带有支腿。

金文表现得更好一些，到小篆演变得比较整齐，上面两横，下面三竖，中间这一竖非常直，两边的略微地往旁边有所分开。

古人为了确保占卜的准确性，要上供敬神，以得到神的启示，这样用一个大的供桌实物来表示比较合情理。小篆时，上面的一横就表示有供品。

隶书基本上是根据小篆的形体演化过来的，上边部分不变，下面的桌面拉得比较长，显得宽大稳重，也符合隶书的特点。

下面的桌腿好像一个大小的“小”字，除了表示供桌的腿之外，这个“小”还寓意有看不见的意思。神给你的是启示还是暗示，你是看不见的，但要细心琢磨，所以用一个“小”暗含此意。

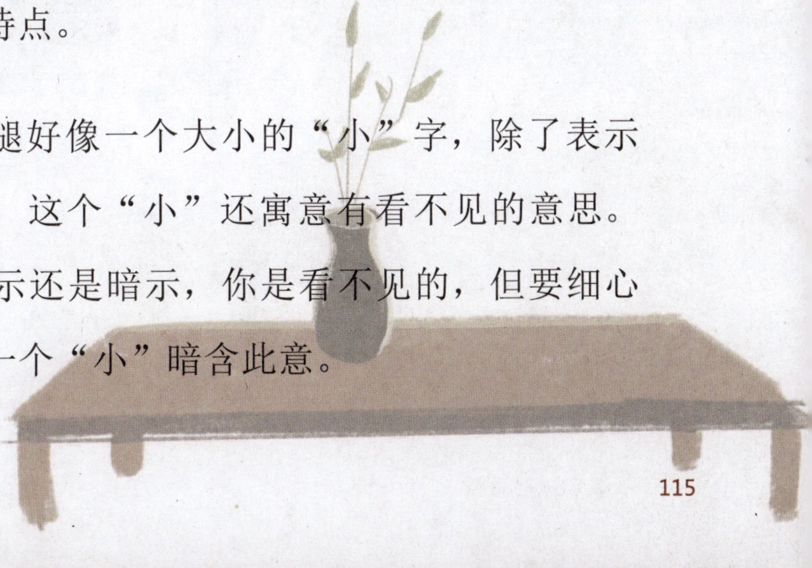

今天的楷体字跟隶书差不多，只是写的笔画更加规整罢了。

由“示”组成了很多字，大都与祭祀敬神有关，比如祀、祈祷、祝福、神、礼、祥、禄、福、祠、祖等。

在书写的演变进步中，它也逐渐形成了自己的部首形态——礻，示字旁。

我们讲衣服的“衣”时，有一个衣字旁——衤，二者非常相似。汉字书写时要注意区别。

且

“示”是指敬神，得到神的启示。中国古人除了“敬神”之外，还有一项非常重要的活动就是“祭祖”。

祖先的“祖”原本就写作“且”。从古文字来看，“且”的甲骨文和金文基本差不多，看着像是一个牌位。

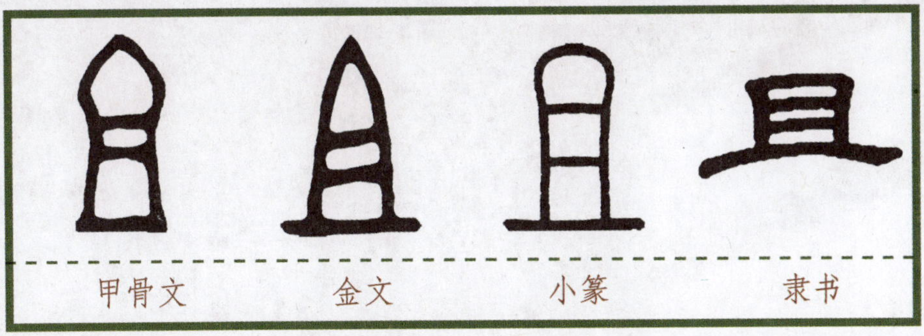

这是中国人古有的风俗，我们一直到现在都还有祠堂，用来祭祖。“且”就是一个牌位的样子，它代

表祖上、祖先。

小篆、隶书字形基本没有变化，到了楷书时更加规范，成为“且”。

在汉字的使用中，人们逐渐加上了表示祭祀的“ネ”，变成“祖”字，以此来表示祖先。

人文小科普

中国人祭祀祖先的传统

祭祀祖先，是一项隆重的民俗活动。国人有慎终追远的传统，过节总不会忘记祭拜祖先。除夕、清明节、重阳节、中元节（除、清、九、盂），是中国传统节日里祭祖的四大节日。

古时，这种礼俗很盛行。因各地礼俗的不同，祭祖形式也各异。祭祖的同时，有的地方也祭祀天地神灵。供品主要有三牲饭菜、三茶五酒等。祭祖时由家长主祭，烧三炷香，叩拜后，祈求丰收，最后烧纸，俗称“送钱粮”。祭祖民俗相沿数千年，是具有深刻意义的一个古老习俗。

中国人对先人的祭祀是道德信仰，是表达情感的诗意之举，是发自个体情感的感恩与缅怀。冯友兰先

jì zǔ
祭祖

生曾说：“行祭礼并不是因为鬼神真正存在，只是祭祖先的人出于孝敬祖先的感情，所以礼的意义是诗的，不是宗教的。”

人们相信，亲人、先祖能够收到人们的情意与祭奠，这种庄重的仪式是一种情感的、诗意的、道德意义上的真实。面对先人的照片或墓碑，表达浓浓的思念和真诚的敬意，是人们生活在这片古老土地上的幸福和动力。

第四节 生活用具

解字小课堂

我们今天使用的桌子在唐朝以前是没有的。唐朝以前，我们有两种伏案，一种叫“案”，另一种叫“几”。

所以在古文中常会看到有“几案”一词。这个案就是条案，是敬神、上供用的，要在上面摆供品，比较大且长，一般人不能使用。人们平常使用的则是这个“几”。

所以，如果你在看电视剧时，《三国演义》《东周列国志》《封神榜》等，画面里是不能出现桌子的，如果出现桌子那就是穿帮啦！

“几”字到现在看，还是一个茶几的形象，很低矮。

甲骨文还不太明显能看得出，但小篆就是这么一个较低的小平桌，隶书更像。

小篆和隶书的两个形体都差不多，其笔画简单，书写基本没有大的变化，楷书进一步标准化。

今天我们依然把小的、低矮的桌案称为几，如喝茶的小桌就叫茶几，也叫几案。

汉字的延伸

幾

在简化汉字的时候，人们用简单的“几”字代替了复杂的“幾”，“几”和“幾”被认为是繁简关系。其实并非如此。

这个“幾”字，有的人也许没有见过，即使看到了往往也不认识，而且它写起来特别麻烦。

“幾”的字形上面是个“丝（絲）”字，中间一个“戈”字，丝、戈二字都讲过了，左下是个“人”字，它是这三个字组合在一块儿的。

“幾”是织布机子的意思。古代的织布机子今天已经很少见到了，大多都进了博物馆。

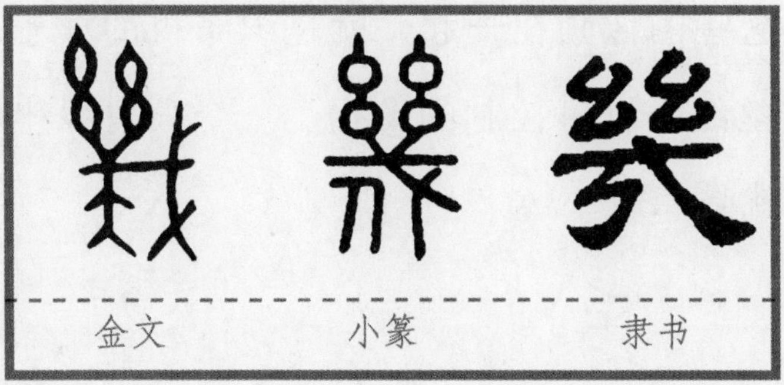

织布机在织布的时候，有纵着的线和横着的线，纵横交错才能织。织布的时候，经线必须拉直，如不拉直就会混淆在一起没有空隙，纬线就穿不过去。

织好的布就卷在织布机的前面，有个卷轴卷着，它带着一个木头梢子以便固定，只有固定了卷轴才能拉直径线。

但人们不能织一段布就起身去固定卷轴，于是就得有个东西进行远距离操作，拿个什么东西来卡梢子方便操作呢？

就是我们学的“戈”，一个跟戈的样子一样的器具，有一个长长的把手，上面又横着一个拐子，这样织布的人就不用起身也能控制卷轴的松放了。

把这些图像画在一起，就是织布机的样子——上面挂着丝线，有可控制的戈拐，一个人可以坐着的位置，这就是“幾”。

zhī bù jī

织布机

帚

扫帚就是我们平时打扫卫生的常见工具。

这个扫帚的“帚”字我们看甲骨文，就是长长的一颗扫帚苗的样子，中间的一个符号表示把它捆起来，捆起来压扁就是扫帚。

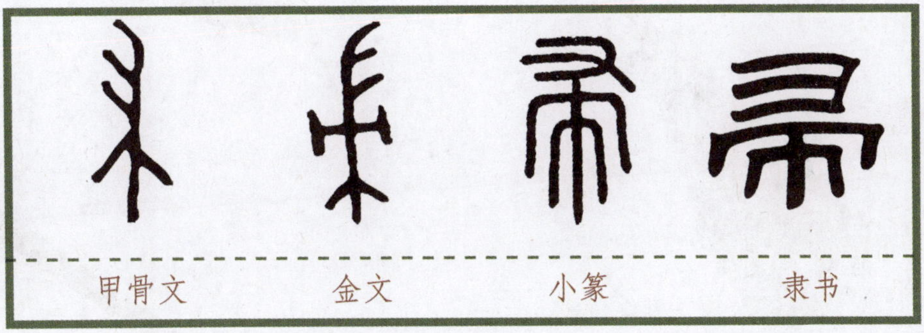

甲骨文、金文的字形基本上是相似的，上为扫帚头，下为捆扎的根杆。

小篆时有不同点，一方面是把上面扫帚的头拉长

了，表示有像手一样的功能，人们经常用手拨去、除去灰尘。另一个方面是把下面的符号也拉长，像个“巾”字，像巾能擦拭、抹干净一样。

因为扫帚也是为了能打扫干净。它既没有失去它原来的意义，又含有更加明确的意义联想。

隶书根据小篆而来，其后草书、行书都是根据隶书书写，楷书根据隶书进一步楷化，这就是“帚”字。

用它再造字的时候，加上提手（扌）就是“扫（掃）”，加上女字是妇女的“妇（婦）”，妇女和扫帚有什么关系吗？

妇女收拾家务，男子田中干活。可见汉字的造字，也是分工明确的。

nán nǚ fēn gōng
男女分工

其

“其”在甲骨文中是一个簸箕的样子，簸糠用的工具。

当然不用来簸糠，撮土也行，就是个簸箕形象，上面不堵住，表示一边开口，其他三面都挡着。从开口的一边进来，进来以后了再簸，就把米的糠皮簸出去了，它是一个簸箕的完整形象。

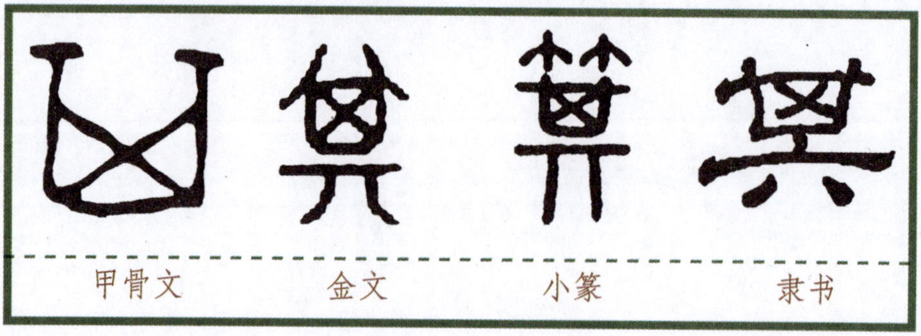

到了金文，加了个读音符号，下面是几座的“几”，上面还是簸箕的样子，此时它除了簸箕以外，

已经有了“地基”的意思了。

金文下面加了表示读音的“丌”，表示放在一个小几上，小篆显然是由金文而来，基本上没有多大变化。

隶书又根据金文和小篆一直沿用，草书、行书，一直到楷书，这个“其”字就一直如此，也用作地基的“基”。

“其”后又被借就指“这个地方”，因为地基不能来回移动的，就指这个地方。把这个实的现象作为一个虚词和代词来用，表示这里或者这个地方。

如此一来，原本的簸箕就给丢了，那簸箕怎么办呢？

簸箕多用竹子、草条所编，于是给它上面再加个竹字头，用竹子编的那就成了簸箕的“箕”。

前面一直说“其”有地基的意思，那么地基跟簸箕有什么关系呢？

我们很多人没有想过这个联系，其实“其”最早也是地基的“基”。

古人盖房子多盖北屋，有东墙、西墙、北墙，而南墙则是门窗，它的承重小，故南墙多不挖地基。

因此，盖正屋的时候是三面打下地基，北边、东边和西边都要挖下去并且要夯实，夯实以后筑墙架檩和梁，才盖起房子。

所以挖的地基就像簸箕的样子，做基础用的就是地基，后来怕使用混乱，才又在底部加个“土”字，造了地基、基础的“基”。

中午的“午”字我们经常使用。那么它是怎么来的呢？原本“午”字是一个器物，它最早的意思不是中午的意思，而是杵。

从甲骨文来看，字形像是一根棍子，不过这根棍子有些不同。

这棍子上好像是个疙瘩，棍子头也稍微大一点，中间的一个点意思是指示位置，是一个指示符号，指明这个地方有点特殊，可能在这可以穿通，或是着手拿这个部位，或是着脚蹬的，它就是舂米的工具“杵”。

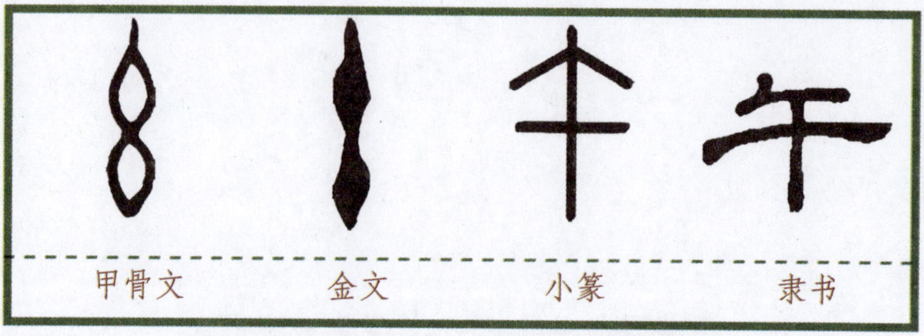

金文中，把尖更强调出来，说明要用它的头部舂米，中间的部位仍旧是比较粗，到了小篆线条化，字形和金文大体相似，上面是个尖，下面的这个部分有个穿洞，横着的就更长了，下面是一根的。

从甲骨文到金文、到小篆，它们三个来看都是一个木杵的样子。

到了隶书，就把上面尖的部分和左边就变成了撇“丿”，是为了书写轻松，改了以后一次写下来，右边变成了一横，下面没有变化。

隶书之后基本都是这种写法，草书、行书根据隶书书写，楷书是在隶书的基础上进一步标准化。“午”的本义就是指木杵，一个木头做的舂米用的一个器物。

人们在使用木杵的时候不能斜着，必须是正直上下使用，所以把它借来表示“正”的意思。

所以“午”就有“正”的意思，如正午、中午、午时等，以及数字当中“一二三四五六七八九”中间的那个数字——“五”，它们也是同音。

此外，午还表示正中间的时间，太阳从出来到落下去，最正中间的时候就叫“午时”。午时就是用了一个木杵来表示正中的意思，古人用一个“实的正”来表示一个“虚的时间”。

“午”被用作正，那木杵怎么办呢？古人就又在“午”字左边再加一个“木”字，表明木头做的这样一个器物就是杵。

臼

器物中与杵配套使用的是臼，石臼。“臼”则是一个舂米用的石臼形象。

甲骨文字形还没看到，但这个字有陶文，也就是古代制陶的时候，在那陶器上刻的文字，我们把这种叫作陶文。

如果在石头上刻有文字，我们就叫石文，在甲骨上叫甲骨文，在金属上叫金文。

臼的陶文和今天的“臼”字很相似，画了一个石头的臼，这中间还有“牙”，所谓“牙”就是捣米时臼面不平的样子，不平才更容易脱掉米糠的壳。

陶文　小篆　隶书

今天人们春米都是机械化，石臼已经很少见到了。

到了小篆，“臼”字本身没有大变化，只是把口的部分画得小一些，使捣臼的时候壳不容易飞溅。

隶书也没有多大的变化，楷书根据隶书进一步楷化为“臼”。

主

“主”字在今天主要用于“主要”“做主”之意，但是，却很少能让人看出它的本意——油灯。

关于它的字形，甲骨文就画了一个完整油灯的样子，金文主要体现了油灯的火苗，省去了灯柱与托盘。

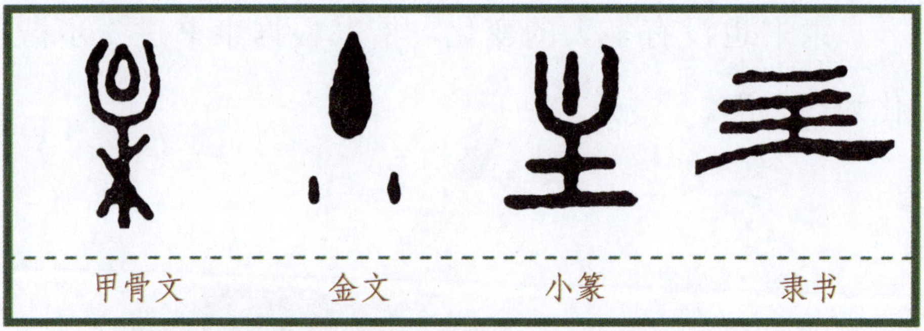

小篆则结合了甲骨文和金文的特点，隶书规范了小篆字形，基本形成了今天楷化的字体。

今天考古出土的古代油灯都能找到“主”的影子。

这个小小的油灯，怎么就有了“主要”的意思呢？

古代没有电，夜间取光就要用油灯，油灯消耗的是油。油在古代也是不可或缺的生活资料，人们劳作一天后，回家议事时，常聚在一盏油灯之下，以节省灯油。

时间长了，这个油灯就代表了主要的意思，因为很多意见都是在油灯下商量出来的，都是在油灯下主持的。

“主”字就从一个简单的象形字，一步步地成为主要、主人、主持的象征。

丁

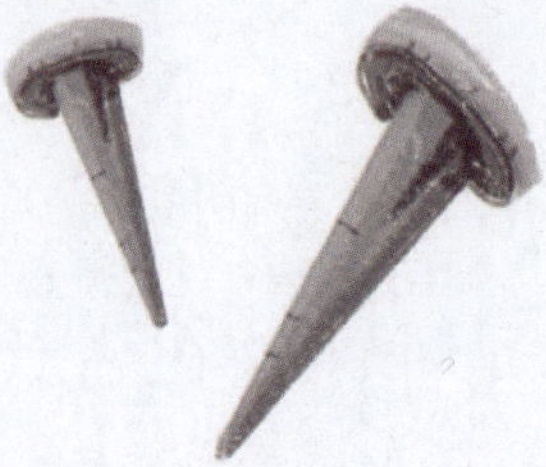

甲乙丙丁的“丁”是什么？“丁”实际就是钉子的形象。

甲骨文、金文都不形象，它实际上是一个方框，因后人用毛笔书写，才成实心。最早用刀子刻是不可能刻成实心的，所以它原本是个方框。

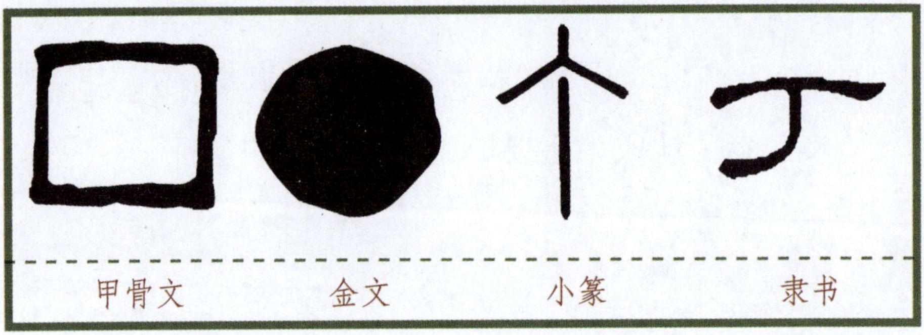

金文的样子比较圆点儿，这一方、一圆，就是钉子钉到了木头里以后看到的钉子帽儿。

后人们怕不清楚，又造了一个字，带有钉子梃的部分，整个钉子的形象就画出来了。小篆进一步强调了纵着的梃，上头有个帽儿。

“丁”字一开始就是钉子的“钉”，小篆是这样，到隶书时仍旧把上头放成平的，下面部分不直而是弯的。

这样写也有道理，包括现在楷书的字体“丁”带个钩，因为钉子往下钉的时候，有时候就会打偏了，有钩的钉子则更牢固。

汉字的演变过程中，细微的特点都是有生活根据的。

丁字在古时还有成年男子的意思，它没有具体的年龄标准。

据说古时四十为丁，隋朝定为二十一岁，唐天宝年间则为二十三岁，宋朝男子二十岁为丁，成丁之后要服徭役、纳人头税。

丁字后来又用作天干计时，排在第四位。

这样，“丁”又被借用了。所以，古人又为钉子另造了一个“釘”字。因在古代。它多为金属打造，所以小篆时又加了金字旁“钅”，造了今天钉子的“釘”，简化为“钉”。

丁与钉本就是一个字，可以说“丁”是“钉”的古字。

网

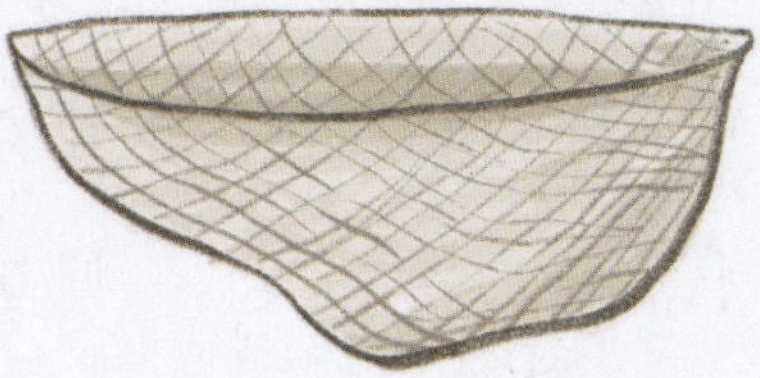

网是古代重要捕猎工具。甲骨文的“网”字画着两根柱子，上有交叉的编织图案，非常像挂起来的网。

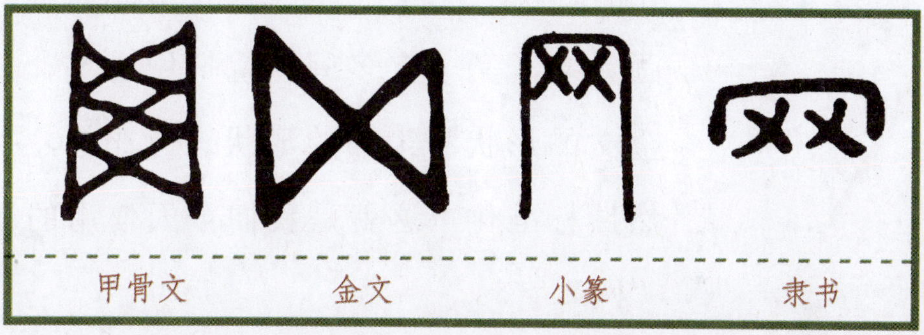

到了金文，依旧交叉着把上面连起来了，也有上面往下落的。

到了小篆，根据金文字形有了分化，网先是独立成为部首“罒”，这可不是一二三四的“四”，例如罩字的顶部、罗字的顶部等；后加入读音符号和意义概念“亡”，猎物因网住被捕获就要死亡，就有了

“罔”字；另又因网多为丝线所编，又加了绞丝归类，有了“網”字。

到了隶书时，根据小篆而来，留有罔、網二字，“罒”则被作为偏旁不单独使用。

楷书保留隶书的习惯。直到汉字简化的时候，人们觉得它书写太复杂，笔画太多，又一字多写，就把甲骨文、金文的形状和隶书的形状进行比较，然后标准化，这就是我们今天使用的“网”字。

简化的“网”，大家看它并不是很难写。

甲骨文也非常像一个网的样子，但文字发展的中间过程变化却是比较麻烦的，这里包含有很多思想的发展，那么这个麻烦在哪儿呢？

在古人的生活中，其实真正打鱼的网并不叫“网”，而叫“罗”。古代“网罗”是指两种东西，它们各有分工。

网是放在地面上防止来往的为“网”；罗是从上面往下扣的叫“罗”，合起来就是网罗，更有“天罗地网”一词。

伞

“伞”字是个简化字，但它比任何一个字造得都好，更真实地再现了生活当中雨伞的样子。

上面是遮阳、遮雨的面，下面是伞把儿，还有中间的一些梃儿，一把撑开的雨伞样子，非常像。

在“伞”没有简化的时候，这个字的字形在楷书中还是比较烦琐的——“傘”。

上头依然也是遮阳的部分，但里面笔画繁多，伞里的梃儿也确实很多，如今我们简化字仅用了两个点就可以表示了，还是有所进步的。

“伞”在甲骨文、金文中都没有，很可能那时候还没有发明雨伞。

下雨了怎么办啊？古人估计就跟戴“蓑衣”一样，随便拿个大树枝，或一些杂叶披在身上。

小篆时才有了“傘”字，但这个“傘”可不是今天的雨伞，而是帝王出行时专用的一种礼器。

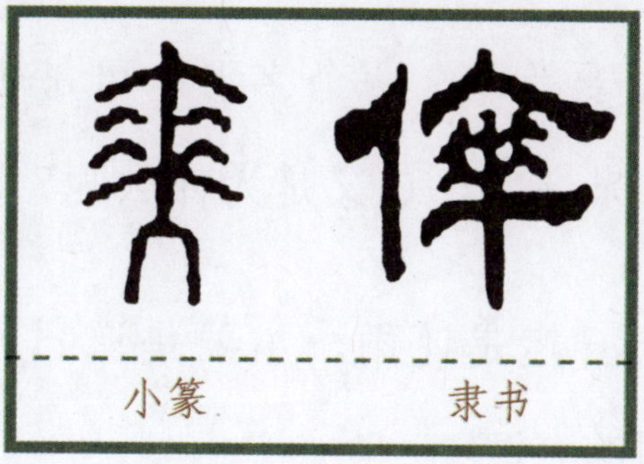

帝王出行所坐马车上有黄罗伞，或黄罗盖伞。小篆时就画出了伞的形象——“傘”，它是权力地位的象征。

我们再穿越历史，你会发现还有一个字也表示伞，这就是“繖”。

“傘”与“繖”这两个字都出现得比较晚。“繖”字，一个绞丝（纟）加一个散开的“散”，显然不是象形字。

小篆　　隶书

汉字中关于“伞”两个字形，可是古人把一个东西用两种方法来造字，这又是为什么呢？

伞最初不一定是遮雨，主要是遮日光、遮风尘，重要人物才用的。

所以在小篆时又有了一个字形“繖”，绞丝旁表示了它是丝线做的，主要是油布，右边散开的“散”表读音、意义。

它不用时收在一块儿，一旦使用就得散开，所以用“散”来表示读音。

隶书时保留了这两个字，在使用当中，人们担心表达不清，“伞”字还单独加有立人旁（亻），说明跟人有关。

后楷化逐渐形成今天的文字形体。

关于“伞”字的两种造法，一种是尽量靠近形象，一种是音意联想跟布、跟散开有关系，都很有特点。后来，汉字简化时，“繖”就不再使用了。

有关“伞”的这两套文字造字方法流传下来，可见随着人们文化、知识水平的不断积累，古人的造字逐渐以简洁的象形来呈现，其中也使用了带有抽象性的音、意造字方法。

人文小科普

鲁班发明石磨

鲁班是春秋时期鲁国人，是著名的能工巧匠、古代发明家。2400 多年来，人们把古代劳动人民的集体创造和发明也都集中到他的身上，其中就有这样一则发明石磨的故事。

话说鲁班一年到头，四处奔波，给别人干活。这一天，他忙了一上午，坐下来休息，看到旁边有一家人正准备做饭，可是没有面粉了。

他们拿来一些麦子，放在石臼里，用沉重的石杵去捣。捣麦的人累得满头大汗，才捣碎了很少一点。

因为麦粒是椭圆形的，用劲小了，砸不碎；劲大了，又把麦粒砸跑了。当时，人们都是用这种办法，效率相当低下。

鲁班看到这种情况就决心改革它，为人们解决困难。但他一直没有想到好的解决方案。

又一天，他来到另一个地方干活，恰巧看到一个老太太正在捣麦子。老太太年岁大了，举不起石杵了。她扶着石杵，在石臼里研着麦粒。

鲁班走过去一看，石臼里的麦粒有不少已经磨成了粉，效果竟然比人们用力捣麦子还好。

鲁班从这里得到了启发。回到家里，便叫他的妻子云氏找来两块石料。他把石料凿成两个大圆盘，又在每个圆盘的一面凿出一道道槽。其中的一个圆盘，他还安上了木把。

邻居们都很奇怪，鲁班做的是什么呢？大家都围过来看。只见鲁班把两个圆盘摞在一起，凿槽的两面相合，有木把的放在上面，中心还装了个轴。他在圆盘中间放上麦粒，然后转动上面的石盘，麦粒很快就磨成了面粉。

大家高兴极了，纷纷赞叹鲁班真是一个充满智慧的能工巧匠！

shí mò

石磨

第五节 耕织工具

解字小课堂

工

工具的使用，标志着人类逐渐走向智慧。我们通过熟练掌握各式各样的工具，来帮助我们更好地生活下去。工具是我们必不可少的器物，因而，我们用“工”字来代表汉字的器物家族。

从“工”的甲骨文来看，它有很多种形象，其中有两种和今天楷书的“工”字形比较接近。

一种下面是一个方形的“口”，有人认为这是古人要做工，搞建筑打地基时夯实地基用的夯，现在叫石锤、夯锤。古代就用一个大石块固定在一个结实的木头上，上面有个把。

另一种出现得比较多，上下都是一个横杠，它应该就是一根棍子。

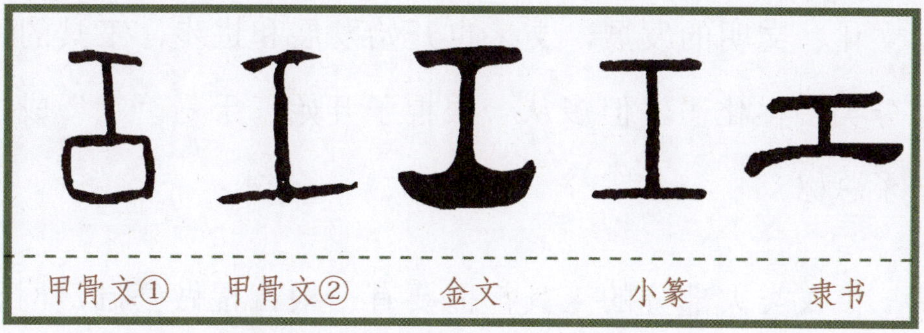

金文画得简洁，采取了甲骨文②中的字形，表示一根棍子的可能性更大一点，使用更为广泛。小篆时，也延续了这一字形。

隶书稍有所改变，这根棍不是很直了，在中间稍有些弯曲，表明棍子没有那么直。到了楷书，笔画变得更规范了。

古人在造字的时候，在表示这个“工”到底应该怎么画、画成什么时，可能有多种工具的选择，但是最原始的、最简单的、最初的，恐怕就是一根棍子，一根比较直的棍子这个形象。

人们用棍子既可以敲打，也可以戳，可以往前顶，还可以撬，可以担东西，有多种用法。

而最早这个“工”字恐怕也是专指、专用，后来文化、文明的发展，文字也开始发展和进步，工具的分类多样化了，但多从一根棍子开始，于是“工”成了总称。

人类大部分的工具都需要有一根直棍做基础，例如斧子、铁锹、镐、戈、矛，棍子还能丈量土地等。

巨

甲骨文中，“巨”是两根棍子一横一竖交叉的样子，这原本是古代的一种工具。

“工”是一根棍，这根棍有多种用途，能撬、担、刺、扛等，此外它还能当尺子用，以便丈量、测量。把一根棍子横放着就可以测量，就是一个尺子。

甲骨文的“巨”就像两个“工”字交叉，纵着是个工具，横着就是测量的尺子。

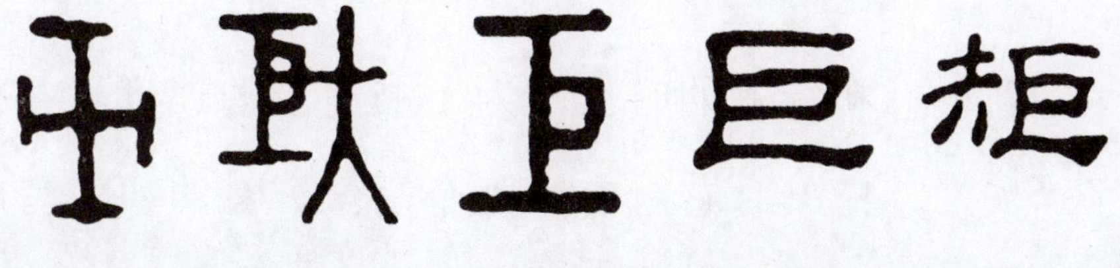

甲骨文　金文　小篆　隶书①　隶书②

金文和甲骨文之间有着巨大的区别，像旁边站着一个人，手拿“巨尺”的样子，尺子上多了一个把手，表明这可不是一般的木棍、手杖等，而是专门做测量用的木杖。有一个手柄也便于携带，测量时能更好把持，金文中仍旧是测量用的尺子。

小篆时，去掉了人形，就单纯地画了“巨”的样子，专指搞测量用的尺子。

到了隶书的时候有两种字形，一个是今天的字形“巨”，一个则有添加了的内容“矢”，组合成“矩”。

“矢”是一支箭的样子。在古代做箭的长度有严格规定的，不能各地制造的规格不一有长有短。同时箭也是直的，于是加“矢”表示有标准、是直的，用于测量直线和画直线。

到草书和行书的时候，为了书写上的速度，省掉了“矢”，楷书时它就有好几个写法，有的加矢写成矩，有的另加足写成距离的“距”。

在手边没有工具的时候，古人往往是用脚来量，今天我们有时也是这样，迈一步为一跬，迈两步叫一步，所以有“距离”一词。

随着文明、文化的发展，社会分工的细致也带来了文字系统的细致化。小小一个“巨”能测量无边的土地，便引申出大的意思。于是，“矩”成为测量工具，“巨”就专门形容大的意思。

“巨”和“矩”是一对古今字，巨是量直线，画直线的，那么与之对应的就是量曲线、画曲线的，就是规，今天我们称为圆规。

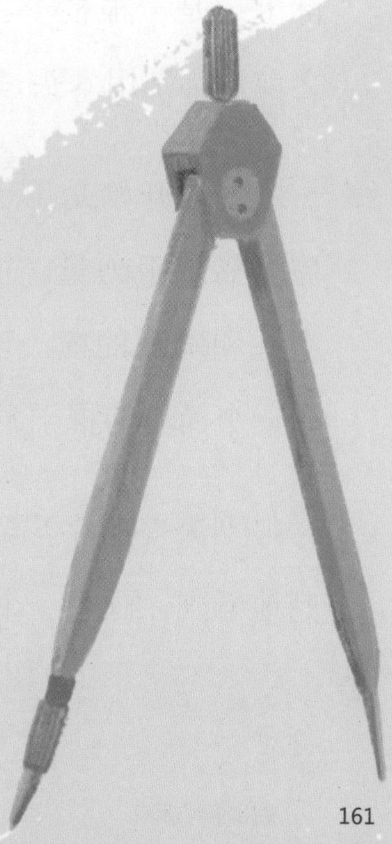

耒

“耒（lěi）”是古代一种重要的农具，尽管我们今天已经很少使用了。

古代记载中，耒有用石头、骨头和木头做的，实际上还是一根棍子。古代在没有青铜技术和冶炼技术之前，都是用木头、骨头和石头来做农具的。

古人开始是用一个棍子插进土里把土块撬起来，完全靠双手力量，很费劲，后来古人在木棍上绑上一个头和脚踩的横，可以用脚踩助力，这根棍子便逐渐由一个简单的棍子发展成了“耒”。

“耒”的字形，我们今天只在小篆中可以清清楚楚地看到，画了一个“耒”的样子。

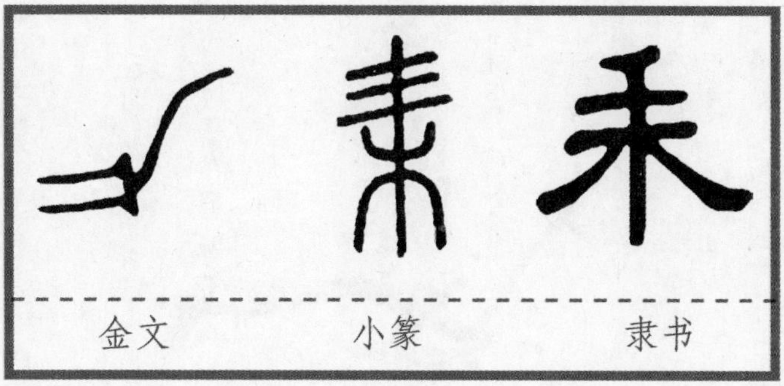

从现在考古看，金文时画的“耒”的下面部分特别像个齿、叉一样。上面的把端也正横有一个木把，便于手推助力，一手握把，下端横有脚踩助力的部分，这就是三横，最下为耒头。

在其小篆字形中，下面是个“木”字，说明它是用木头做的，其形底端如铲或叉。一个叉最少有两或三个叉头，这样把它插进去土里就能翻起更多的土来。

隶书时跟小篆差不多，字形更加便于书写，楷书时进一步标准化。

楷书的“耒”，我们可以看到是一个“木”字做基础，还是表达了是用一根木头做的，下边是带齿的，另加有两横，一个配为上把手，一个配为下把脚踩，既体现了“耒”的使用方法，也展现了它的造法。

力

力量、力气的“力”，最早也是一件古代的农具。

甲骨文“力”像耕地的一个犁，在文字学上认为“力”就是“犁”，一个木头的犁。耕地一开始用耒翻地，后来使用了牲口的拉力，就有了牛耕犁地，就有了工具“犁”，“力”就是一个犁的样子。

“力”甲骨文字形中，今天看来还是挺像的。但从金文来看，有人主张它仍旧是个耒，其实耒和单犁差不多，都是翻地用的。

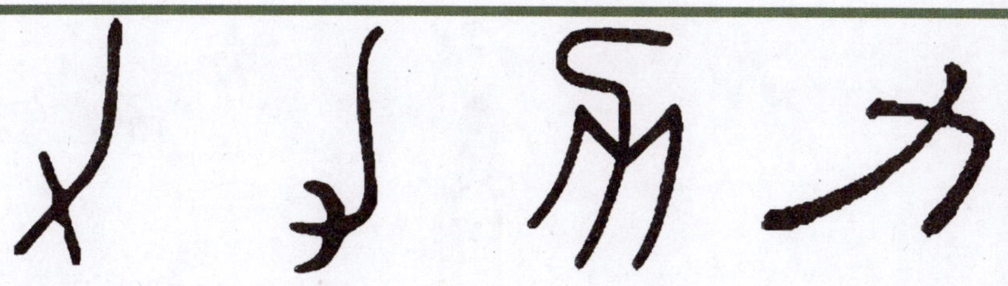

甲骨文　金文　小篆　隶书

到了小篆，笔画讲究对称柔美，起笔弯曲表达了力量不光是直的蛮力，也有巧力。犁地光用蛮力是不行的，还要顺势借助巧劲，有它的另外一个思想在里面，同时书写美观。

到隶变时字形简单化，也就是简化成后来的“力”字。隶书和甲骨文、金文大体上是相似的，楷书就是根据隶书这个形状进一步楷化的。

“予”的甲骨文画的是一个一个的网眼，一根线穿梭其间，表示是用梭来织网。因而，“予”被认为是织渔网的用的梭子。

人们织渔网的时候有一个“制子”，使渔网的网眼大小保持一致。因为网有不同标准，这也决定了网眼的大小不同，其中“织板”就确定了网眼的标准。

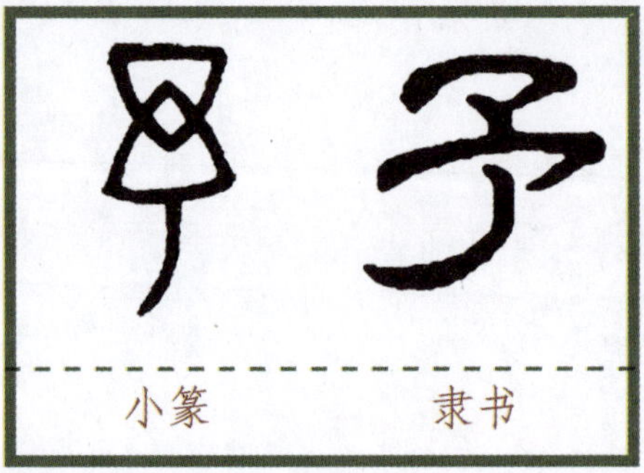

金文没有看到，小篆以后仍旧是这样，指梭子在网眼中间交叉穿梭，下面有一根线。

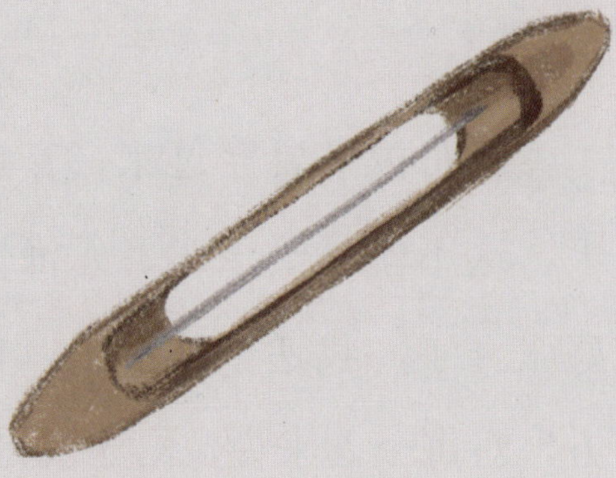

到了隶书，字形大体与小篆接近，但是又靠近了“子”字头。在前面我们讲“矛”字，兵器的尖儿为“子字头”。

当变化到楷书时，“予”字和矛盾的“矛”字头都非常相似，它们都有一个尖儿，梭子要在经线和纬线之间来回穿梭，所以它也必须有个尖头。

隶变时就采用了“子字头”，下面是它带出的长长线头。楷书楷化时规范成竖勾“亅”。

“予”字现在往往用到“给予”一词上。在古汉语中，“予”又往往表示我，这又是为什么呢？

只要你认识到它是一个织布或织渔网的梭子时，这些意义就都好理解了。

织布梭子要穿过来、穿过去，从这只手给到那只手，这不就是给予吗？织渔网时两人面对织，将网织好张开了，我递一边过去，你递一边过来都是给予对方，对每个人来说，给予就是给自己，都是给的我。

因而，“予”字就逐渐有了“我”的意思。

人文小科普

古代的测量

在全世界，最早测量工具是一样的，人们一开始都是用身体的某一部位来作为测量的标准，如寸、尺、丈都是人身体的部位。

“尺”字就是一拃（zhǎ）（张开大拇指和中指或大拇指和小指两端间的距离），古“尺”字就是一只手撑开的样子，这叫一尺。

后来，人们发现手腕部有个地方总在蹦跳，就是现在“大鱼际”的线，它的大小正好是中指中间一段的距离。人们把这个地方叫寸，于是也是画了一只手，在那儿加个点，特指为“寸”。

从寸的位置开始到胳膊的拐弯，就是“肘”的地方，这个长度正好是一大拃，一尺（一尺为十寸）。

cè liáng
测量

那么“丈”怎么定呢？一丈就是人的高度，成年男子叫大丈夫。所以丈、尺、寸，实际都是以人身体的一个部位为比例标准的。

“丈”之所以叫“zhàng”，就是手杖的杖，拿着的拐杖棍子，需要用的时候是当工具，不需要的时候就当了拐杖。一般来说，这根棍子的长度正好为一人的高度。人们把棍子拿在手里，能当各种工具，行路可拄，竖着能打，横着能量等。

它们都是人体的部位，但也都可以测量，都有“巨”的功能，仅仅是测量的大小不同，最大的尺子就是我们前面讲过的“巨”。

根据白双法专著《双法字理》改编

7

汉字大家族

抽象的符号家族

白双法 著

江苏凤凰文艺出版社
JIANGSU PHOENIX LITERATURE AND ART PUBLISHING, LTD

图书在版编目（CIP）数据

汉字大家族 . 7, 抽象的符号家族 / 白双法著 . --
南京 : 江苏凤凰文艺出版社 , 2020.2
ISBN 978-7-5594-4575-9

Ⅰ . ①汉… Ⅱ . ①白… Ⅲ . ①汉字 – 通俗读物 Ⅳ .
① H12-49

中国版本图书馆 CIP 数据核字 (2020) 第 014329 号

汉字大家族 7
抽象的符号家族

白双法　著

出 版 人　张在健
责任编辑　刘洲原
特约编辑　陈忠坤
装帧设计　丁　瑶　孟　迪
责任印制　刘　巍
出版发行　江苏凤凰文艺出版社
南京市中央路 165 号，邮编：210009
网　　址　http://www.jswenyi.com
印　　刷　厦门市竞成印刷有限公司
开　　本　787 毫米 ×1092 毫米 1/16
印　　张　51.5
字　　数　332 千字
版　　次　2020 年 2 月第 1 版　2020 年 2 月第 1 次印刷
书　　号　ISBN 978-7-5594-4575-9
定　　价　220.00 元（全七册）

江苏凤凰文艺版图书凡印刷、装订错误可随时向承印厂调换

目 录

汉字的字形是由各种特定的点和线构成的，这些特定的点和线被称为笔画。由这些基本的笔画形成日常生活中的文字。古人在生活中将同类的事物加上一些简单常用的文字，从而形成对新的事物的表达。这些简单常用的文字就逐渐变成了汉字的部首。同类的事物，往往有相同的部首。我们这里所讲的汉字的符号家族，就包含了汉字的笔画和部首两大类。

第一章

笔画符号

“笔画符号”家族主要包含了汉字的基本笔画（一、丨、丿、丶、乙）和构成汉字的抽象符号（冂、匚、凵、勹、囗）。

第一节 基本笔画

一（横）

“一”是汉字中最基本的笔画。古人用刻刀在龟甲、兽骨，或竹简上刻字，划出来的那一横，逐渐成了今天的笔画“一”。

这一横和汉字中的“一”相似，但它不是“一”。在汉字的笔画中，它有专门的名称，是“横”。凡是说笔画的时候，只能说“横”，不能说“一”。

不过，汉字笔画中的横笔，它的发展变化跟数字“一”是基本一样的。

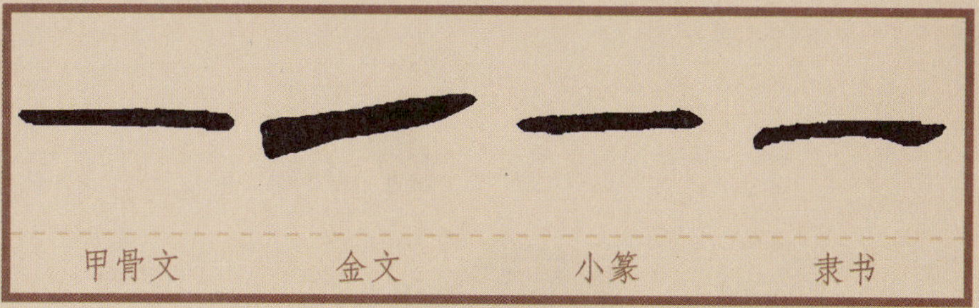

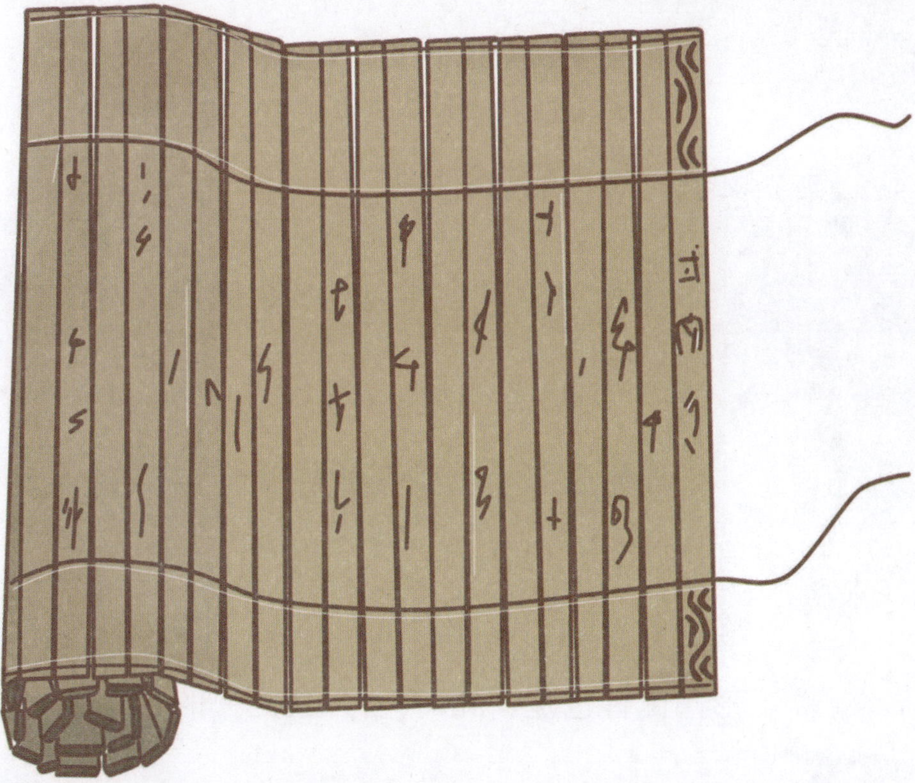

丨（竖）

汉字笔画中的“竖（丨）”，其实是把这个横笔“一”竖起来。

“丨”念“一竖”，即和横竖的“竖”字读音相同。

我们表示一个东西竖立着，和一个人有所建树、树木的“树”相同，所以都有竖着的意思。它本身的形象是甲骨文的象形，读音也是“shu”音，就是树的音。

在笔画中，横笔和竖笔是整个文字美观形状的主体，横要平、竖要直，这个字写出来就好看；横不平、竖不直，这个字就好像被扭曲了。

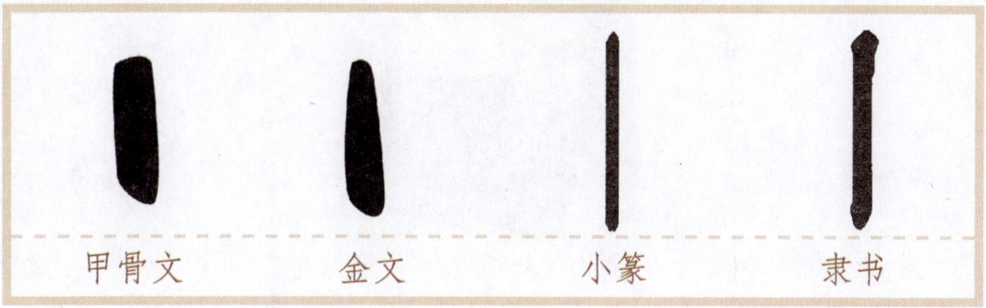

丿（撇）

甲骨文中，“撇（丿）”这笔打了个叉。向右的那一笔，其实是起指示的作用，以表明撇去原本的一笔，也就是进一步指示提醒，就成了“乂”形。

从金文以后，小篆、隶书，一直到楷书都沿用了一笔的“丿”。

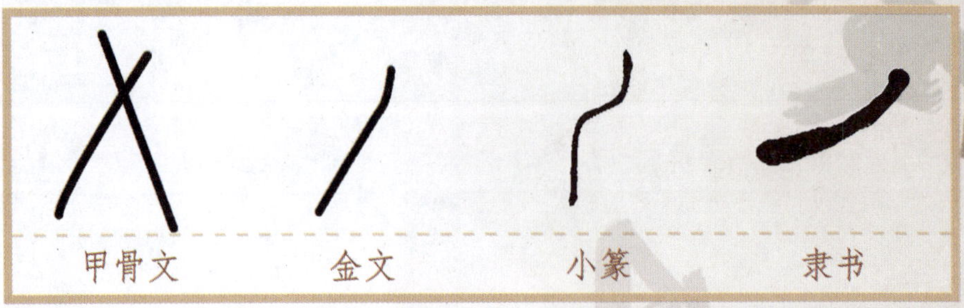

所谓“撇”就是我们在扔东西的时候，把它撇出去，写法上也是笔的走势。

这一笔总有好多种情况，有长撇、短撇、竖撇、横撇等。我们在讲造字写书时，再详细看它们的原型。

、（点）

在中国汉字里，一切笔画最初都从一个点开始的，这个“、”的重要性很大，比横、竖，比撇、捺、折都重要，因为一切从它开始。

这个点的甲骨文、金文、小篆、隶书、楷书，一直到所有的行书、草书，字形基本上没有变化，就是一个点。

它就像一个水滴的样子。它的字形写为“点”，与“占”字有关。古人占卜时，龟甲上钻有一个一个眼，用火烧烤时有火星点点。

乙（折）

折笔有多种写法，在汉字的笔画中，有一折、两折、三折的情况。

人们选用汉字中的“乙”来代表折笔，因为这个字本身就有三个折。

折笔的字形从甲骨文到金文、小篆、隶书，大体相似，楷书时，用“乙”来代表。

此外，折笔还有“乛、亅、乚”。

人文小科普

永字八法

中国汉字虽然形形色色数以万计，但构成楷书的基本笔画只有几种，古人以“永字八法”概括了这几种基本笔画，为学习书法打下一个有力的基础。所谓“八法”就是八种基本笔画的写法，相传为隋代智永或东晋王羲之或唐代张旭所创，因其为书写楷书的基本法则，后人又有将八法引为书法的代称。

永字八法其实就是“永”这个字的八个笔画，分别是“侧、勒、努、趯、策、掠、啄、磔”八划。

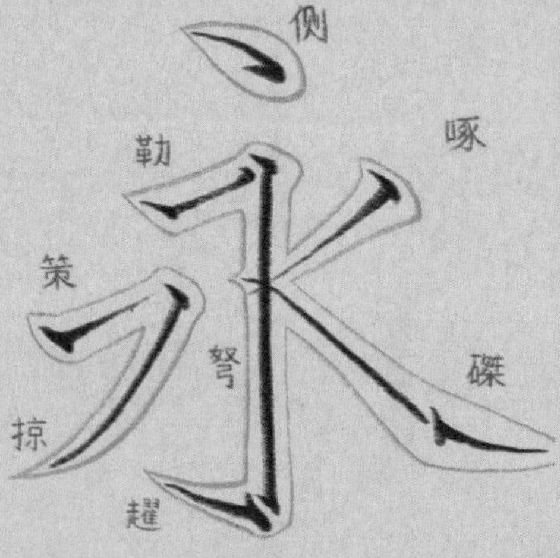

点——永字八法中称为“侧”。点只是告诉人们一个笼统的形状，“侧”指明了点的形势，要左顾右盼，有向有背，欹侧不平，方能得神。点被称为字的眉目，随字而异，且忌平卧。

横——永字八法称之为“勒”。勒为马衔，俗称马嚼子，马嚼子上系缰绳，在马向前奔跑时，勒住缰绳以控驾驭，所以勒又是个动词，意思是说写横画不可很快地平拖过去，要逆进加以敛控，使笔锋与纸之间产生一种摩擦力，迟涩地前进。

竖——永字八法称为“努（弩）”。横竖画是字的栋梁，竖画须能力撑千钧，所以要努力写去。竖画也称直画，但是除了“中”“午”“年”等居中的直画外，却不能写得过直，过直便僵死无力。应该像弓臂（背）那样有曲意方能得力，所以“努”也作“弩”。

钩——永字八法称为“趯”。趯为踢足，其力由腿到足猛然踢出。形容写钩时的动作如同踢足，将力由竖画转向钩处，猛然发出，如果势缓就没有力量了。

挑——永字八法称为“策”。策为马锤，即马鞭。写挑时如挥马鞭，摇动笔管，用力使笔锋至画末即起。

撇——永字八法称为“啄”。啄即是鸟嘴。短撇如鸟啄物，以急出为好。

捺——永字八法称为“磔”。用刀刃割裂牲畜曰“磔”，笔锋如刀刃，沉稳顺势而下，然后驻笔展毫急速撇出。

“永字八法”意在用形象的比喻教导人们将笔画写得生动有势，同时，也说出了一种学习书法的技巧——尽可能地找一些有典型笔画的典型范字练习，这样可能会在较短时间内掌握一个笔画的书写技巧，从而达到快速提升书法水平的目的。

第二节 抽象符号

冂

“冂”，今天我们称作“同字框”，就是同学的“同”字的外框，因为“同”字很常用，外框相同，所以叫“同字框”。

但“冂”本身则是个“冋（jiǒng）”字。

我们看它的古文字字形，甲骨文、金文都有其雏形，甲骨文中，“冋”更像是个窗户。

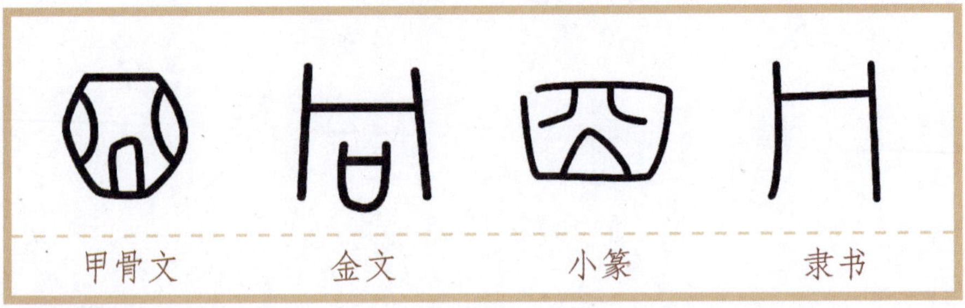

一个房子得有个窗户，没有窗户那屋子里就是漆黑的，从窗户里往外看，就像从窟窿里往外看。原始的房子不会有今天这种大玻璃窗，也不是木格窗户，那就是一个窟窿。这个窟窿向外可透气、采光、走烟等。

“门”有了具体的图形表现，就可以开始它的发展了。

无论是烟囱还是窗户，它都有透光性，给漆黑的房间带来光明。所以，光明的“明”就有这样一个异体字——“朙”。

金文的形象是一个房子的形状，上面有一个窗洞。小篆把轮廓对称化，隶书和它大体相似，楷书根据隶书规范。

现在，“冂”则是作为一个汉字部首来使用了，“同字框”——“冂”。

无论“冂”最原始的本意是“囧、冋”，还是今天“同”的说法，它们大体都是一样的写法，不同的是内部的表现。

内部一横一口为“同”，同学、同志的“同”，一横表示里外两个地方或范围有阻隔，但是还相通的。

“同”字去了中间那一横为“冋（jiǒng）”，指城里一个地方和郊外一个地方的比较，郊外为“冋”。

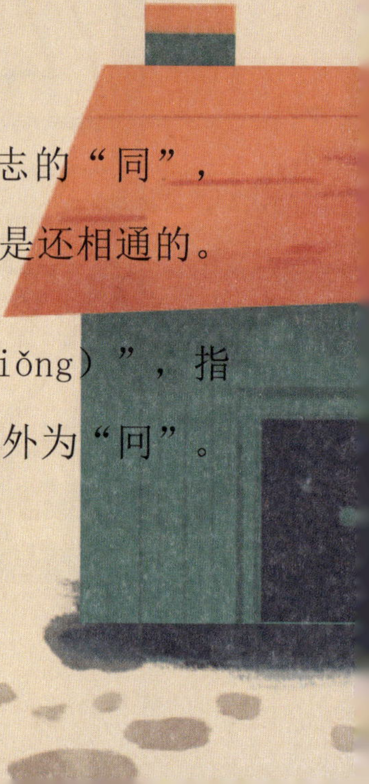

“门与冋”也有两个解说。

解说一：人在一个狭窄范围内，因其活动不便，而有一种不舒展的感觉。这个时候的“冋”相当于宝盖穴下面加一个君的“窘”。

解说二：它依旧跟狭窄有关系，指人们从一个圆洞里看东西，能看的比往常较深远，叫“冋”。

所以这个字加上“辶”成为“迥”，就是边远的地方、远处；加上火，就是隔着一个洞看远处的火，自然很“炯亮”、很明亮。例如，说一个人的眼睛“炯炯有神”，往往是用这个“炯”，形容这个人的两只眼睛中似乎有火光，显得很亮，很有精神。所以“囧”还指一个“明亮的洞”。

záo bì tōu guāng

凿壁偷光

通过这一简单的符号“门”，我们可以了解到文字在创造的时候，绝非“一人、一时、一地”所造，而是漫长岁月中人们经验的汇集。

汉字在造字的时候，类似这种情况的还有很多，了解这种情况，对我们理解整个汉字文化很有益处。

匚

“匚”我们现在看似很简单，实际这是两个字写成了一个样，今天我们把它称为“方框”，有的把它念成了“区字框”，区域的“区”。

我们重点讲“匚”是筐子的意思。

从甲骨文来看“匚”像个容器，但并非口朝上。

它是人们往筐里捡东西时放置的样子，口朝上捡取动作大，不如使用时开口侧向捡得快，也方便。甲骨文、金文的样子问题都不大，都是一个开口向旁的筐的形象。

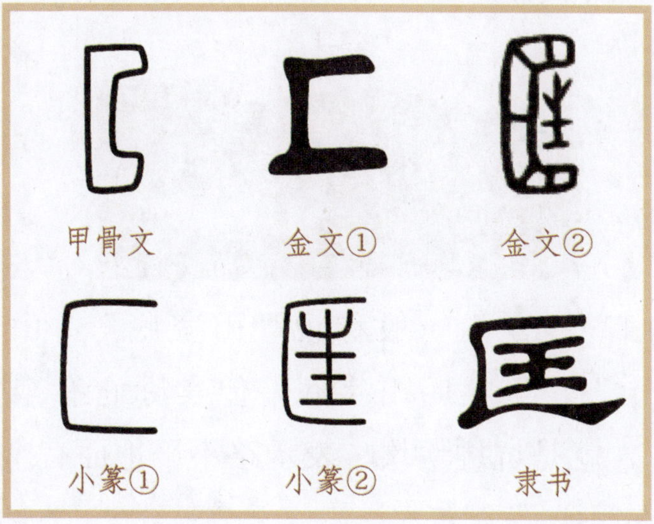

金文②的中间多加了读音符号来往的“往”字，上头是个脚，下面是一个人，人的一个脚往前进。与竹筐合在一起，表示一个东西可以用脚推进来，“往”表读音。

“匚”小篆有两个形体，小篆①简单，小篆②里是一个来往的“往”字，非常清晰。

隶变时，简单化直接改成了“王”字，表读音。

“匡”和“王”都是“ang”韵，“匡”所引申的意义不只是盛东西的器具——筐子。它能把所有的东西都装进去，不管好的、坏的都可以拿到里头来。

所以，自古有成语“匡正天下”“一匡天下”之说。

凵

“凵”，今天一般称说“山字底”，山水、大山的“山”。虽然叫山字底，但实际它有个读音念“kǎn”，就是坑坑坎坎，表示路不平地面有个坎儿，我们现在写成了“坎”字。

“凵”的甲骨文没见到，金文和现在楷体部首是相似的。

用“凵”造的字都是跟低洼的地方有关系。它今天主要是一个“坎”字，在这里讲符号部首，我们知道“凵”和“坎”是一个意义，两种写法就好了。

另有“凹凸”二字也很能体现“凵”的意思，我们将在以后详细解读符号家族的造字中见到它们。

金文　　小篆　　隶书

勹

“勹”没有独立的字源，其从“包”字的省写，除了作为汉字的一个组字构件外，也是汉字的一种造字形式——“半包围”。

其字形不管是甲骨文，还是篆文，虽然写法不一，但其形皆由象形（人）字伸手向下，朝里弯曲，以像包裹的样子，由象形的“人”字改变而来。在六书中属于变体象形。

半包围结构是连续两个以上的边被封住的，属于汉字书写结构中的一种。体现了汉字既圆润又方正的艺术性。

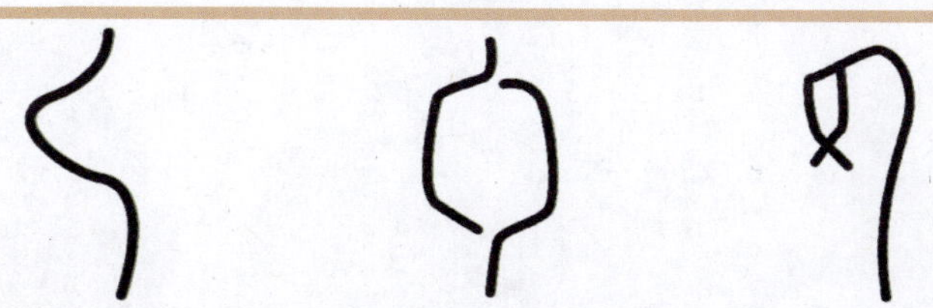

甲骨文　　小篆　　象形

半包围字的特点有两个，一是有连续两个以上的边被封住的，如：“区”的外框、“凶”的外框、“门”“冈”的外框、“这”的走之、“尸”“广”“厂”“风”的外框、“式”“武”“或”的右上部分、“病”的左上部分；二是其书写规则一般是要先外后里的。

囗

“囗”，这个符号像一个圈。“囗”是一个比较有特别意义的字，我们先看它的古文字形。

金文中像是一个大口，它的读音与围绕的“围”相同，意思也是范围的意思。

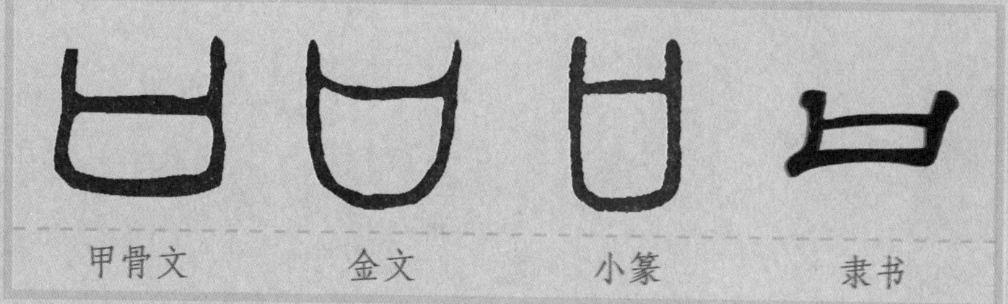

从字形上看，没有更多的解释，它很简单。例如，困难的“困”，中间是个“木”字，表示把树木、柴草围起来、捆起来了。被捆起来了就很难再动，就是困难。

所以，外面加上这个大圈“口”，都是有围绕住、缠绕着的意思。

“口”有的时候范围较小，比如束缚的“束”字，单独一个小树被束缚了。这都跟“口”有关。

“口”是一个符号，在文字上它也有自己的字形——“圍”。外边是“口”，那么，里边是个什么概念呢？里面是“韋”字，也念“wéi”。

“韋”是一个繁体字，它今天的简化字形为“韦”，是由其草书形体楷化而来。

“韋”下边的“ヰ”是一个脚印，也可以画成“ㄝ”样儿，总而言之是表示脚印；上边的“五”是“ヰ”反过来的，也是一个脚印。“韋”的古字体还有四只脚的样子。

在“韋”字的基础上，我们把这个框“口”画出来，它在这里表示一座城池。

古代的城池要有人巡逻以便保卫，怎么才能体现出人在这儿巡逻保卫呢？

人们在四周画四个脚丫子“ヰ”，表示四只脚围着它转，这就是最早的围绕。四个脚在四周，表示四个城门上都有人在巡逻，后省略写成两个，这就是“韋”字的诞生。

今天，我们简化为“韦”，是依照它的草书简化而来。它的金文依旧可以看到原来的样子。

现在，我们表达围绕时常使用“围”字，它和“囗”其实是一个字，表示外面围起来的形象。

“韋”则表示用脚在围着走，也有围绕，更有动态的意思在里面。

chéng chí xún luó
城池巡逻

人文小科普

汉字的结构

每一个汉字都是由一个或几个部件组合而成的，这样就构成了许多不同结构的汉字。“汉字的结构”主要是指汉字中部件与部件之间的方位关系。

根据汉字中部件的多少，汉字可分为独体字和合体字。独体字只有一个部件，合体字有多个部件。根据部件与部件的方位关系，独体字结构又称为单一结构。如：丈、甲、五、我等字。合体字结构主要有以下几种：

1. 上下结构：

如：志、苗、字、胃

2. 上中下结构：

如：京、莫、哀、量

3. 左右结构：

如：知、吃、诗、扫

4. 左中右结构：

如：街、微、激、班

5. 全包围结构：

如：园、因、回、困

6. 半包围结构：

如：连、句、问、区、病

7. 穿插结构：

如：办、坐、爽、乘、承

8. 品字形结构：

如：品、晶、众、森

第二章

合并楷化

“合并楷化”家族讲述汉字发展过程中逐渐形成的一些部首，包括多形合并（阝、阜、邑）和部首楷化（疒、金钅、攴攵、走辶、食饣）两个方面。

第一节 多形合并

解字小课堂

阝

“阝”这一符号，在今天它是两个字的代表，一个是“阜”，一个是“邑”，它们的意思稍有不同。

阜

首先，符号“阝”是一个“阜”字，它上半部分是一个山坡的形象，下面一个“十”字形，表示在平地上，有一个土山堆，或土山坡。

它的甲骨文和小篆像一级级的台阶。

符号“阝”则是由“阜”字的隶书和草书形体楷化而来，今天我们称为耳朵旁。

汉字中凡是表示与山坡有关的，都是以“阝”放在左边来表示的，例如陡峭的“陡”、降临的“降”、陵墓的“陵”等。

但是，在字典当中的汉字部首中，我们会发现“阝”也常被放在右边，于是有了“左耳旁”与“右耳旁”的区别。

邑

当“阝”在右边时，它就是另一个字的代表——“邑”，表城郭。

“邑”字是“阝”的另一个原型。它上面部分是一个“口”字，下面是一个“巴”，表示人居住的地方，有城邑一词。

在组字时多放于右边，且由它组成的字多与城市有关，例如城郭的“郭”、都城的“都”、郡县的“郡”等。

“阝”今天之所以能代表“阜”“邑”二字，是因其草书形象特别相近，最后楷化的时候，归纳成了一个符号“阝”。

但原本造字的时候，根据意思放在不同的位置上，我们今天还能找出它们的不同。

而在命名上今人把左边的叫左耳旁，右边的叫右耳旁。

zuǒ fù yòu yì

左阜右邑

人文小科普

左阜右邑，不关耳朵的事

正如我们日常生活中所使用的，“阝”作为一个常见的偏旁部首，被称作双耳旁或者双耳刀。用根据位置的不同分为左耳旁和右耳旁。实际上“阝”真的与耳朵有什么关系吗？

实际上从汉字学的角度来说，这种说法是不正确的，现代人们称之为双耳旁是因为对偏旁部首的不熟悉所造成的，“阝”跟“耳”这个字的字形、字音以及字义都没有任何关联，仅仅只是因为这个部首在文字的两侧，人们类别自己面部的两侧耳朵而得名。

“阝”在左边，实际上是根据“阜”的字形演变而来，其字音、字义都是“阜”。

阜本身为土堆形，孔子故里曲阜就是指在该城东侧有一道弯曲的土城墙。而在元代也被人称为侧山旁，“际、阶、除、降、陷”等字，左侧都是“阜”。

现在凡是从“阜”的字，大都与山有关，例如表示高低的“险、陡、阻”字，都是指地势峻峭。还有“阴阳”二字，古人认为山北面为阴，山南面为阳，等等。

“阝”在右边，实际上是由“邑”字演变而来。邑是人们聚集地的称谓。

现在凡是从右邑的字，大都与疆域、邦国等地理边界有关，例如“都、郡、邦”字，在古代这些都是县城，首都的称呼。

第二节 楷化部首

解字小课堂

疒

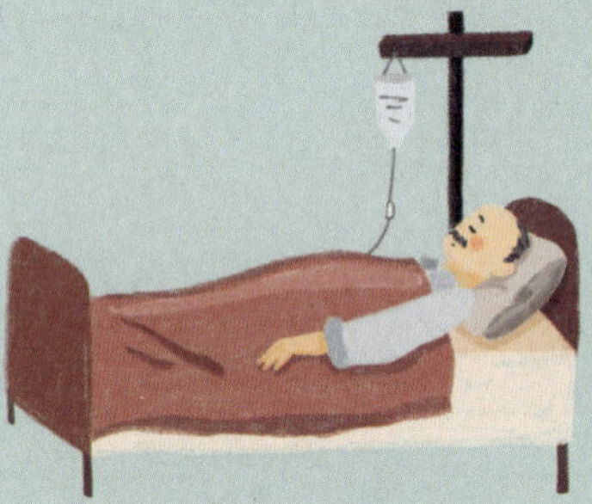

“疒”的甲骨文左边是半个木片的“爿”，右边躺着一个人，表明一个人躺在一块木板上，他是怎么了？生病了。

一般的病，不用卧床，所以卧床的病一定是大病，还流了很多汗，病重的人才要躺到床上休息不动。

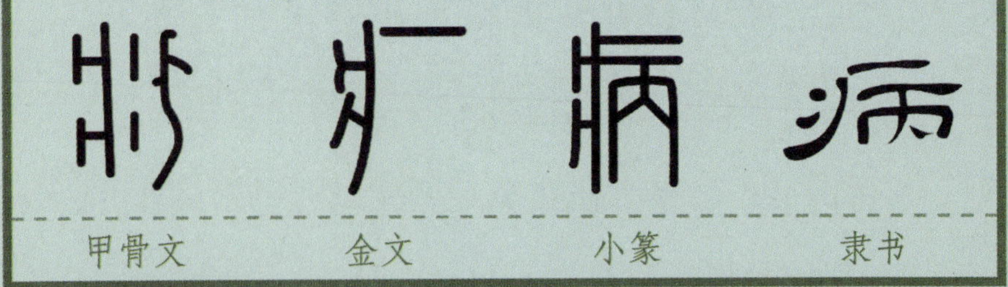

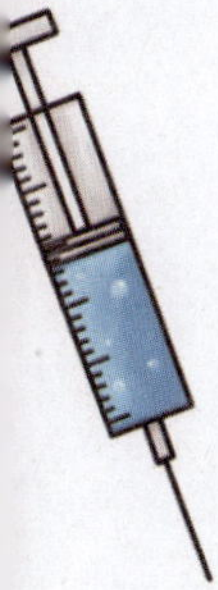

所以表示木头片的“爿”在这里指床，床上躺着个大汗淋淋病重的人。“疒”有自己的读音“nè”，但我们习惯称为“病字头”。

“疒”到了小篆时，独立成了一个符号，病人的“病”则在此基础上加了读音符号“丙”。

关于人生的病有好几种，其中常见的一种是发烧，今天甲乙丙的“丙”在古代跟锅有关，锅当然就是热的、烫的。

我们常说“病从口入”，跟吃的有关系，所以古人又加个“丙”字来表示读音，暗含发热流汗，这就造了“病”字。

汉字中，与病有关的字，基本都用“疒（nè）”这个符号来组成。例如，疾病、疼痛、疗、痒、疯、疤等。

“疒”加“矢”，矢指箭，就是“疾（jí）”。

疾病一词中，疾是疾、病是病，它们是两码事，

但现在我们混为一谈。其实汉字的每一个都有自己独立的概念。

“病”是吃出来的，是重病，是内部的，内脏里出的问题比较重了，这叫病。

“疾”字由“矢”“疒”组合，指外伤，指急速出乎意料地来了，好比突然一箭射到，有快的意思。如突受风寒，人们做了活计大汗淋淋，一阵冷风吹过就像斜风刺箭般射入身体，这病冷不丁来得特别急，这就叫疾。

我们现在合在一块，管它内外、快慢、轻重都叫“疾病”，组成一个词。

汉字中凡是疾病，都用这一符号“疒”来归类，符号“疒”原本也正是一个人躺到床上得病的样子。

“疒”的书写中，左边的两点与冰块的“冰”两点“冫”在今天书写相同，“冰”与“病”也读音相同。

人们生病、发烧卧床时都会觉得冷，这不就是冰吗？

汉字中，很多看似不经意的地方总隐藏着很多秘密，也许是古人刻意留下，也许是上天的无意安排，但这种巧合你却不能否定和回避，而能不能看到这些秘密则在于你对汉字文化的认识了。

wò bìng zài chuáng
卧病在床

人文小科普

扁鹊说病

春秋时期有一位名医，人们都叫他扁鹊。他医术高明，经常出入宫廷为君王治病。

有一天，扁鹊巡诊去见蔡桓公。扁鹊在日常观察中发现了桓公身患疾病，便前后三次劝说桓公治病。但是桓公不以为然，认为扁鹊在欺骗他，是在显示自己的医术高明。

到了第四次，扁鹊去见桓公。两人刚一见面，扁鹊扭头就走。这一下倒把桓公搞糊涂了。他派人问扁鹊为什么要跑，扁鹊说："大王已经并入膏肓，无药可救了。"

就这样几天过后，桓公浑身疼痛难忍。他终于意识到情况不妙，主动要求找扁鹊来治病。但派去找扁鹊的人回来后说：“扁鹊已逃往秦国去了。”桓公这时后悔莫及。最后，他挣扎着在痛苦中死去。

这个故事告诉人们，对于自身的疾病以及社会上的一切坏事，都不能讳疾忌医，而应防微杜渐，正视问题，及早采取措施，予以妥善解决。否则，等到病入膏肓，酿成大祸之后，将会无药可救。

biǎn què shuō bìng

扁鹊说病

解字小课堂

金 钅

“钅”是“金”字做偏旁时造字的草书形体，人们习惯地称它“金字旁”。那么我们先来看这个“金”字是怎么来的。

“金”在甲骨文中还没看到它，金文、石文大同小异，下边似是一个“土”字，土上面有点，一块一块的，顶部像是个口，似人张口吃东西的样子，又像是个盖子。

金文　　小篆　　隶书

今人开始猜测这个字，文字学家们对顶部到底是什么，说法比较多。广泛认为顶部就是个口，认为是今天、今日的“今”字。

“今”字是一个人张开的口，嘴里正在含着东西，特指一个点。

今天的“今”本义就是“含”。表示今天的意思以后，加个口，再造了“含”字。含在嘴里，舌头上还有一块东西没有咽下去，表达这时为“现在”，如果含着的东西咽下去，就是过去了。今天、当今的概念由此而来。

“今”也就是古代的“含”字。

金属来源于矿石的提炼，矿石多藏于土中。

此时，“金”字的造字思想慢慢浮现出来，一块一块的矿石含在土中。

在我国“五行”文化中，就有“土生金”一说。后来人们把凡是从矿石中提炼出来的物质称为金属。

所以，“钅”所表示的字往往都与金属相关，例如铜、铁、锡等。

táo jīn
淘金

人文小科普

千金一诺

秦末有个叫季布的人，一向说话算数，信誉非常高，许多人都同他建立起了浓厚的友情。当时甚至流传着这样的说法：“得黄金百斤，不如得季布一诺。”用这样的比喻来形容季布许下的诺言比千两黄金还要珍贵，这就是成语“一诺千金”的由来。

后来，季布因为在项羽的军中当过将领，多次打败刘邦，所以当刘邦战胜项羽得到天下之后，便悬赏重金捉拿他。这种危险的环境下，他旧日的朋友不仅不被重金所惑，而且冒着灭九族的危险来保护他，使他免遭祸殃。

千金一诺的故事告诉我们，一个人如果诚实有信，自然得道多助，能获得大家的尊重和友谊。反过来，如果贪图一时的安逸或小便宜，而失信于朋友，表面上是得到了“实惠”，但为了这点实惠毁了自己的声誉，而声誉相比于物质是重要得多的。失信于朋友，无异于失去了西瓜捡芝麻，是得不偿失的。

解字小课堂

攴　攵

汉字部首中我们常遇到“反文旁”一说，它就是这个“攵”。

因为它的样子像“文”字的反写，故称为“反文”。但是，实际上“攵”原本的字形和读音为“攴（pū）”，在器物“鼓”中我们简单介绍过它。

“攴”的金文是一只手拿棍子的样子，这棍子好像还不直。

到了小篆，手画得很规整，拿着一个小棍，还有个棍子头。人们手拿小棍是为了敲打，敲打时发出

“pu”声，这就是它的读音。“攴”的本意就是敲打的意思。

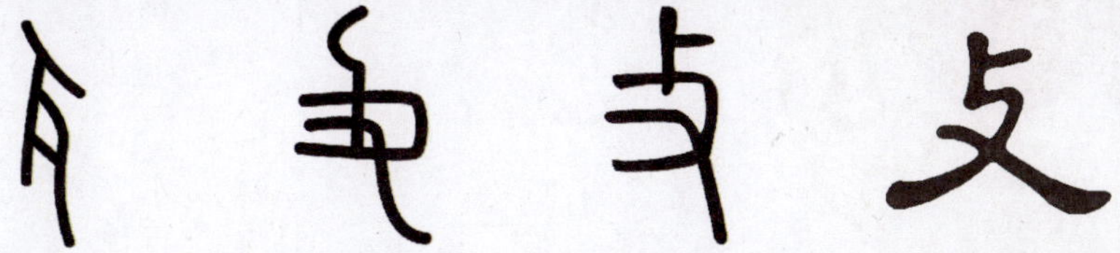

甲骨文 金文 小篆 隶书

隶书时下面一个“又”（表示手），上面是小木棍。草书就是在隶书形体上书写的。

今天的楷书字形也是楷化隶书，写作“攴”。

所谓的反文旁“攵”，就是根据它的草书形体改造而来。大家平时书写，为了方便，就把它的草书形体当作了部首。凡是当部首使用的时候，多数写成“攵”。

但是，还有一些字保留了“攴”的原型，例如敲打的“敲”。

“敲”的左边是个“高”字指城门楼，特指在城门楼、钟鼓楼等这样的高处敲击钟鼓。鼓则用了“攴”的另一形态“支”（见“鼓”字）。

人文小科普

贾岛写诗善“推敲”

“推敲”一词，比喻写作时逐字逐句思考的过程，用来比喻写文章或做事时，反复琢磨，反复斟酌。这一个词来自诗人贾岛和韩愈的一个典故。

贾岛去科举考试的时候，在赴京路上即兴写了一首诗。他在驴背上想到了这首诗的其中两句：“鸟宿池边树，僧敲月下门。”开始的时候，他想用“敲”字，但仔细一想，又觉得“推”字更好，就这样反复拿不定主意。不自觉地便在驴背上吟诵起来，伸出手来做着推和敲的动作，思考着哪一个字更好。路上的行人看到这样的情景都感到很惊讶。

当时韩愈是京城的地方长官，带着车马仪仗出巡。贾岛不知不觉走到韩愈仪仗队里，将队伍截断，手中还在不停地做推敲的手势。左右的侍从看到他冲撞了长官的仪仗队，便将他按住，推到韩愈的面前等待发落。

韩愈看到他是个读书人的样子，便问他冲撞仪仗队的原因，贾岛就把自己作的那首诗念给韩愈听，并说其中一句拿不定主意是用“推”好，还是用“敲”好，韩愈仔细想了一阵，对贾岛说：“我看还是用‘敲’好，在夜深人静的时候，拜访友人，依然还不忘记敲门，代表你是一个有礼貌的人；而且一个‘敲’字，使夜静更深之时，多了几分声响，读起来更为生动。”

tuī qiāo

推敲

贾岛听了连连点头称赞。两个诗人相见恨晚，并排骑着坐骑，谈论诗歌，一起走出了很远，二人因此成了很要好的朋友。

解字小课堂

走之

“辶”今称“走之”，也叫“坐车”，人们把它定为“走”字的简写。其实它确实与“走”有关，但原型为“辵”，读音是“chuò”。

“辵”字的甲骨文在字形上是行走的“行”中间一只脚（止）。双立人念“彳（chì）”，我们之前介绍过的，“行”的甲骨文正是一个十字路口的样子。

“辵”的古文字就是一个脚在十字路口上走，甲

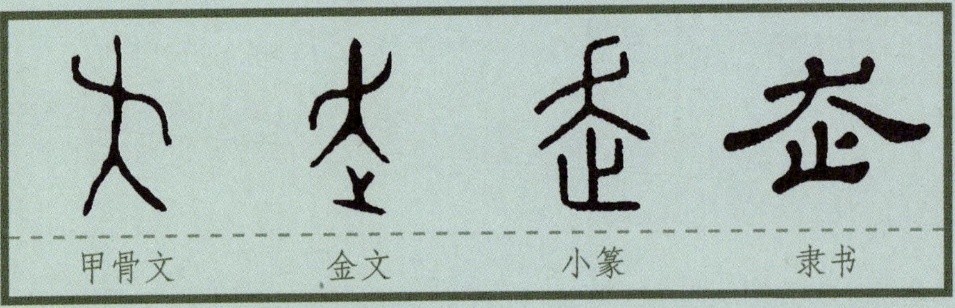

骨文是这样，小篆则是省略了一半，由包围结构改成了上下结构，“彳”写成了三撇似“彡”，是其本身的变形，下面依旧是脚的样子（止）。

隶变时彻底变成三撇，下面一个“止”，很像一个人迈步走动的样子。

楷化成“辵”，在组字后的草书形体进一步楷化成部首通用，写成今天的“辶”

“辶”表示走动，同时又像“之”字，所以把它叫成了“走之”。

同时，由它组成的字多与走动有关，例如运动的“运”、迁移的“迁”、达到的“达”等。

人文小科普

不胫而走

不胫而走，亦作“无胫而行”“无足而走”“无胫而走”，形容没有腿却能跑。比喻消息无须推行宣传，就已迅速地传播开去，传播迅速。原喻贤才投奔慕贤者。

东汉末年，孔融的好友盛孝章住在江东，虽很有才华，但却不被江东的霸主孙权所赏识。孔融便写信给曹操，向他推荐盛孝章。信中说：“如果你要实现自己的政治抱负，就必须广泛招揽贤才。珠玉没有腿也会来到人们手中，这是因为人们喜爱它。而真正的贤才是有腿的，如果你尊重他们，他们便会来投奔。”孔融的建议被曹操所采纳。从此，曹操手下汇集了很多有才干的人。这就是“不胫而走”的故事。

解字小课堂

食 饣

人活着，第一件事就得先吃饭。

无论是原始时期，还是今天的现代文明时期，“吃”始终是人们的头等大事。

所以，古人造字时，跟吃饭有关系的字非常多，代表食物的“食”字就被反复使用，组合成了很多字。

“饣”是根据“食”字组字时的草书形体演变来的。

“食”字的甲骨文，上面一个“今”，下面是我们介绍过的古代器皿“豆”，且豆器中盛有满满的食物。

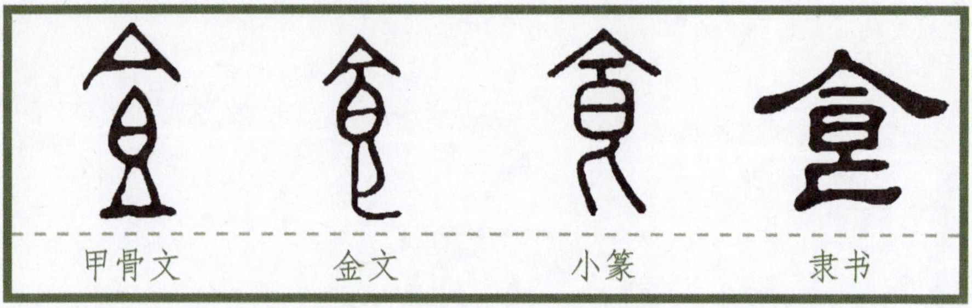

古代有好多种器皿都可以盛食物，如“簋（guǐ）”相当于现在的大碗，盛饭用的。“簠（fǔ）”有四短足，有盖，等等。为什么人们造字时单独把“豆”拿出来呢？

因为豆器是一种高脚器皿，且专门敬神所用。我国古代劳动人民常祭祖、敬神，总是先叫祖先、神灵享用美食，它们高高在上。祭拜完以后人们才能吃，今天民间的祭祀活动依旧保留这一习惯。

“食”的金文与甲骨文大同小异，随后的篆体开始了字形的线条化与对称，脱离象形化并融入文化色彩趋于线条化。

为了方便书写，隶书再次改造了篆书的字体。

最后楷书形成“食”字。凡是与食物、吃饭有关的字用它来归类，于是又造了很多字。

“食”字组字的草书形态确实简单了很多，便于书写，于是汉字简化时楷化了它做偏旁时的草书形体，就有了“饣”。

食字旁的“饣”人们经常看到，去“饭馆”吃饭，我们要遇到它；吃“饱”了要遇到它；“饿”肚子也要遇到它。

北方人的“饺”子、南方人的“馄饨”、山西的“馍馍”、陕西的“饽饽”等，这些食物都跟它有关系。

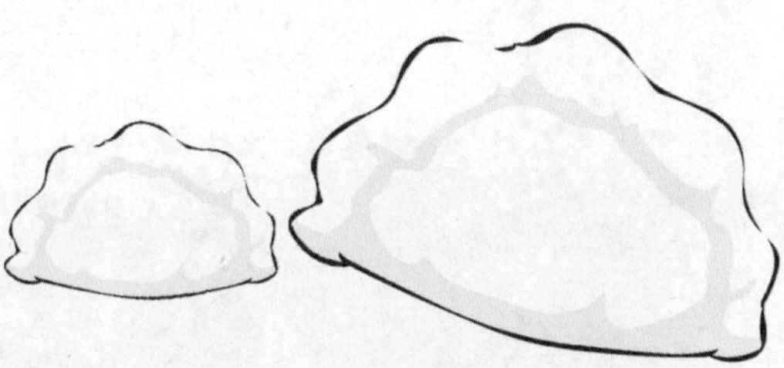

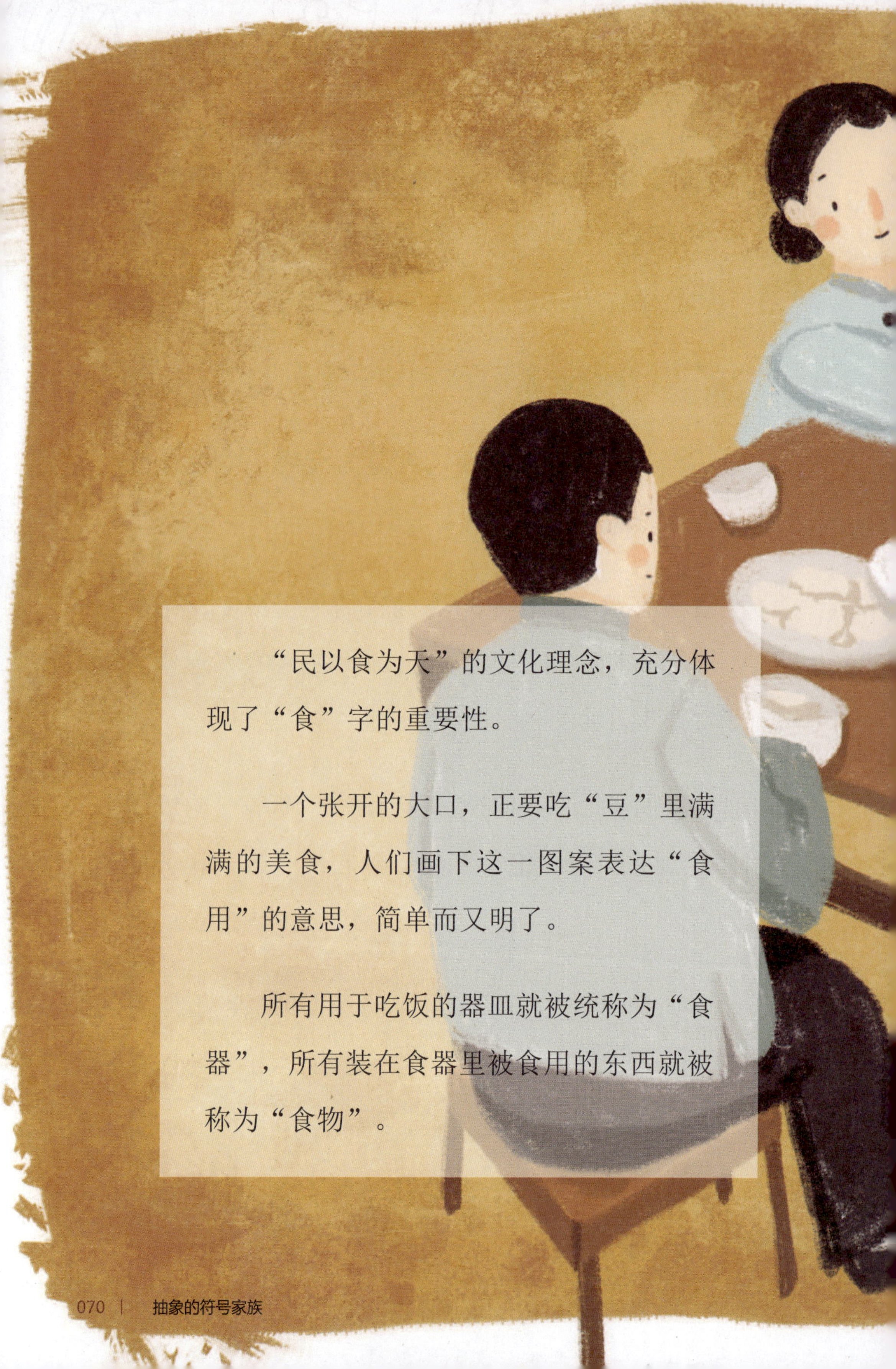

“民以食为天”的文化理念，充分体现了“食”字的重要性。

一个张开的大口，正要吃“豆”里满满的美食，人们画下这一图案表达“食用”的意思，简单而又明了。

所有用于吃饭的器皿就被统称为“食器”，所有装在食器里被食用的东西就被称为“食物”。

chī fàn

吃饭

bú shí jiē lái zhī shí

不食嗟来之食

人文小科普

嗟来之食

周朝时，齐国遭饥荒。有个叫黔敖的财主在路旁摆下些食物，等着饥民过来吃。不久，便有个饿汉用袖子蒙着面孔，跌跌撞撞地走了过来。黔敖左手拿着吃的，右手拿着喝的，对他喊道：“嗟（不礼貌的招呼声）！

来吃吧！”

那个人抬起头来，瞪着眼睛对他说：“你喊什么？这样轻蔑的态度，我才不会吃你的饭呢！”

“嗟来之食”就来源于这个故事，比喻用恶劣的恩赐态度给别人东西。有人很有骨气，拒绝接受带有侮辱性的“恩惠”，就可以说他“不食嗟来之食”。